KB238463

금강경을 만나다

차례

『금강경』의 총론적인 주제 가운데 하나는 바로 발심과 그로부터 전개되는 무집착과 무분별의 터득이다. 무집착과 무분별은 보살의 묘행으로서 자유로운 삶의 전개이다. 그것은 곧 주체적인 사상[我의 四相]으로부터 벗어나고 객체적인 사상[法의 四相]으로부터 자유로운 경지를 추구하는 삶이다. 보다 구체적인 보살의 삶은 광대심·상심·제일심·부전도심으로 나타난다. 이 사종심은 불자가 추구하는 보살도의 이상으로서 보살에게는 반야바라밀의 실천이다. 이런 점에서 『금강경』은 신앙과 수행의 안내서이면서 보살도의 궁극적인 목표를 지향한다.

그와 같은 목표에 대하여 『금강경』의 경문을 보다 쉽게 이해하기 위하여 본 『금강경을 만나다』에서는 기존의 많은 주석서에서 경문의 이해에 필요한 대목을 간추리고 발췌하여 길지 않은 해석을 가하였다. 이를 통하여 경문의 용어와 간략한 의미 이외에도 전체적인 경문의 구성에 대해서는 천친의 27단의를 바탕으로 엮어 보았다. 이로써 경문의 해석과 전체적인 내용의 틀에 대한 이해에 미력하나마 도움이 되기를 바란다.

신묘년 봄날에
김호귀

머리말

석가모니 부처님이 평생에 걸쳐 설법한 것은 그대로 교화였다. 이 때문에 설법과 교화는 불가분리의 관계에 있다. 이런 점에서 설법의 내용 및 분량은 교화의 흔적이고 결과였다. 그 가운데 하나가 『금강반야바라밀경』이다. 그런데 『금강경』은 일반의 반야교학에서뿐만 아니라 또한 신앙과 수행의 지침서로서 지대한 영향을 주었다. 그것은 『금강경』이 표방하고 있는 가르침에서 찾을 수가 있는데 곧 발심의 문제이다. 수행의 첫걸음은 발심에 있다. 그런 점에서 발심은 불교신행의 출발이기도 하다.

그러나 발심이 저절로 되는 것이 아닌 만큼 발심의 용심과 그 의의에 대한 설명이 필요하다. 『금강경』은 바로 이 점으로부터 출발한다. 이에 대하여 수보리는 선남자·선여인은 어떻게 발아뇩다라삼먁삼보리심해야 하는가를 묻는다. 그리고 발심한 선남자·선여인은 어떻게 살아가야 하는가. 어떻게 살아가야 하는가의 문제는 곧 어떻게 수행해야 하는가를 묻는 말이다. 그것은 번뇌의 마음을 다스리는 문제이다. 때문에 발심의 문제는 수행과 직결되어 있다. 그 수행의 본질은 집착과 분별을 벗어나는 것이다. 집착과 분별의 초월은 몸과 마음의 청정으로서 소위 공과 평등의 체험이다.

금강경을 만나다

김호귀 지음

이담 Books

I. 해설

1. 금강경의 위상

불교는 부처님의 가르침으로 부처님이 터득한 경지를, 내지
는 그와 같은 부처가 되는 방법에 대한 가르침을 설명해 놓은
가르침이다. 이런 점에서 전자는 이미 깨침에 도달하여 그 경지
가 어떤 것이라는 것을 보여주는 것이라면, 후자는 보통의 중생
이 부처가 되어가는 과정으로서 어떻게 살아가야 하는가에 대
한 수행의 측면을 설명한 것이다.

일반적으로 어떤 가르침을 베풀어주는 설법의 경우, 먼저 결
과를 보여준 연후에 그 결과에 도달하는 방법에 대하여 설명을
한다. 이것은 곧 먼저 과(果)를 설하고 나중에 그 인(因)이 되는
수행을 권장하는 방식에 부합되는 것이었다. 이것이야말로 부
처님께서 늘 중생을 대상으로 설법한 기본적인 방식이었다. 달
리 말하면 부처님의 경우, 자신이 먼저 궁극적인 경지에 도달하
고 나서 그 경지에 대하여 설법의 형식으로 드러낸 것이었다.
이것이 불교의 경, 곧 경전이었다.

이와 같은 경전은 본래 수트라(sutra)를 번역한 말이다. 수트라

는 불교 이전의 바라문교와 초기불교시대와 그 당시의 모든 종교 및 후대에 발생한 인도의 일반적인 철학에서 사용하는 개념이었다. 이와 같은 경은 본래 실[線]을 의미하는 것이었다. 그래서 수트라를 선경(線經)이라고도 하였다. 그것은 수트라가 갖가지 아름다운 꽃을 엮어서 만든 화환 내지 꽃바구니에 사용되는 한 가닥의 실을 가리킨 것이었기 때문이다. 마치 꽃처럼 아름다운 훌륭하고 소중한 세상의 가르침에 대한 글들을 모아둔다는 의미였다. 이 경우 달리 소달람(素呾纜)、경(經)、계경(契經)、선경(線經)이라 불리었다. 이런 점에서 수트라를 번역한 경은 한마디로 정의하기가 쉽지 않았다. 그래서 경의 의미에 대하여 형식을 기준으로 몇 가지 경우로 설명을 해야만 했다.

첫째는 먼저 가장 좁은 의미에서의 경은 처음에는 산문으로 이루어진 간단한 설법만을 가리켰다. 곧 산문으로 구성된 짤막한 금언이나 격언만을 가리킨 것으로 운문과 게송은 포함되지 않았다. 이것은 불교의 팔만사천법문을 그 설법형식에 따라서 9분교 및 12분교로 분류하였는데 경은 그 분류 가운데 하나인 수다라(修多羅)를 의미했기 때문이다. 12분교는 수다라(修多羅)、가타(伽陀)、본사(本事)、본생(本生)、미증유(未曾有)、인연(因緣)、비유(譬喩)、기야(祇夜)、우바제사(優婆提捨)、무문자설(無問自說)、방광(方廣)、수기(授記) 등이다. 이 경우 비구와 비구니의 계율조항을 모은 것을 계경(戒經)이라 말하기도 한다.

둘째는 삼장의 하나로서 부처님의 설법을 가리킨다. 이것은 아함경전을 중심으로 한 소승경전을 비롯하여 대승경전을 가리킨다. 여기에는 불설 이외에도 불제자나 보살이나 천인 등이 설한 것까지도 포함된다. 그것은 나중에 부처님으로부터 인가를 받음으로써 불설로 간주되었기 때문이다.

셋째는 넓은 의미로서 삼장 전체 및 주술장(呪術藏)과 잡장(雜藏) 등을 포함하여 불교의 가르침을 총칭하는 경우가 있다. 이 경우에는 흔히 불교성전(佛敎聖典)이라 말하기도 한다. 이런 점에서『대지도론』에서는 "모든 경전 가운데 직접 설한 것을 수다라라고 이름한다. 그리고 또『장아함』·『중아함』·『잡아함』·『증일아함』의 네 가지 아함경, 모든 대승경전, 250가지 계경(戒經) 및 삼장 이외의 일체경전까지도 '수다라'라 일컫는다"라고 말하였다. 이 경우 특별히 '일체경' 또는 '대장경'이라 불렀다. 그리고 서고를 경장이라 하였고 그 목록을 경록(經錄)이라 하였다. 이때의 경은 경장만이 아니라 율장과 논장에 속하는 논서까지도 포함하여 경이라는 명칭 아래 편찬되었다.

넷째는 가장 보편적인 온 우주의 삼라만상 전체를 가리킨다. 이 경우 언설로 표현된 것뿐만 아니라 우리네 마음과 세상의 진리를 포함한 일체존재를 말하기도 한다.

이 가운데『금강경』은 시대적으로는 대승불교시대에 출현한 경전으로 소위 대승경전에 속한다. 대승불교는 부처님 입멸 이후 최소한 500여 년 이후에 발생한 불교에 해당하므로 대승경전도 예외는 아니다. 따라서 대승경전의 출현에 관하여 용궁에서 가지고 왔다는 설과 남인도의 철탑에서 꺼내왔다는 설 등으로 전승되었다. 이것은 용궁과 같이 깊은 삼매의 체험과 철탑과 같은 굳건한 신심을 통하여 출현했음을 말해 준다. 대승경전은 그 내용에 관해서도 근본 및 원시경전에 속한 내용을 바탕으로 좀 더 철학적이고 체계적이며 문학적인 구성을 가미하여 방대한 경전으로 정리되었다.

『금강경』은 바로 이와 같은 인도의 대승불교시대에 속하는 경전이다. 1,000년 이상 지속된 인도 대승불교시대 가운데 초기 대승이 경전군에 해당하는 반야경전류이다. 반야경전류의 근본으로 현장삼장이 번역한 『대반야경(大般若經)』은 원제목이 『마하반야바라밀다경』으로 모두 600권 275품이다. 총 4처에서 6차례 옮겨 다니면서 16회에 걸쳐 이루어진 경전이므로 4처(處)·6전(轉)·16회(會) 설법이라 말한다.

法會次第	名目	卷數	卷次	品數	同本異譯	説處
1	初分	400	1~400	79	無	靈鷲山
2	第二分	78	401~478	85	大品般若	靈鷲山
3	第三分	59	479~537	31	無	靈鷲山
4	第四分	18	538~555	29	小品般若	靈鷲山
5	第五分	10	556~565	24	無	靈鷲山
6	第六分	8	566~573	17	勝天王般若	祇園精舍
7	曼殊室利分	2	574~575	1	文殊般若	祇園精舍
8	那伽室利分	1	576	1	濡首般若	祇園精舍
9	能斷金剛分	1	577	1	金剛般若	祇園精舍
10	般若理趣分	1	578	1	實相般若	他化自在天宮
11	布施波羅蜜多分	5	579~583	1	無	祇園精舍
12	净戒波羅蜜多分	5	584~588	1	無	祇園精舍
13	安忍波羅蜜多分	1	589	1	無	祇園精舍
14	精進波羅蜜多分	1	590	1	無	祇園精舍
15	靜處波羅蜜多分	2	591~592	1	無	靈鷲山
16	般若波羅蜜多分	8	593~600	1	無	竹林精舍

이 가운데『소품반야경』은『대반야경』의 제4회에 해당한다. 제4회의 범본이 중국에 전해져 후한의 지루가참(支婁迦讖)과 축불삭(竺佛朔)에 의하여 번역되었다. 축불삭의 번역본은 소실되었지만 지루가참의 번역본은『도행반야경(道行般若經)』이라 하여 대장경에 수록되어 있다. 이『도행반야경』의 번역이 불멸 후 650년 무렵에 이루어졌으므로 그 이전에 이미 인도에서는 유포되고 있었던 것으로 간주된다.

『대품반야경』은『대반야경』의 제2회에 해당한다. 제2회는 불멸 후 700년 무렵에 출세한 용수가 자세하게 연구하여『대지도론(大智度論)』100권을 만들었지만 그 완성본은 아니다. 이『대품반야경』을 중국에 처음 번역한 사람은 축법호(竺法護)로서 그것을『광찬반야경(光讚般若經)』이라 했다. 그러나 이것은『소품반야경』보다 114년 후의 일이다.

제6회 이하의 경전은 순수한『반야경』이라기보다는 다른 사상과의 혼합이다. 특히 제6회를『승천왕반야경』, 제7회를『문수반야경』, 제8회를『유수반야경』, 제9회를『금강반야경』, 제10회를『이취반야경』이라 하고, 제11회부터 제16회까지는 육바라밀의 낱낱에 대한 설법이다. 특히 제9회『금강반야경』은『소품반야경』과『대품반야경』을 제하고는 가장 먼저 번역된 것으로서 다른 사상의 혼입이 비교적 적은 편이다. 이『금강경』의 출현은 장소는 기원정사이고, 법회는 제9회이며,『대반야경』의 제577권에 해당한다.

2. 금강경의 구성

주지하는 바와 같이 『금강경』처럼 널리 읽히고 다양한 주석서와 판본 및 그 개판에 대한 역사를 지니고 있는 경전도 드물다. 한역 『금강경』의 경우 5세기 초반에 구마라집의 번역 이래로 다섯 차례가 이루어져 총 6회의 번역이 이루어졌다.

① 금강반야바라밀경(金剛般若波羅蜜經) 1권 요진(姚秦) 구마라집(鳩摩羅什) 역 402년

② 금강반야바라밀경(金剛般若波羅蜜經) 원위(元魏) 보리유지(菩提流支) 역 509년

③ 금강반야바라밀경(金剛般若波羅蜜經) 1권 진(陳) 진제(眞諦) 역 562년

④ 금강단할반야바라밀경(金剛斷割般若波羅蜜經) 1권 수(隋) 달마급다(達摩笈多) 역 590년

⑤ 능단금강반야바라밀다경(能斷金剛般若波羅蜜多經) 1권 당(唐) 현장(玄奘) 역 660~663년

⑥ 능단금강반야바라밀다경(能斷金剛般若波羅蜜多經) 1권 당(唐)

의정(義淨) 역 703년

한역 최초에 해당하는 구마라집 번역본의 경우 그 형식상의 구성은 일반의 경전과 마찬가지로 서분(序分)·정종분(正宗分)·유통분(流通分)으로 나누어볼 수 있다.

서분은『금강경』의 설법이 유래된 인연에 대한 설명에 해당한다. 여기에는 증성취(證成就)·문성취(聞成就)·시성취(時成就)·주성취(主成就)·처성취(處成就)·중성취(衆成就)의 소위 육성취(六成就)가 갖추어져 있다. 증성취는 신성취(信成就)라고도 하는데 설법의 보편성을 증명하는 것으로 진실하다는 것이고, 문성취는 설법을 청취한 사람으로 아난이며, 시성취는 일체시에 일체의 대승보살을 상대하는 불생불멸이고, 주성취는 석가모니 부처님의 설법임을 나타내며, 처성취는 석가모니 부처님께서 기수급고독원에서 행한 설법이고, 중성취는 직접 설법을 듣는 대중으로 1,250 대비구로 묘사되어 있다.

그러나『금강경』의 설법대상은 1,250 대비구에 한정되지 않는다. 시방의 모든 중생으로서 발심한 자가 이에 해당한다. 곧 발보리심한 일체의 보살이기 때문에 육도중생 가운데는 천·인간·수라의 중생은 포함되지만 지옥·아귀·축생의 중생은 제외된다. 때문에 경전이 마지막 대목에는 그 등장인물에 비구·비구니·우바새·우바이·천·인·수라의 대중들로서 지옥·아귀·축생 등 삼악도의 중생은 제외되어 있다.

정종분은 수보리와 부처님의 대화라는 형식으로 무념(無念)·무상(無相)·무주(無住) 기타 주제를 통하여 집착을 벗어난 반야지

혜를 터득할 것을 주제로 구성되어 있다. 소위 비유와 법으로 명칭을 삼아 실상(實相)으로 본체(本體)를 삼고, 무주(無住)로 종지(宗旨)를 삼으며, 단의(斷疑)로 작용(作用)을 삼고, 대승(大乘)으로 교상(教相)을 삼고 있다.

유통분은 설법을 들은 일체세간의 대중이 마음에 환희를 느끼고 이후 단절됨이 없이 전승시킬 것을 다짐하도록 하는 대목이다.

내용상의 구성은 발심한 중생이 어떻게 살아가야 하는가를 중심으로 설해져 있다. 이것은 발심의 방식을 비롯하여 발심의 필요성과 발심의 의의를 말하여 궁극에 발심을 성취하는 방법에 대한 것이다. 한편 구체적으로 발심을 성취하기 위하여 어떻게 수행해야 하는가를 중심으로 볼 경우는 소위 27가지 의심을 해결하는 수행중심으로 설해져 있다. 무주(無住)로써 아집을 타파하고, 실상을 파악하며, 경전의 위신력으로 법집을 단절한다. 대승불교의 보살은 발보리심이 그 기본이다. 그런데 발심의 경우 그것이 저절로 성취되는 것인가, 아니면 일정한 행위를 통하여 성취되는 것인가. 이에 대하여 장차 발심을 하려면 먼저 공덕(功德)과 묘관(妙觀)을 일으켜야 한다.

첫째는 선우를 가까이하는 것이다. 말하자면 뜻을 같이하고 도를 함께하면 비록 멀리 있다 해도 가깝다고 말할 수 있다. 반대로 만약 뜻과 도를 같이하지 않으면 비록 가까이 있어도 선우라 할 수가 없다. 둘째는 제불께 공양하는 것이다. 말하자면 10종 공양을 실천하는 것으로서 일체불에게 공양하는 것이다. 셋째는 선근을 모아서 닦는 것이다. 말하자면 무릇 하는 행위가 모두 선을 쌓는 것이다. 넷째는 뜻으로 뛰어난 법을 구하는 것이다. 말하자면 수승한 선법을 즐겨 행하고 뛰어난 법을 즐겨 듣는 이와 같은 것들이다. 다섯째는 마음을 항상 부드럽게 지니는 것이다. 말하자면 성깔을 부리지 않고 자비로 응대하는 것이다. 여섯째는 괴로움을 마주해도 참는 것이다. 말하자면 보리를 위해서 추위와 더위의 괴로움 등을 거리끼지 않는 것이다. 일곱째는 자비심을 실천하는 것이다. 말하자면 일체의 고통을 제거하여 그로부터 건져주는 것이다. 여덟째는 삼보에 대한 확신으로 평등을 실천하는 것이다. 말하자면 원수거나 친한 이를 분별하지 않고 좋고 나쁨을 평등하게 대하는 것이다. 아홉째는 대승법을 믿고 좋아하는 것이다. 열째는 부처님의 지혜를 추구하는 것이다.

다음으로 묘관(妙觀)을 구비하는 것이다.

첫째는 유위(有爲)를 멀리하는 것이다. 말하자면 생사의 악취에는 쉴 없이 온갖 고통과 핍박이 있는 줄을 관찰하는 것이다. 곧 자신을 구성하고 있는 오음과 사대는 악업을 짓고, 아홉 구멍에서는 항상 더럽고 부정한 것이 흘러넘치며, 36가지 물질이 집기(集起)하여 무량한 번뇌가 몸과 마음을 태우고, 물거품처럼 찰나도 쉬지 않고 스쳐 지나가며, 어리석음으로 업을 지어 육도에 윤회한다. 바로 이와 같은 것을 자세히 살피고 사유하여 깊이 마음으로부터 그것을 여의는 것이다. 둘째는 보리를 구하는 것이다. 말하자면 불과의 상호와 공덕의 장엄을 관찰하는 것이다. 곧 법신은 본래 청정하여 계·정·혜의 삼무루학(三無漏學)

을 구족하여 그로 인하여 얻은 사무외(四無畏)와 한량없이 뛰어난 법력으로 원지(願智)·불퇴지(不退智)를 얻어 대자비로 중생을 연민하고, 어리석고 미혹함을 깨우쳐 바른 길로 나아가게끔 하며, 모든 유정으로 하여금 다 번뇌가 없는 견해를 지니게 한다. 셋째는 중생을 잊지 않는 것이다. 말하자면 중생이 어리석음과 애착으로 미혹하여 큰 고통에 빠져 있는 줄을 관찰하는 것이다. 따라서 대승보살은 중생이 인과법을 믿지 않고 악업의 인을 지으며 정도를 멀리하고 사도를 믿으며 번뇌에 떠밀리고 휩싸이고 있는 줄을 관찰하는 것이다. 때문에 보살은 모든 중생을 앞세우고, 열반세계로 이끌며, 차별이 없이, 동체대비심으로 영원히 제도하는 네 가지 마음을 수지한다.

우선 대승심을 발한 보살이기 때문에 아뇩다라삼먁삼보리에서 출발한다. 이리하여 신발의보살(新發意菩薩)은 앞으로의 대승보살이 지녀야 할 구체적인 네 가지 마음을 지녀야 할 것을 말한다. 이것은 동시에 아직 보살심을 내지 않은 자들에게 대하여 어떻게 본래청정한 마음을 내도록 하고, 어떻게 수행하며, 어떻게 청정심에 주(住)해야 하고, 어떻게 번뇌심을 다스려야 하는가 하는 문제이기도 하다. 구체적으로 광대심(廣大心)은 모든 중생에 대하여 차별 없이 대하는 마음이다. 제일심(第一心)은 중생을 영원상주한 열반계로 이끌어가는 마음이다. 상심(常心)은 중생을 동체대비심으로 대하는 마음이다. 부전도심(不顚倒心)은 중생이라는 분별심이 없어 자기 속에서 따로 중생을 보지 않는 마음이다.

이와 같은 네 종류의 마음으로 중생을 대하는 보살이 곧 궁극적으로 보살의 청정주(淸淨住)와 수행(修行)에 주하는 보살이다.
이것은 동일한 육바라밀수행의 다른 모습이다. 이 모든 보살의
행위는 집착 없는 마음으로 통한다. 그 집착 없는 마음은 곧 자
신(自身)과 보은(報恩)과 과보(果報)의 세 가지에 집착하지 않는
것이다. 이것은 수보리가 제기한 질문 속에 이미 답변이 제시되
어 있다. 곧 대승보살은 마땅히 아뇩다라삼먁삼보리를 일으킨
자이어야 하고, 그것을 수행하는데 청정심에 주하면서 번뇌심
을 다스려야 한다는 것이다.

3. 금강경의 분과

1) 무착보살의 7종 의구(義句)

『금강경』 한역 6종 가운데 오늘날 가장 널리 읽히는 것은 구마라집 번역본이다. 6종본 가운데 가장 먼저 번역되었음에도 불구하고 가장 널리 읽히는 이유에 대해서는 다양한 해석이 가능하다. 경문의 문장이 유려하다든가, 독송에 알맞은 용어를 선택했다든가, 이해가 어려운 부분은 의역으로 대치했다든가, 전체적인 내용을 보다 명확하게 파악할 필요의 경우에는 부분적으로 경문을 생략했다든가 하는 점 등을 언급할 수 있다. 물론 이와 같은 점은 다른 번역본에도 전혀 없는 것은 아니지만 구마라집 번역본이 보여주고 있는 특징으로 간주할 수가 있다.

아울러 대부분의 경전과 마찬가지로 『금강경』도 문답의 형식으로 구성되어 있다. 때문에 수보리의 질문과 부처님의 답변은 관점에 따라서는 질문의 숫자 및 그 답변, 그리고 전체적인 내용에 대하여 여러 갈래의 해석이 가능하다. 그에 따라 해석을

붙이는 사람들은 나름대로 분과를 설정하였다. 가장 먼저 출현한 분과는 인도의 논사 무착이었다.

수나라 때 달마급다(達摩笈多)의 번역본에 의하면 무착은 경문의 전체를 7종의 의구(義句)로 파악하였다. 7종의 의구는 곧 (1) 종성부단(種性不斷), (2) 발기행상(發起行相), (3) 행소주처(行所住處), (4) 대치(對治), (5) 부실(不失), (6) 지(地), (7) 입명(立名)이다. 이 가운데 앞의 여섯 가지 의구는 보살이 이루어가는 구경(究竟)의 목적을 현시한 것이고, 마지막 하나는 이 법문의 성립을 현시한 것이다.

(1) 종성부단의 의구는 이 금강반야바라밀이야말로 불종(佛種)이 단절되지 않도록 하기 위하여 세상에 유행되었다는 것이다. 때문에 수보리가 경문의 처음 부분에서 "희유하십니다, 세존 여래 응공 정변지께서는 제보살을 선호념하시고 제보살을 선부촉하십니다"라고 말한 대목이 이에 해당한다.

(2) 발기행상의 의구는 경문에서 말한 "어떻게 보살이 대승에서 아뇩다라삼먁삼보리심을 내야 합니까. 어떻게 청정심에 주해야 합니까. 어떻게 그 번뇌의 마음을 다스려야 합니까" 등이 이에 해당한다.

(3) 행소주처의 의구는 금강경문의 대부분이 이에 해당한다. 곧 발심한 보살이 어떻게 주해야 하는가를 물은 것으로 18종류로 세분하였는데 그에 해당하는 경문은 다음과 같다.

① 발심주처(發心住處)는 경문에서 말한 "제보살은 응당 다음과 같이 마음을 내야 한다. 존재하는 일체중생은……" 등

이 이에 해당한다.

② 바라밀상응행주처(波羅蜜相應行住處)는 경문에서 말한 "事에 주함이 없이 보시를 행해야 한다……" 등이 이에 해당한다.

③ 욕득색신주처(欲得色身住處)는 경문에서 말한 "수보리야, 어떻게 생각하느냐. 가히 상(相)을 통해서 여래를 볼 수 있겠느냐……" 등이 이에 해당한다.

④ 욕득법신주처(欲得法身住處)는 경문에서 말한 "수보리가 부처님께 말씀드렸다. 세존이시여, 많은 중생이 미래세말세에……" 등이 이에 해당한다.

⑤ 어수도득승중무만주처(於修道得勝中無慢住處)는 경문에서 말한 "수다원이 다음과 같은 생각을 하겠느냐……" 등이 이에 해당한다.

⑥ 불리불출시주처(不離佛出時住處)는 경문에서 말한 "어떻게 생각하느냐. 여래가 옛날 연등불을 친견하기 이전……" 등이 이에 해당한다.

⑦ 원정불토주처(願淨佛土住處)는 경문에서 말한 "수보리야, 만약 보살이 다음과 같이 말한다면……" 등이 이에 해당한다.

⑧ 성숙중생주처(成熟衆生住處)는 경문에서 말한 "수보리야, 비유하면 어떤 사람의 몸의 크기가 수미산왕만 하다고 하자……" 등이 이에 해당한다.

⑨ 원리수순외론산란주처(遠離隨順外論散亂住處)는 경문에서 말

한 "수보리야, 어떻게 생각하느냐. 저 항하의 모래숫자만큼의 항하가……" 등이 이에 해당한다.

⑩ 색급중생신박취중관파상응행주처(色及衆生身博取中觀破相應行住處)는 경문에서 말한 "수보리야, 어떻게 생각하느냐. 삼천대천세계에 있는 미진……" 등이 이에 해당한다.

⑪ 공양급시여래주처(供養級侍如來住處)는 경문에서 말한 "수보리야, 어떻게 생각하느냐. 가히 32대인상을 통해서 여래를 볼 수 있겠느냐……" 등이 이에 해당한다.

⑫ 원리이양급피핍열뇌고불기정진급퇴실등주처(遠離利養及疲乏熱惱故不起精進及退失等住處)는 경문에서 말한 "수보리야, 선남자·선여인이 항하의 모래숫자만큼의 몸을 가지고……" 등이 이에 해당한다.

⑬ 인고주처(忍苦住處)는 경문에서 말한 "여래께서 설한 인욕바라밀은……" 등이 이에 해당한다.

⑭ 이적정미주처(離寂靜味住處)는 경문에서 말한 "수보리야, 만약 선남자·선여인이 이 법문을 수지하고 독송하는 수행을 하여……" 등이 이에 해당한다.

⑮ 어증도시원리희동주처(於證道時遠離喜動住處)는 경문에서 말한 "세존이시여, 보살이 어떻게 아뇩다라삼먁삼보리심을 내야 합니까……" 등이 이에 해당한다.

⑯ 구교수주처(求敎授住處)는 경문에서 말한 "어떻게 생각하느냐. 여래가 연등불을 친견하기 이전에 얻은 바 아뇩다라삼먁삼보리법이 있느냐……" 등이 이에 해당한다.

⑰ 증도주처(證道住處)는 경문에서 말한 "비유하면 어떤 사람
이 몸의 크기가 묘대하다고 하자……" 등이 이에 해당한다.

⑱ 상구불지주처(上求佛地住處)는 경문에서 말한 "수보리야, 만
약 보살이 다음과 같이 '나는 불국토를 장엄하였다'라 말
한다면 그를 보살이라 말할 수 없다" 등이 이에 해당한다.

이와 같은 18종의 주처는 다시 8종주처로 요약된다.

①은 섭주처(攝住處)이고, ②는 바라밀정주처(波羅蜜淨住處)이며,
③과 ④는 욕주처(欲住處)이고, ⑤부터 ⑯까지는 이장애주처(離障
礙住處)이며, ⑰은 정심주처(淨心住處)이고, ⑱은 구경주처(究竟住
處)이며, 전체에 통하는 것으로 광대주처(廣大住處)와 심심주처
(甚深住處)가 있어 도합 8종주처이다.

(4) 대치는 바라밀에 상응하는 행위와 18주처를 행할 경우에
는 반드시 대치하여 단제해야 하는 것을 가리킨다. 가령 경문의
곳곳에 보이는 것으로 일체에 대하여 집착하지 말라는 것이 이
에 해당한다.

(5) 부실은 자성이 있다[有]고 간주하는 증익변(增益邊)과 자아
가 없다[無]고 간주하는 손감변(損減邊)의 양변을 벗어나는 것이
다. 가령 "복덕은 복덕이 아니다. 그러므로 복덕이라 말한다"라
는 부분에서 '복덕은 복덕이 아니다'는 부분은 증익변을 부정하
는 것이고, '그러므로 복덕이라 말한다'는 부분은 손감변을 부
정하는 것이다. 곧 각각 유에 대한 집착과 무에 대한 집착을 벗
어나도록 해 주는 것이다.

(6) 지는 신행지(信行地)와 정심지(淨心地)와 여래지(如來地)의 3

종이 있다. 이 가운데 행소주처의 18종 주처 가운데 ①부터 ⑯
까지는 신행지를 현시하고, ⑰은 정심지를 현시하며, ⑱은 여래
지를 현시한다.

(7) 입명은 금강능단(金剛能斷)을 가리킨다. 금강이란 불가괴
(不可壞)한 성품이고, 능단이란 반야바라밀을 통하여 문(聞)·사
(思)·수(修)에 의하여 단제되는 대상이다.

2) 천친보살의 27단의(斷疑)

보리유지가 번역한 천친론 『금강반야경론』 3권본에서는 경
문의 전체적인 문답으로 수보리의 네 가지 질문이 등장한다. 첫
째는 어떻게 발보리심을 해야 하는가[云何發心], 둘째는 어떻게
본래의 청정심을 유지해야 하는가[應云何住], 셋째는 어떻게 수
행을 해야 하는가[云何修行], 넷째는 어떻게 번뇌심을 다스려야
하는가[云何降伏心] 등이다.

천친은 이 네 가지 질문에 대하여 구체적인 내용으로 27가지
의문을 제시하고, 그 의문을 해결해 주는 것으로 분과하고 있다.
이것이 천친의 27단의(斷疑) 분과이다. 그 구체적인 내용은 다음
과 같다.

제1단의: 상(相)에 집착이 없이 보시해야 한다고 말하지만 불
보리(佛菩提)에 보시하면 그것은 불보리라는 상에 집착하는 것
이 된다는 의심을 없애준다.

제2단의: 상(相)에 집착이 없이 보시하는 것은 인(因)의 심의 (深義)이고, 불(佛)이 유위(有爲)의 체(體)가 아니라는 것은 과(果) 의 심의(深義)이므로 이로부터는 신심(信心)을 낼 수 없을 것이라 는 의심을 없애준다.

제3단의: 불(佛)이 유위상(有爲相)을 떠난 무상(無相)이라면 어 째서 법을 설하는 것인가라는 의심을 없애준다.

제4단의: 사과(四果)는 자과(自果)를 취하고 또한 증(證)을 설한 다. 이것은 취(取)와 증(證)이 된다는 의심을 없애준다.

제5단의: 석존은 연등불 밑에서 법을 받고 연등불은 법을 설 했으므로 불가취(不可取)·불가설(不可說)이 아닌가 하는 의심을 없애준다.

제6단의: 불국토장엄(佛國土莊嚴)은 불가취(不可取)에 반대된다 는 의심을 없애준다.

제7단의: 터득한 보신(報身)은 집착을 떠난 것이라 말하지만 그것은 불가취(不可取)에 반대되는 것이 아닌가 하는 의심을 없 애준다.

제8단의: 수지하는 것이든지 연설하는 것이든지 간에 보살은 고행을 닦기 때문에 또한 고과(苦果)를 얻는다는 의심을 없애준다.

제9단의: 증도(證道)의 과(果)에 언교(言敎)가 없으면 언교는 증 법(證法)의 인(因)이 될 수 없다는 의심을 없애준다.

제10단의: 진여의 체가 일체시·일체처(一切時·一切處)에 두 루 하다면 유득·무득(有得·無得)의 차별이 없을 것이라는 것에 대한 의심을 없애준다.

제11단의: 안주(安住)·항복(降伏)이라는 것이 도리어 아상을 남기는 것은 아닐까에 대한 의심을 없애준다.

제12단의: 보살이 아니라면 석존은 연등불 밑에서 무엇 때문에 보살행을 수업했는가에 대한 의심을 없애준다.

제13단의: 보리가 없다면 불법도 없어야 할 것이라는 것에 대한 의심을 없애준다.

제14단의: 보살이 아니라면 불도(佛道)도 없고, 중생도 열반에 들어갈 수 없으며, 국토장엄도 없을 것이다. 그런데 보살은 무엇 때문에 발심하여 불국토를 청정하게 하는가에 대한 의심을 없애준다.

제15단의: 보살과 중생이 제법무아(諸法無我)를 터득하면 성인이 아니어도 모두 보살이라 이름한다. 그런데 제불은 제법을 보지 않을 것이라는 것에 대한 의심을 없애준다.

제16단의: 주심(住心)이 전도(顛倒)라면 복덕도 또한 전도일 것이다. 그러면 무엇을 선법(善法)이라 하는가에 대한 의심을 없애준다.

제17단의: 제불은 무위법을 통하여 이름을 얻는 것이라면 무엇 때문에 제불은 32상과 80종호가 있어 불(佛)이라 말하는가에 대한 의심을 없애준다.

제18단의: 불(佛)을 색신의 성취로 볼 수도 없고, 또한 제상의 성취로도 볼 수가 없다면 불(佛)은 법을 설하는 것이 아닐 것이라는 것에 대한 의심을 없애준다.

제19단의: 능설(能說)과 소설(所說)의 심심(甚深)을 믿는 자가

없는 것은 아니다. 왜냐하면 그들 중생(衆生)과 비중생(非衆生)이
라는 것은 비성(非聖)과 비불성(非不聖)이 그것이다. 여래가 비중
생(非衆生)이라 설하는 것은 범부중생이 아니기 때문에 중생이
라 설하며, 성인도 중생이라는 것을 지니고 있기 때문에 비중생
이라 설한다. 그런데 불(佛)이 무상보리(無上菩提)로서 얻어야 할
것이 없다면 어째서 수・증(修・証)이 있는가에 대한 의심을 없
애준다.

제20단의: 선법(善法)을 닦음으로써 불을 얻는다고 말하였다.
그러나 불(佛)이 설한 법은 무기법(無記法)으로서 보리를 얻는
는 것은 불가능하지 않겠는가 하는 의심을 없애준다.

제21단의: 법이 평등하여 높고 낮음이 없는 것이라면 불(佛)이
중생을 제도한다고 말할 수 없다는 것에 대한 의심을 없애준다.

제22단의: 여래를 색신으로는 볼 수가 없다. 그러므로 법신을
체(體)로 삼는다 해도 그것이 성・색(聲・色)을 떠나지 않은 것은
아닐까 하는 것에 대한 의심을 없애준다.

제23단의: 복덕에 의하여 보리가 얻어지는 것이 아니라면 보
살은 복덕업을 잃을 것이라는 것에 대한 의심을 없애준다.

제24단의: 보살이 이 과보를 받지 않는다면 중생은 어떻게 하
여 그 복덕을 알고 수용(受用)하는가에 대한 의심을 없애준다.

제25단의: 법신은 거래가 없고 화신은 거래가 있다면 일・이
(一・異)의 견(見)이 된다는 것에 대한 의심을 없애준다.

제26단의: 화신불의 설법에는 복이 없는 것이 아닌가 하는 의
심을 없애준다.

제27단의: 불(佛)이 항상 세간에 주(住)하여 설법한다면 어째서 열반에 들어간다고 하는가에 대한 의심을 없애준다.

이 27단의의 내용을 다시 정리하면 다음과 같다.

제1단의와 제17단의는 여래의 신상구족(身相具足)에 대하여 '여래는 신상을 통하여 볼 수가 없다. 여래가 설한 신상은 신상이 아니다. 제상은 상이 아니라고 볼 때 여래를 본다'는 점에서 거의 동일하다.

제3단의와 제17단의는 '복덕을 얻은 바가 많겠느냐. 복덕이 없기 때문에 여래는 복덕을 얻은 바가 많다고 설한다'는 것은 거의 동일하다.

제6단의와 제14단의 '불토를 장엄한다는 것은 곧 장엄이 아니라고 설한다. 이것을 장엄이라 말한다'는 점에 어서 거의 동일하다.

제7단의와 제25단의 '미진을 여래는 미진이 아니라고 설한다. 이것을 미진이라 말한다. 여래는 세계를 세계가 아니라고 설한다. 이것을 세계라고 말한다'는 점에서 거의 동일하다.

제8단의와 제18단의 '중생이란 여래가 이것을 중생이 아니라고 설한다. 이것을 중생이라 말한다'는 점에서 거의 동일하다.

이와 같이 거의 동일한 내용이나 경문이 이 짧은 경전의 곳곳에서 발견된다.

그리고 그 명제는 항상 'A는 A이다. 그러므로 A이다'는 논리로 일관되어 있다. 이 입장은 『대품반야경』 권78의 "부처님께서 수보리에게 말씀하셨다. 세제(世諦)이기 때문에 분별하여 과보가 있다고 설한다. 제일의제(第一義諦)에는 없다. 제일의제 속에서는 인연과보를 설하지 않는다. 왜냐하면 제일의제는 실로 상이 없고 분별이 없다. 또한 언설도 없어 이른바 색(色) 내지 유루법·무루법이 불생·불멸상(不生·不滅相)이고 불구·부정(不垢·不淨)하여 필경공·무시공(畢竟空·無始空)이기 때문이다"라는 세제와 제일의제에 의해서 잘 나타나 있다. 따라서 '非A이다'라 할 때는 제일의제이고, '그러므로 A이다'는 입장은 세제이기 때문에 'A는 A이다'라는 것은 이미 근본무분별지에 도달한 것이다.

4. 총론적인 문답

한역 『금강경』 가운데 가장 먼저 번역된 구마라집 번역본의 경우 다른 본과 비교하여 몇 가지 특징을 포함하고 있다. 그 하나는 번역상의 특징이다. 그러나 번역의 특징은 단순히 그 형식에만 그치지 않고 경전의 종지를 드러내는 것에도 영향을 미친다. 그 가운데 구마라집 번역본의 경우 수보리의 질문과 관련하여 질문에 대한 형식을 보면 다음과 같다.

> "세존이시여, 선남자·선여인이 아뇩다라삼먁삼보리의 마음을 내어서 마땅히 어떻게 청정심에 주해야 하고 어떻게 그 번뇌의 마음을 다스려야 합니까."

이 대목은 『금강경』 전체에 대한 총론적인 물음에 해당된다. 여기에는 두 가지의 질문이 나타나 있는데, 이것은 대승불교의 특징이기도 한 발심의 문제와 깊은 관련이 있다. 수보리는 이미 발심한 선남자·선여인이 그 마음을 어떻게 유지하고 다스려야 하는가를 묻고 있다. 이로써 보면 이미 발심한 상태에서 수행을 어떻게 해야 하는가의 문제이다. 곧 그 수행의 주체는 발심을 한 선남자·선여인이기 때문에 반드시 아뇩다라삼먁삼보리를 완성하기 위한 노력이 없을 수 없다. 그러나 중생에게 자발심(自發心)은 가능한가의 문제는 단순하지가 않다. 불도수행의 과정에서 발심이 없이 수행이 뒤따르는 경우는 없기 때문이다. 따라서 구마라집 번역본의 경우에는 발심이 이루어진 입장에서 제시하는 수행의 양상으로 나타나 있다. 그러나 보리유지 번역본에 의하면 다음과 같다.

> "세존이시여, 어떻게 하면 보살이 대승에서 아뇩다라삼먁삼보리심을 낼 수가 있습니까, 마땅히 어떻게 주해야 하는 겁니까, 어떻게 수행해야 하는 겁니까, 어떻게 그 마음을 다스려야 하는 겁니까."

위에 언급한 구마라집 번역본의 대목에 해당하는 이 내용은 수보리가 세존에게 아뇩다라삼먁삼보리심을 일으키는 문제를 질문하고 있다. 아직은 발심이 이루어지지 않는 상태를 설정하고 그로부터 대승에 대한 발심의 문제를 언급하고 있다. 이것이야말로 발심의 중요성을 제시한 것이다. 보다 엄밀하게 말하자면 발심이 없이는 대승의 개념도 보살의 개념도 온전하게 성립되지 않는다. 곧 대승의 개념은 발원과 중생제도를 바탕으로 하고 있다는 점에서 더욱 그렇다. 따라서 보리유지 번역본의 경우 대승을 지향하는 보살이라면 반드시 발심의 문제가 먼저 제시되지 않으면 안 된다.

이처럼 수보리의 질문에 따라서 보리유지 번역본과 구마라집 번역본의 내용에 의하면 발심의 출발부터가 문제시된다. 아울러 발심을 겨냥하고는 있지만 아직은 미발심의 상태에서 수행의 양상을 제시하고 있는 보리유지 번역본의 경우와 이미 발심한 상태에서 수행에 나아가려는 자세를 설하고 있는 구마라집 번역본의 경우는 대승불교의 역사적인 입장에 비추어 보면『반야경』의 출현이 어느 시대와 일치하는가를 짐작케 해 주기도 한다.

구마라집 번역본의 경우처럼 이미 발심이 구비되어 있다는 것을 염두에 두고 있는 경우에는 적어도 대승이 어느 정도 보편화되어 있는 시기에 출현한 경전으로 해석이 가능하다. 그러나 아직 발심이 설정되어 있지 않은 경우에는 대승불교의 시대에서도 비교적 가장 최초기의 모습임을 짐작하게 해 준다. 이 점에 대해서는 일찍이『대반야경』의 전모가 드러나지 않은 시기에『대반야경』과『금강경』가운데 어느 경전이 먼저 성립되었는가 하는 논쟁이 있었다는 점을 감안하면 충분히 수긍이 된다. 가령 이 점에 대하여 길장은 그의『금강반야론』에서『대반야경』과『금강경』을 독립된 경전으로 간주하여 전개되는 여러 가지 논의를 제시하면서 자세하게 논하고 있다.

수보리의 질문에 대한 구마라집 번역본과 보리유지 번역본의 해석으로부터 유래한 이러한 차이점에 대하여 보다 본질적인 입장은『금강경』에서 발심이 어떤 의의를 지니고 있는가를 검토하지 않으면 안 된다는 점이다. 그런데 발심의 구체적인 속성

및 의의는 본 발심의 경문에 이어지고 있는 수보리의 여타의 질문에서 그 단초를 찾아볼 수가 있다. 이것은 결국 다음과 같이 『금강경』 전체를 관통하는 논점이기도 하다.

(1) 부처님에게 섭수되고 부촉되어 보살승에 발취한 사람은 마땅히 어떻게 주해야 하고 어떻게 수행해야 하며 그 마음을 어떻게 다스려야 하는가에 대하여 수보리가 묻는다. 이들 질문에 대하여 부처님이 설명한 답변에 대하여 살펴보면 다음과 같다.

(2) 첫째로 마땅히 어떻게 주해야 하는가에 대한 답변은 다음과 같다. 곧 일체중생을 모두 무여열반에 들도록 하려는 마음을 일으켜야 한다. 그러나 무여열반케 했더라도 그로 인하여 열반을 얻은 사람은 아무도 없다. 보살에게는 중생상이 없기 때문이다. 중생상이 없어야 보살이라 할 수 있다.

둘째로 어떻게 수행해야 하는가에 대한 답변은 다음과 같다. 곧 보살은 사(事)에 주(住)하여 보시해서는 안 된다. 부주(不住)가 되지 않으면 안 된다.

셋째로 그 마음을 어떻게 다스려야 하는가에 대한 답변은 다음과 같다. 곧 보살은 무릇 상상(相想)에 주해서는 안 된다. 부주심으로 보시하면 무한한 공덕을 얻는다.

(3) 여래를 무릇 상구족(相具足)을 통해서만 보려고 해서는 안 된다. 비상구족(非相具足)해야 한다. 32상은 신상(身相)인데 여래는 신상으로만 된 것은 아니다. 때문에 여래는 상구족이면서 비상구족이다.

위의 내용을 정리하면 (1) 부처님에게 섭수되고 부촉되어 보살승에 발취한 사람은 승보에 대한 설명이고, (2) 부처님에게 섭수되고 부촉되어 보살승에 발취한 사람이 해야만 하는 응운하주·운하수행·운하항복기심의 세 가지는 법보에 대한 설명이며, (3) 여래는 상구족으로만 보아서는 안 된다는 것은 불보에 대한 설명이다.

(1) 보살승에 발취한 사람은 일체중생을 모두 무여열반에 들도록 하지 않으면 안 되는 마음을 내야 한다는 것은 이타심이다. 그러나 바로 그 이타심이야말로 보살 자신과 중생을 따로 보는 것이므로 그와 같은 분별심[相]을 버려야 한다.

(2) 이런 점에서 아상·인상·중생상·수자상이 있으면 진정한 보살이 아니다. 이것을 보시의 예를 들어 부주상의 보시를 해야 한다고 말한다.

(3) 그러나 부주상의 보시라는 생각[想]조차 없는 것이 부처의 속성이다. 때문에 여래를 상구족으로는 볼 수가 없다.

그러면 궁극적으로 부주의 구체적인 내용은 무엇인가. 각자가 무집착을 실천으로 옮기는 길뿐이다. 그 첫걸음이 바로 수보리의 질문에 대한 단서가 되는 발심의 문제이다. 이에 대하여 우선 발심의 기능을 언급하면 다음과 같다.

『금강경』에서 제시되어 있는 발심은 크게 세 가지 기능을 구비하고 있다. 첫째는 부정적인 기능이고, 둘째는 긍정적인 기능이며, 셋째는 초월적인 기능이 그것이다.

부정적인 기능으로는 번뇌에 대한 부정의 기능을 가리킨다. 곧 반야를 통해서 수행의 가장 근본적인 의의인 혼침과 산란심을 제거하는 기능으로서 수보리의 질문으로 보면 운하수행과 운하항복기심이 그에 상응한다.

그리고 긍정적인 기능으로는 청정심에 대한 정신집중과 삼매 현전을 어떻게 도출해내야 하는가를 나타내는 응운하주가 이에 상응한다.

또한 초월적 기능은 부정과 긍정의 경우를 일심으로 승화시 켜 아공과 법공을 터득하는 것으로서 발심하기 위하여 안주하 고 안주하기 위하여 수행하며 수행하기 위하여 마음을 다스린 다는 것으로서 수보리의 네 가지 질문 전체가 이에 상응한다.

여기에서도 마찬가지로 발심은 수보리의 질문 전체를 관통하 는 개념으로서 등장해 있다. 그런데 발심의 근본에 신(信)이 자 리하고 있다. 특히 수행을 중시하는 측면에서는 더욱이 반드시 신(信)이 없어서는 안 된다. 신(信)이 바탕하지 않는 수행은 무모 한 행위이다. 그리고 결과도 예상할 수가 없다. 따라서 수행이 있는 곳에 언제나 신(信)이 있다. 이와 같은 신(信)이야말로 다름 아닌 발심이다. 발심이란 가장 종교적인 행위형태이다. 그래서 발심에 근거하지 않은 수행은 이정표가 없는 여행과 같다.

그런데 바로 이와 같은 발심이 어느 일정한 시절이 되면 나이 를 먹는 것처럼 저절로 일어나는 것인가, 그리고 소위 중생으로 서 스스로 발심을 내는 자발심이 가능한 것인가에 대한 하나의 해답을 주는 것이 본 『금강경』에서 제기되는 문제이기도 하다. 위에서 언급한 바처럼 『금강경』의 내용전개는 부처님과 수보리 사이에 주고받은 문답 형태로 이루어져 있다. 거기에서 제시하고 있는 근본적이고 구체적인 내용은 다음과 같이 요약된다.

이제 이들 『금강경』의 대의(大意)에 대하여 다양하게 언급되어 있는 것을 몇몇 논소를 통하여 그 구체적인 내용을 살펴보기로 한다.

첫째, 길장은 『금강반야경소』에서 무상(無相)과 지혜(智慧)를 종지로 간주한다는 몇 가지 견해에 대하여 비판하고 무유정상(無有定相)의 인과야말로 『금강경』의 종지라고 다음과 같이 말한다.

묻는다: 인(因)과 과(果)를 종(宗)으로 삼는 줄을 안다는 것은 무슨 뜻인가.

답한다: 경전과 논에서 그와 같이 말하고 있다. 경전에서 말하는 '발보리심과 주반야(住般若) 내지 무주상보시'와 같은 것은 대원(大願)과 대행(大行)으로서 인(因)의 뜻이다. 그 다음으로 '여래의 무위법신을 얻는다'는 것은 과의 뜻이다. 『금강경론』은 지신자(至信者)에 대한 설명부분에서 인과의 깊은 뜻을 설하여 저 오탁악세에서도 헛되지 않고 반드시 실상을 낼 것이라고 말한다. 그러므로 인을 설명하고 과를 판별하는 것은 이미 마친 줄을 알아야 한다. 연후에는 바야흐로 신(信)과 수(受)에 대하여 설명으로 이어진다. 그러므로 인과 과가 이 경전의 정종(正宗)임을 알아야 한다.

둘째, 지엄의 『금강반야마라밀경약소』에서는 다음과 같이 말한다.

『금강경』 속에 들어 있는 소전의 종취 및 능전의 교체 등 두 가지가 있다. (1) 첫째는 총체적으로 종취를 설명하는 것이다. 곧 이『금강경』은 그 작용에 3종반야가 있다. 실상반야와 관조반야와 문자반야이다. (2) 둘째는 종취를 특별히 설명하자면 다섯 가지 뜻이 있다. 하나는 교(敎)와 의(義)의 상대이다. 이것은 교를 종으로 삼고 그 의로써 종취를 삼는 것이다. 둘은 인(因)과 과(果)의 상대이다. 이것은 인으로 종을 삼고 과를 가지고[用] 종취를 삼는 것이다. 셋은 인(人)과 법(法)의 상대이다. 이것은 법을 가지고[用] 종을 삼고 인으로 종취를 삼는 것이다. 그것은 법에 의거하여 성불하기 때문이다. 넷은 이(理)와 사(事)의 상대이다. 이것은 이로써 종을 삼고 사를 가지고[用] 종취를 삼는 것이다. 다섯은 경(境)과 행(行)의 상대이다. 이것은 경으로써 종을 삼고 행으로 종취를 삼는 것이다. 그것은 교를 성취하려면 그 행이 필요하기 때문이다.

셋째, 장수자선의『금강반야경소론찬요』에서는 다음과 같이 말한다.

경전의 종(宗)과 체(體)의 두 가지에 대하여 설명한다. 첫째, 종에 대한 것이다. 불교의 인연을 통론하는 것이 종이다. 별도로 이『금강경』에서 드러내자면 곧 실상반야와 관조반야가 불일불이하다는 것이『금강경』의 종(宗)이다. 이치에 상즉한 지혜로 제상을 관조하기 때문이다. 저 금강으로 일체를 능단하는 것은 곧 지혜의 이치인데 이것이 실상반야이다. 저 금강은 견뇌하여 부수기가 어렵고 만행 가운데 낱낱에 대해서도 이 도리에 어둡지

않기 때문에 관조반야와 실상반야를 합하여 경전의 종으로 삼
는다. 둘째, 체에 대한 것이다. 문자반야는 곧 이『금강경』의 체
이다. 문자는 성(聲)·명(名)·구(句)·문(文)을 포함한다. 문자의
성품은 공한데 이것이 곧 반야이지 별도로 문자의 체가 없다.
때문에 문자 모두가 이치를 섭수하여 다하지 않음이 없는 것이
교체(敎體)이다.

넷째, 함허의『금강반야바라밀경윤관』에서는 세 종류의 근기
에 따른 종지를 바탕으로 간주하고 있다. 함허가 기존의 경전형
식을 수용하면서도 독특하게 서분·정종분·유통분의 3단과 그
전체를 10문으로 분과한 것은 기존의 3단 분과를 인정하고 있
다. 그러나 단순히 3단 구성의 틀을 계승한 것이 아니다. 그것은
『금강경』경문의 특성이기도 한 반복적인 문답으로 인한 번거
로움을 3종의 근기를 상대로 분과함으로써 말끔히 해소했기 때
문이다. 곧 정종분에 대하여 8문으로 분과하여 각각 상근기·중
근기·하근기를 위한 8문으로 재구성함으로써 경문의 뜻이 중
첩되어 있고 그 흐름도 차례가 뒤섞여 있다는 질문에 대하여 명
쾌한 답변을 주었기 때문이다.

가령 경전에서 ① 부처님은 신상을 통해서 여래를 볼 수[見如
來] 있느냐, ② 32상을 통해서 여래를 볼 수[見如來] 있느냐, ③
부처님을 신상의 구족을 통해서 볼 수[見如來] 있느냐, ④ 32상
을 통해서 여래를 볼 수가[觀如來] 있느냐 하고 네 차례나 묻는
다. 또한 운하응주와 운하항복기심에 대하여 거듭 묻는다. 또한
여래의 설법을 듣기 이전에 '희유하십니다' 했으면서 다시 설법

을 듣고 나서도 '희유하십니다'라 묻는다. 또한 여래가 수보리에게 여래에게 설법한 바가 있는가 하는 것과 대신(大身)에 대한 것과 미진세계에 대한 것과 칠보의 보시에 대한 것 등 수없이 반복하여 설명한다.

이런 질문에 똑같이 반복하여 답한 것이야말로 중하근기를 상대로 한 설법이라는 단적인 증거로 제시하고 있다. 이에 상대하여 상근기는 발심만으로 작용을 삼아 침묵으로 개시한다고 말한다. 곧 경문의 초두에서 부처님께서 아직 설법을 하기도 전의 침묵의 상황에서 수보리가 먼저 "희유하십니다, 세존이시여. 여래께서는 제보살을 선호념하시고 제보살을 선부촉하십니다" 라고 찬탄한 것을 그 증거로 들고 있다. 그러나 중근기와 하근기에 대해서는 언설을 통해서 비로소 신(信)하기 때문에 언설의 개시를 빌려 신(信)을 내도록 한다는 것이다.

이와 같은 전통적인 3단 구성의 바탕에서 3종의 근기에 따른 함허의 『금강경』 분과는 이전의 무착의 18주의 분과나, 천친의 27단의의 분과나, 금강선의 12분과나, 길장의 3단 구성에 근거한 이주설법의 분과 등에서 중첩되어 나타나고 있는 경문의 해석과는 사뭇 다른 점을 엿볼 수가 있다. 이것은 함허가 『금강반야바라밀경윤관』 마지막 부분에서 원망하고 있는 "초발심한 자들을 위하여 글로 써서 후세에 전한다"라는 것에 부합되는 것이기도 하다. 더불어 『금강경』의 설법이 초발심한 보살을 상대로 이루어졌다는 취지와도 상통한다.

다섯째, 종륵·여기의 『금강경주해』 서문에서는 다음과 같이 말한다.

이 『금강반야바라밀경』은 첫째는 비유와 법으로 명칭을 삼는다. 금강은 비유이고 반야는 법이다. 둘째는 실상으로 체를 삼는다는 것을 변별한다. 곧 이것은 일실상의 이치로서 경전에서는 "만약 어떤 사람이 이 경문을 들으면 곧 실상을 낸다"라고 말한다. 셋째는 무주로 종을 삼는다는 것을 설명한다. 종이란 요(要)이다. 이것을 경전에서는 "마땅히 주함이 없어야 한다"라고 말한다. 경문에서는 대부분 무주로 집착을 파하라고 말한다. 때문에 무주로 종을 삼는다. 넷째는 단의로 용을 삼는다는 것을 논한다. 경전의 역용(力用)을 말미암아 망집을 끊는다. 때문에 단의로 용을 삼는다고 말한다. 다섯째는 대승으로 교상을 삼는다는 것을 판별한다. 경문에서는 "최상승심을 낸 자를 위하여 이 경전을 설한다"라고 말한다. 때문에 대승으로 교상을 삼는다고 말한다.

『금강경주해』에서는 또한 전체적으로 『금강경』의 종지를 다음과 같이 정리하고 있다.

이 경전의 시말은 모두 여시(如是)이기도 하다. 곧 처음에는 여시주(如是住)하고 여시항복기심(如是降伏其心)이라 말하고, 중간은 절절이 여시(如是)라 말하며, 지금 끝부분에 이르러서는 여시관(如是觀)이라 말하고 있다. 이것을 모두 논하여 해석해 보면 묘지(妙智)로 정관(正觀)하는 것이다. 때문에 묘지야말로 실로 이 경전의 종지임을 알아야 한다.

여섯째, 규기의 『금강반야경찬술』에서는 다음과 같이 말한다.

‘발심’이란 반야에 취향하는 것을 말한다. 때문에 발(發)이라 이름한다. ‘운하주’는 어떤 마음에 주하여 발(發)을 성취하는가를 묻는 것이다. 곧 발(發)을 성취하려면 ‘운하응주’해야 하는가. 말하자면 어느 경지에 기심(其心)을 안주해야 발(發)을 성취하는가를 물은 것이다. ‘운하수행’하는 때는 이미 발심을 하고 나서 어떻게 수행해야 하는가를 말한다. ‘운하항복기심’이란 이미 수행을 하고 나서 번뇌장과 소지장을 어떻게 단제해야 하는가를 말한다. 그러므로 운하주란 곧 말하자면 중생심을 심념(深念)하는 것이다. 그리고 운하수행이란 말하자면 보리심을 추구하는 것이다. 그리고 운하항복이란 유위심을 멀리 벗어나는 것이다. 또한 일체악을 단절하는 것이 운하항복기심이다. 일체선을 닦는 것이 운하수행이다. 일체중생을 제도하는 것이 운하주이다. 또한 대승의 삼취정계(三聚淨戒)에 대응시켜서 운하항복기심은 섭율의계(攝律儀戒)로, 운하수행은 섭선법계(攝善法戒)로, 응운하주는 요익유정계(饒益有情戒 · 饒益衆生戒 · 攝衆生戒)로 해석하기도 한다.

일곱째, 천친은『금강반야론』에서 보살의 4종심을 중심으로 설명하고 있다.

천친의『논』에 나타나 있는 대승보살이 추구해야 할 사종심은『금강경』에서 설법의 대상이 되는 신발의보살 곧 대승보살이 지향해야 할 심(心)이란 분명하다. 우선 대승심을 발한 보살이기 때문에 아뇩다라삼먁삼보리에서 출발한다. 이리하여 신발의보살은 앞으로의 대승보살이 지녀야 할 구체적인 네 가지 심

(心)을 지녀야 할 것을 말한다. 이것은 동시에 아직 보살심을 내지 않은 자들에게 대하여 어떻게 본래청정한 심을 내도록 하고 어떻게 수행하며 어떻게 청정심을 주해야 하고 어떻게 번뇌심을 다스려야 하는가 하는 문제이기도 하다. 이에 대하여 무착은 게송에서 보살은 사종심으로 중생에게 이익을 주어야 한다고 말한다. 광대심(廣大心)은 모든 중생에 대하여 차별 없이 대하는 마음이다. 제일심(第一心)은 중생을 영원상주한 열반계로 이끌어가는 마음이다. 상심(常心)은 중생을 동체대비심으로 대하는 마음이다. 부전도심(不顚倒心)은 중생이라는 분별심이 없어 자기 속에서 따로 중생을 보지 않는 마음이다.

이와 같은 네 종류의 마음으로 중생을 대하는 보살이 곧 궁극적으로 보살의 청정주와 수행에 주하는 보살이다. 이것은 동일한 육바라밀수행의 다른 모습이다. 이 모든 보살의 행위는 집착 없는 마음으로 통한다. 그 집착 없는 마음은 곧 자신과 보은과 과보 이 세 가지에 집착하지 않는 것이다. 이것은 수보리가 제기한 질문 속에 이미 답변이 제시되어 있다. 곧 대승보살은 마땅히 아뇩다라삼먁삼보리를 발한 자이어야 하고 그것을 수행하는 데 청정심에 주하면서 번뇌심을 다스려야 하다는 것이다. 그 구체적인 내용이 무착의 게송에서는 곧 중생에게 이익을 주는 광대심·제일심·상심·부전도심으로 나타나 있다.

여덟째, 무착의 『금강반야론』에서는 7종의 구의를 설명하는 가운데 그 첫째에 해당하는 종성부단에서 다음과 같이 말한다.

마땅히 이 금강반야바라밀은 불종의 부단을 위하여 세상에 유행되었다는 것을 알아야 한다. 이것은 마땅히 불종을 얻어 부단케 한다는 뜻을 드러낸 것이다. 때문에 상좌수보리가 경문의 처음 부분에서 '희유하십니다, 세존 여래 응공 정변지께서는 제보살을 선호념하시고 제보살을 선부촉하십니다' 등이라 말한다.

아홉째, 금강선의 『금강선론』에서는 천친의 『론』에 근거하면서도 3공 2무아를 내세우고 있다. 이공이무아(二空二無我)의 경우 아공과 법공은 각각 인무아와 법무아로 설명되는 것이 일반적인 견해이다. 곧 아공은 개체가 모든 유위 곧 변화하는 법으로 구성되어 있는 것에 불과하다. 변화하기 때문에 아가 없는 것으로서 곧 공이다. 법공은 그와 같은 유위법조차도 변화하기 때문에 불변독자성이 없다[空]는 의미이다.

그러나 삼공이무아는 아공과 2종의 법공을 가리키는 말이다. 2종의 법공은 다음과 같다. 첫째는 유위법은 인연화합으로서 자성이 없다고 아는 것이다. 둘째는 유위법이 자성이 없다고 아는 바로 그 공성, 곧 진여무위법은 유라고 아는 것이다. 이 두 번째의 경우에서 말하는 유는 공성의 유이므로 거기에 만상은 없다. 여기 2종의 법공에서 첫째의 법공이 인연법공에 해당하고, 둘째의 법공이 불성법공에 해당한다. 이와 같은 예는 여러 군데에서 엿보인다.

5. 경전의 제목과 번역자

『금강반야바라밀경』은 경전의 제목을 비유와 법으로 구성하고 있다. 금강은 '비유'이고 반야바라밀은 '법'이다. '금강'에 대하여 『대지도론』에서는 월사(越闍)라 하였고, 또 『화엄경』에서는 척가라(斫家羅)라 하였으며, 예전부터 상전되어 온 음역은 발사라(跋闍羅)라 하였다. 그런데 진제삼장은 발사라치가(跋闍羅侈迦)라 하였다. 발사라(跋闍羅)를 금강으로 기록한 것은 『현우경』 권2에서 파사익왕의 추녀(醜女)를 발사라(跋闍羅)라 이름하였는데 진(晉)나라 때 그것을 금강(金剛)이라 번역하였다.

이와 같은 금강은 세간에서 가장 굳고 예리하기 때문에 그것을 반야의 체성이 굳고 예리한 것에 비유한다. 그래서 대장부가 조그마한 금강만 먹어도 그것이 종시토록 녹아 없어지지 않듯이, 반야도 터득하면 썩어 없어지지 않아 반드시 부처가 된다. 또한 금강의 보배를 얻으면 일체의 빈궁과 괴로움을 떠나 모든 안락을 받듯이, 만약 반야를 얻으면 생사의 고뇌를 떠나 대열반을 얻는다. 또한 금강의 보배가 있는 곳은 악귀와 모든 독벌레

가 사라지듯이, 반야가 있는 곳은 천마·외도·악귀들이 틈을
엿보지 못한다.

또한 금강의 보배는 일체제물을 다 쳐부수지만 금강 자체는
닳아지거나 상하지 않듯이, 반야도 일체번뇌를 쳐부수지만 반
야 자체는 손감이 없이 그대로이다. 또한 금강은 일체제물이 쳐
부수지 못하듯이, 반야도 일체의 논자와 모든 번뇌가 쳐부수지
못한다. 또한 금강의 보배는 햇빛에 노출되면 색깔이 하나로 정
해져 있지 않듯이, 반야도 대중에 있으면 마찬가지로 하나로 정
해져 있지 않다. 그리하여 혹 반야를 인(因)이라 이름하기도 하
고 과(果)라 이름하기도 하며, 소심인(小心人)에 있으면 소(小)라
하고 대심인(大心人)에 있으면 대(大)라 하며, 경계에 있으면 경
계라 이름하고, 지혜에 있으면 지혜라 이름한다.

이것은 반야가 하나로 일정하게 정해져 있는 상[一定相]이 아
니기 때문이다. 또한 금강의 보배에 비록 이와 같이 훌륭한 작
용이 있을지라도 일찍이 금강 자체는 훌륭하다고 말하려는 생
각조차 없다. 그와 같이 반야에도 비록 갖가지 한량없는 공덕이
있을지라도 일찍이 반야 자체는 갖가지 한량없는 공덕이 있다
고 말하려는 생각조차 없다. 때문에 반야는 불가사의하다.

금강에도 다섯 가지가 있다. 첫째, 청색의 금강은 재액을 없
애는데 반야가 업장을 없애는 것에 비유한 것이다. 둘째, 황색의
금강은 사람들이 추구하는 바로서 무루공덕(無漏功德)을 비유한
것이다. 셋째, 적색의 금강은 햇살을 받으면 불을 일으키는 것으
로서 지혜가 본각(本覺)을 말미암아 무생지(無生智)의 불을 일으

키는 것이다. 넷째, 백색의 금강은 흐린 물을 맑히는 것으로서
반야가 의심의 흐림을 청정케 하는 것이다. 다섯째, 허공색[空
色]의 금강은 사람들로 하여금 허공에서 걷고 앉게 하는 것으로
서 지혜로 법집을 파하고 진공의 이치에 주하는 것이다. 여섯째,
벽색(碧色)의 금강은 모든 독을 없애는 것으로서 지혜로 삼독을
없애는 것이다.

'반야'는 외국어로서『석론』에서는 두 가지로 해석한다. "첫
째, 반야는 이곳 말로는 지혜이다. 둘째, 반야는 심중(深重)하고
지혜는 경박(輕薄)하다. 그래서 경박한 지혜로는 심중한 반야를
헤아릴 수가 없다."

혹 '반야라는 이름에는 다섯 가지 뜻이 들어 있다. 지혜는 그
가운데 하나일 뿐이다'라고 전해지기도 하였다.

또한『정명경』에서는 지(智)와 혜(慧)의 두 글자로 나누어 "중
생의 마음을 알아서 그에 맞게 설법하여 지업(智業)을 불러일으
키고, 취(取)와 사(捨)가 없이 일상문(一相門)에 들어가 혜업(慧業)
을 불러일으킨다"라고 해석한다. 예전에는 이 부분에 대하여
'지(智)는 유혜(有慧)이고 혜(慧)는 공혜(空慧)이다. 또 지는 남을
교화하는 것이고, 혜는 자신의 수행이다'라고 말하기도 하였다.

'바라밀'은 도피안(到彼岸, 度彼岸)이라 번역한다. 무릇 어떤 일
을 마치거나 완성하는 것을 바라밀이라 한다. 깨달음을 얻으려
는 자가 비록 누겁에 걸쳐 공적을 쌓아왔을지라도 만약 반야를
얻지 못하면 그 수행은 이루어지지 않는다. 그러나 만약 반야를
깨친다면 만행을 두루 마치게 되므로 이것을 바라밀반야라 한다.

‘경’은 문자[文]로 이루어진 경전과, 도리[理]로 이루어진 경전과, 문자와 도리가 합쳐져 이루어진 경전의 세 가지 경우가 있다. 지론학파의 논사들은 “십신·십주·십행의 30심 이전의 경지에 있는 사람은 문자로 경전을 삼는다. 30심의 경지에 오른 사람은 문자와 도리가 합쳐진 것을 경전으로 삼는다. 초지 이상의 경지에 오른 사람은 도리를 경전으로 삼는다”라고 말한다.

『금강경』의 번역자 구마라집(鳩摩羅什: 350~409)은 중앙아시아 구자국(龜玆國) 출신으로 아버지 구마라염과 어머니 지바의 이름을 본떠 지은 명칭이다. 뜻으로 번역하면 동수(童壽)이다. 구마라염은 벼슬의 기회를 버리고 출가하여 중앙아시아 구자국까지 여행하였다. 구자국의 왕은 백씨인데 20세 된 누이동생이 있었다. 온갖 청혼을 물리쳤지만 구마라염을 보고 반하여 마침내 결혼을 하였다. 구마라집을 낳은 후에 어머니는 출가를 원하였지만 뜻을 이루지 못하였다. 다시 구마라집의 동생을 낳은 후에 출가를 하였다.

구마라집은 어머니를 따라 공부하였는데 매일 1,000개의 게송을 암송하였다. 아홉 살 때는 반두달다라는 스승으로부터 소승의 경전을 공부하였다. 열두 살 때는 고향으로 돌아와 중앙아시아를 유행하였고, 사륵 지방에서는 『아비달마』 및 『증일아함경』 등을 공부하였다. 다시 불타야사로부터 『십송률』을 배우고, 후에 『중론』, 『백론』, 『십이문론』 등 대승의 경론을 배웠다.

20세에 구족계를 받고 어머니와 헤어졌는데 헤어지기 전에 어머니는 올바른 불교를 중국에 전하라는 간곡한 당부를 했다.

이로부터 외국에까지 그 명성이 알려졌다. 중국에까지 소문이 나자 마침내 382년 전진(前秦)의 왕 부견은 장군 여광에게 많은 군사를 보내 구마라집을 모셔 오도록 하였다. 구자국을 멸망시키고 구마라집을 얻은 여광은 그곳에서 머물다가 장안으로 돌아오는 도중에 전진이 멸망했다는 소식을 듣고 후량(後涼)을 건국하고 구마라집을 그곳에 머물도록 하였다. 마침내 401년 요진(姚秦)의 황제 요흥(姚興)의 초청을 받아 구마라집의 나이 52세에 장안에 도착하였다. 이로부터 그동안 익혔던 중국어를 바탕으로 하여 번경원에서 맨 먼저『금강경』을 필두로 하여『대품반야경』,『소품반야경』,『십주경』,『법화경』,『유마경』,『사익경』,『수릉엄경』,『아미타경』,『미륵상생경』,『좌선삼매경』,『선법요해』,『대지도론』,『중론』,『백론』,『십주비바사론』,『성실론』,『십송률』 등 35부 294권을 번역하였다.

Ⅱ. 본문

金剛般若波羅蜜經

姚秦 三藏法師 鳩摩羅什 奉詔 譯

『금강반야바라밀경』

요진의 삼장법사 구마라집은

황제의 명을 받들어 번역합니다.

1. 서 분

법회인유분 제1(法會因由分 第一)

如是我聞 一時 佛 在舍衛國祇樹給孤獨園 與大比丘衆
千二百五十人 俱

다음과 같이 저는 들었습니다.
한때 부처님께서 사위국의 기수급고독원에서 대비구 1,250
명과 함께 계셨다.

경전의 본문에 대하여 일찍이 동진시대의 도안은 그 구성에
대하여 서분(序分)·정종분(正宗分)·유통분(流通分)의 3단으로 제
안하였다. 서분은 다시 모든 경전에 공통적인 모습인 증신서(證
信序)와 각 경전의 개별적인 모습인 발기서(發起序)로 구성된다.
『금강경』의 경우 증신서는 위의 '법회인유분 제일' 가운데 "다
음과 같이 저는 들었습니다.

한때 부처님께서 사위국의 기수급고독원에서 대비구 1,250명

과 함께 계셨다"라는 부분이 해당되고, 발기서는 "그때 세존께
서는 공양할 때가 되어 가사를 걸치고 발우를 들고 사위대성에
걸식하러 들어가셨다. 성중에서 차례로 구걸하고 나서 본래의
거처에 돌아와 공양을 마치고 가사와 발우를 정제하셨다. 그리
고 발을 씻고는 자리를 펴고 앉으셨다"가 해당된다.

이와 같은 경전의 구성은 이후로 가장 보편적인 형식이 되어
전승되어 왔다. 서분 가운데 증신서에는 설법에 대한 믿음과 아
난이 설법을 들은 인연과 설법이 이루어진 시기와 설법을 한 주
체와 설법이 이루어진 장소와 그 설법을 듣는 대중 등 여섯 가
지가 갖추어져 있다.[六成就] 『금강경』의 경우 '다음과 같이'는
설법에 대한 믿음인 신성취(信成就 혹 證成就)이고, '저는 들었습
니다'는 아난이 설법을 들은 인연인 문성취(聞成就)이며, '한때'
는 설법이 설해진 시기인 사성취(時成就)이고, '부처님께서'는 설법
을 설한 주체로서 주성취(主成就)이며, '사위국의 기수급고독원에
서'는 설법이 이루어진 장소인 처성취(處成就)이고, '대비구 1,250
명과 함께 계셨다'는 그 설법을 듣는 대중인 중성취(衆成就)이다.

신성취는 부처님의 설법이 확실하다는 것을 증명하는 것으로
서 아난이 임의로 설정한 것이 아님을 드러낸 것이다. 때문에
'다음과 같이[如是]'라고 말한다.

"여시는 불법의 대해에 믿음[信]으로 들어가고 지혜[智]로 제
도하는 것이다. 때문에 여시는 믿음이다. 믿음으로 이루어지는
것이므로 여시라 말한다. 만약 불신(不信)이라면 곧 이것은 불여
시(不如是)라 말할 것이다. 이제 믿음이 여기에 위치한 까닭을 말

하자면 불법에 들어가는 것이다. 때문에 경전의 최초에서 여시라 한 것은 반야신(般若信)이다. 이것은 반야가 의지함이 없고[無依] 하고 걸림이 없으며[無得] 하며 거짓되지 않아[無戲論] 필경에 청정하여 진실로 믿을 수 있는 것임을 설명한 것이다. 때문에 이 믿음을 인연하여 반야에 들어간다.”

문성취는 아난 자신이 부처님으로부터 친히 들은 것으로서 다른 사람에게서 들은 것이 아님을 나타낸다. 때문에 ‘저는 들었습니다[我聞]’라고 말한다. 여기에는 세 가지 까닭이 있다. 첫째는 아난이 친히 부처님 곁에서 들은 것이지 전해 들은 것이 아님을 증명하고자 한 까닭이다. 둘째는 아난이 과거세에 원행(願行)을 성취하였음을 드러내고자 한 까닭에 아(我)라 칭하였다. 아난은 무량겁토록 다문(多聞)을 수습(修習)하여 본원력으로 다라니를 얻었다. 그리하여 한 번 귀를 통해서 들은 경전은 영원히 잊은 적이 없어 다시 재질문을 하지 않는다. 비유하면 그릇의 물을 다른 그릇에 고스란히 옮겨 붓는 것과 같다. 때문에 『법화경』에서는 “내(부처님)가 아난과 함께 공왕불(空王佛) 처소에서 동시에 발심하였다. 그리하여 나는 정진을 좋아하여 마침내 부처가 되었다. 그러나 아난은 항상 다문(多聞)을 즐겨 하였으므로 내 법장을 수지하였다”라고 말한다. 이처럼 아난이 자신의 숙원이 만족됨을 드러내는 까닭에 ‘아(我)’라 칭한 것이다. 셋째는 자재하기 때문에 아(我)라 칭한 것이다. 『대반야경』에서는 “아난은 다문지혜(多聞智慧)를 구족하였다”라고 말한다.

그러나 일체중생은 일시에 부처님의 말씀을 받아들일 수가 없다. 설령 받아들인다 해도 다라니의 힘이 없기 때문에 기억하지 못하고 잊어버린다. 비록 기억하여 잊지 않는다 해도 세 가지 지혜[三慧]를 구족하지 못한다. 그리하여 일체중생은 설법을 듣는 가운데 자재할 수가 없다. 때문에 아(我)라 말할 수가 없다. 이처럼 아(我)는 자재의 뜻이다. 지금 아난은 일시에 부처님의 말씀을 알아듣고, 또한 영원히 지속하여 잊지 않는다. 세 가지 지혜를 발생시키는 능력을 구비하고 있어 설법을 듣는 가운데 자재를 얻는다. 때문에 아(我)라 칭한다. 또한 문(聞)이라 칭한 것에도 또한 몇 가지 뜻이 있다.

첫째는 설법을 들은 자의 덕을 드러내기 위한 것이다. 아난이 들은 것은 외도·불제자·선인(仙人)·화인(化人)·제천(諸天)으로부터 들은 것이 아니다. 지금 들은 것은 일체지인(一切智人)의 곁에서였다.

둘째는 들은 법이 최승(最勝)하다는 것을 드러내기 위한 것이다. 불법의 명(名)·구(句)·미(味)는 교묘하고 의리(義理)는 깊고 청정하다. 외도법에는 단지 어언(語言)만 있고 실의(實義)가 없다. 그러므로 불법을 듣는 것을 정문(正聞)이라 말한다.

셋째는 드러난 바 이치가 최승하다. 불법은 정도(正道)가 원만하여 전도(顚倒)는 들어 있지 않다. 여리(如理)하게 설해졌으므로 정설(正說)이라 말하고, 여리(如理)하게 들었으므로 정문(正聞)이라 말한다.

넷째는 수행이 최승하기 때문에 정문(正聞)이라 말한다. 바른 가르침에 의하여 수행하면 그것이 수행 가운데 최승하기 때문에 정문(正聞)이라 말한다.

다섯째는 수행하여 정과(正果)를 얻기 때문에 정문(正聞)이라한다. 정과(正果)는 곧 대반열반을 말한다.

시성취는 설법이 이루어진 시기로서 막연히 한때[一時]라고표현한다. 그것은 설법을 듣는 대중이 여러 세계에서 온 까닭에각각에 해당하는 시점을 어느 한 가지로 설정할 수가 없기 때문이다. 그래서 일시(一時)는 교법을 설한 때를 설명한다.

첫째는 전륜성왕의 출세와 같이 이 보물을 얻는 때이고, 여래의 출세와 같이 법보를 얻는 때이다. 그래서 일시(一時)라 한다.둘째는 일체의 어리석은 중생이 여래의 설법을 듣고 깨치는 때이므로 일시라 한다. 셋째는 눈 밝은 스승[正師]이 계실 때, 바른교법[正敎]이 있을 때, 바른 가르침[正學]이 있을 때이므로 일시라 한다.

이 셋(正師와 正敎와 正學)이 갖추어질 때 중생은 득도한다. 그래서 『중론』에서는 "진법(眞法)과 그것을 설하는 것은 청자(聽者)가 듣기 어렵다. 그러므로 만약 정사와 정교와 정학을 갖추면생사의 끝이 있다. 그러나 만약 이 정사와 정교와 정학을 갖추지 못하면 생사가 가없다."고 말한다.

또한 중생이 만약 믿음을 내지 않으면 일시라 말하지 않는다.지금 설하는 반야는 믿음을 냈을 때이다. 그러므로 만약 이미믿음을 냈을 때는 정관(正觀)이 증장하는 때이고, 만약 정관이이미 증장하는 때라면 이것은 곧 선근이 성숙하는 때이다. 그러므로 일시라 말한다. 또 아난이 일시에 부처님의 설법을 모두 받아들이는 때이므로 일시라 말한다.

주성취는 직접 설법을 한 부처님으로서 부처님의 친설[金口說法]임을 드러낸다. 때문에 '부처님께서[佛]'라고 말한다. 곧 교법을 설하는 주체를 표방한 것이다. 위에서 비록 신성취와 문성취와 시성취가를 표방했으나 사(邪)와 정(正)이 분명하지 않았다. 때문에 불(佛)을 표방하여 바야흐로 그 득실을 나타내려 한다. 이것은 부처님의 곁에서 들었다고 말하는 것이지 다른 사람의 곁에서 들은 것이 아니다. 그래서 말하자면 부처님은 바가바(婆伽婆)인데 이것은 번뇌를 능단(能斷)하는 자이고 대공덕이 있는 자이기 때문에 바가바라 말한다.

처성취는 설법이 이루어진 장소인 사위국의 기수급고독원이다. 기수급고독원에 있는 기원정사에서 설해진 것을 나타낸다. 처소에 두 가지가 있다. 하나는 통처(通處)로서 사위국이고, 둘은 별처(別處)로서 기원정사이다. 부처님은 사바제성에 대해서는 다음과 같은 인연이 있다.

"예전 겁초(劫初)에 선인의 두 형제가 살았다. 아우의 이름은 사바(舍婆)인데 이곳 말로는 유소(幼少)이다. 형은 아바제(阿婆提)라 하였는데 이곳 말로는 불가해(不可害)이다. 두 형제가 이곳에 머물면서 구도생활을 하였기 때문에 이와 같은 사바제(舍婆提)라는 명칭이 붙은 것이다. 동생의 이름에서 바(婆)가 생략되고, 형의 이름에서 아(阿)가 생략되어 두 이름을 합쳐 부르면 사바제(舍婆提)가 된다."

중성취는 설법을 듣는 대중으로서 대비구 1,250명을 나타낸다. 대비구는 천왕과 대승인들의 공경을 받고, 널리 내외의 전적에 두루 통하며, 온갖 외도들보다 뛰어난 까닭에 대비구라고 말한다. 1,250명은 일반적으로 부처님과 함께하는 상수중(常隨衆)으로서 그 구성은 다음과 같다. 5비구, 야사장자 등 50인, 사리불 제자 100인, 목련제자 100인, 3가섭의 제자인 가야가섭의 제자 200인과 나제가섭의 제자 300인과 우루벨라가섭의 제자 500인이다.

그러나 실제로 설법을 듣는 대중은 이뿐만이 아니다. 경전의 마지막 부분에 해당하는 유통분에는 그 밖의 청중으로 "장로 수보리와 모든 비구와 비구니와 우바새와 우바이와 보살마하살과 일체세간의 천과 인과 아수라와 건달바 등"을 언급한다. 이처럼 경문에 등장하는 대중은 헤아릴 수가 없다. 다만 설법을 듣는 대중에 대하여 말하자면 대승의 근기를 지닌 사람이 해당한다. 때문에 그 밖의 지옥·아귀·축생의 부류는 대승경전의 대중에 포함되지 않는다.

대비구승(大比丘僧)은 인도말로는 마하비구승이다. 마하는 대(大)·승(勝)·다(多)의 뜻이다. 대(大)는 대계(大戒)를 구족하고, 대덕(大德)을 구족하며, 명문(名門)이 큰 것이다. 다(多)는 숫자가 1,250인에 이른다는 뜻이다. 승(勝)은 모든 대중 가운데 최승하기 때문이다. 뜻으로 말하면 96종의 외도 가운데서 가장 뛰어나기 때문이다. 비구(比丘)는 걸사(乞士)를 말한다. 재가인들로부터 걸식하여 몸을 자양하기 때문이다. 승(僧)에 대하여 『복전경』에서 다음과 같이 설한다.

"모두 다섯 가지 청정한 덕이 있는 것을 복전이라 말한다. 첫째는 발심하여 세속을 떠나 깨침을 얻으려고 생각하기 때문이다. 둘째는 머리를 깎고 마땅히 법복을 걸치기 때문이다. 셋째는 영원히 부모와 가족[親愛]의 인연을 끊고 한 곳에 주하는 바 없이 고요하게 생활하기 때문이다. 넷째는 신명을 아끼지 않고 선법[깨침]을 쌓기 때문이다. 다섯째는 대승에 뜻을 두고 사람들을 제도하고자 하기 때문이다."

> 爾時 世尊 食時着衣持鉢 入舍衛大城乞食 於其城中 次第乞已 還至本處 飯食訖 收衣鉢 洗足已 敷座而坐

> 그때 세존께서는 공양할 때가 되어 가사를 걸치고 발우를 들고 사위대성에 걸식하러 들어가셨다. 성중에서 차례로 구걸하고 나서 본래의 거처에 돌아와 공양을 마치고 가사와 발우를 정제하셨다. 그리고 발을 씻고는 자리를 펴고 앉으셨다.

"그때" 이하는 서분 가운데 통서(通序)에 이어진 두 번째 별서(別序)이다. 별서 부분은 둘로 나뉜다.

첫째는 여래께서 길을 걸으면서 걸식하는 것을 설명한다. 여기에는 다시 하나는 걸식하러 나가는 것을 설명하고, 둘은 걸식에서 돌아오는 것을 설명한다. 둘째는 여래께서 자리를 펴고 앉아서[敷座而坐] 삼매에 드는 것을 설명한다.

여기에는 다시 하나는 자리를 펴는 것으로 입정(入定) 이전의 방편이고, 둘은 자리에 앉는다는 일구(一句)로서 삼매에 정입(正

人)하는 것을 설명한다.

"세존"은 중생을 복되게 하는 사람을 나타낸다. 『성실론』에서는 "세존이라는 말에는 앞의 아홉 가지 명칭, 곧 여래·응공·정변지·명행족·선서·세간해·무상사·조어장부·천인사의 의미를 모두 갖추었기 때문에 세존이라 말한다."고 말한다.

공양할 때[食時] 이하는 걸식하는 시절을 설명한다. 세간에 깃들어 사는 사람들에게는 공양하는 것에 정해진 시간이 있다. 아침에는 처음 밥을 짓는 시간이므로 굳이 가리지 않아도 된다. 그러나 저녁에는 밥을 먹고 마쳐 버리는 시간이다. 지금 여기에서 말하는 공양할 때는 밥을 짓는 시간에 해당하므로 이때 걸식을 나가면 밥을 얻을 수가 있다. 성인도 마음은 비록 도에 둘지라도 그 몸은 자양분에 의탁하는 것이다. 이제 걸식으로 인하여 안으로는 밥을 축적하는 번뇌가 없고, 밖으로는 중생을 복되게 하는 공덕이 있다. 그러므로 걸식하는 시간을 지키면 걸식(乞食)하는 수행자에게나 시식(施食)하는 사람들 모두에게 이익이 된다. 그러나 걸식하는 때를 놓쳐버리면 자타가 모두 번거롭게 된다. 그러므로 공양하는 때를 말하는 것이다. 이 공양하는 때를 잘 알기 때문에 대법사(大法師)라 말한다. 그래야만 자타 간에 있어서 믿음이라는 진실한 설법이 가능하다.

"가사를 걸치고" 이하 부분은 용모와 위의가 정제해야 함을 설명한다. 걸치는 옷에는 3종이 있으며, 또한 세 가지 때의 경우가 있다. 만약 평상시에 자고 활동할 때는 5조를 걸친다. 이것을 안타위(安陀衛)라 말하는데 이곳의 말로는 하품의(下品衣) 또는 내착의(內着衣)이다. 만약 대중에게 나아가 법사(法事)를 할 때는 7조를 걸친다. 이것을 울다라승(鬱多羅僧)이라 하는데 이곳의 말로는 중품의(中品衣)이다. 만약 취락에 들어가 국왕이나 장자 등을 만날 때는 승가리(僧伽梨)를 걸치는데 이곳의 말로는 상품의(上品衣)이다. 승가리에는 9조부터 25조까지 있는데 간략하게 3품이 있다. 품마다 각기 3종이 있어 모두 9종이다. 하품의 3종은 9조·11조·13조이다. 중품의 3종은 15조·17조·19조이다. 상품의 3종은 21조·23조·25조이다. 이것은 형태의 대소에 따라 만들 때 조(條)의 수에 많고 적음이 있다. 부처님의 몸은 크기가 장육(丈六)이기 때문에 25조를 걸친다.

"발우를 들고"에는 네 가지의 뜻이 있다.

첫째는 삼세의 불법을 수순한다. 둘째는 외도를 파하는 것이므로 직접 손으로 들고 음식을 먹는다. 셋째는 위의를 드러내어 중생을 이롭게 하므로 하천민인 걸인과는 다르다. 넷째는 영원한 공덕의 그릇을 나타낸다. 발우는 발제라(鉢哆羅)로서 이곳 말로는 응량기(應量器)이다. 출가인의 몸은 지혜로 번뇌를 끊을 수가 있어서 내외가 상응한다. 그리하여 곧 응당 인천(人天)의 공양을 받을 만한 그릇이기 때문이다.

부처님께서 처음에 두 여인으로부터 유미(乳糜)를 받았을 때는 금속으로 만든 그릇이었다. 당시에 널리 일반적으로 사용되고 있었던 것으로 아직 성도하기 이전의 식기였다. 그러나 성도하고 나서 그 이후에는 이른바 파리장자(波利長者)가 보시한 경단을 받았는데 혹 보릿가루[麨]라고도 한다. 그때는 아직 발우가 없었기 때문에 속으로 다음과 같이 생각하였다. '삼세제불은 손으로 음식을 받아 드시는 경우는 없다.' 그러자 사왕(四王)이 네 개의 발우로써 음식을 받들었다. 부처님께서 네 그릇에 손을 대자 합쳐져 하나의 발우가 되어 네 겹의 문양이 나타났다.

발우의 크기에는 3품이 있어 같지가 않다. 상품 발우는 밥을 받는 그릇이 세 개이고, 하나는 국을 담으며, 나머지는 죽을 받을 수 있다. 하품 발우는 밥을 받는 그릇이 한 개이고, 반발(半鉢)로는 국을 담으며, 나머지는 죽을 담을 수 있다. 만약 하품보다는 크고 상품보다는 작은 것이라면 그것은 중품의 발우이다. 인도에서는 발우에 대하여 6종을 말하고 있다. 상품의 발우는 서 말을 담을 수 있는데 두 말 일곱 되를 담는다. 모름지기 서 되 분량을 비워두는 것은 욕심이 적다는 것을 나타낸다. 하품의 발우는 한 말 다섯 되를 담을 수 있는데 한 말 두 되만 담는다. 모름지기 서 되 분량을 비워두기 때문에 한 말 두 되가 된다. 상품과 하품의 중간쯤 되는 것을 중품의 발우라 말한다.

그래서 『대지도론』에서는 "발우를 설명하자면 8종이 있다. 제자들에게 금발우(金鉢盂)와 은발우(銀鉢盂)를 허용하지 않는 것은 탐욕이 생기는 것을 경계하려는 것이다. 목발우(木鉢盂)를 허용하지 않는 것은 때가 잘 타기 때문이다. 다만 두 가지만 허용한다. 이른바 철발우(鐵鉢盂)와 와발우(瓦鉢盂)이다. 부처님은 석발우(石鉢盂)를 사용하셨다."고 말한다.

"사위대성에 걸식하러 들어가셨다"는 것은 걸식하는 처소를 설명한다. 보통 부처님께서 거주하는 원(園)은 성으로부터 1,200

보 거리에 있었다고도 하고, 혹 4리의 거리에 있었다고도 말한다.

여래께서는 음식을 받는 것에 세 가지 방법이 있다.

첫째는 앉아서 음식의 일시(日時)를 기다리면 되기 때문에 음식이 저절로 다가온다.

둘째는 외부에서 부처님을 청하러 온다. 부처님을 청하는 것에는 두 가지가 있다. 하나는 부처님과 대중스님들을 함께 청한다. 둘은 스님들만 가고 부처님은 가지 않은 채 사람을 보내 음식을 청한다. 그러나 부처님께서 가지 않는 경우에는 다섯 가지가 있다. 하나는 입정(入定)의 경우이고, 둘은 제천에게 설법하는 경우이며, 셋은 병든 비구를 간호하는 경우이고, 넷은 방사를 경행(經行)하는 경우이며, 다섯은 계를 제정하고자 하는 경우이다.

셋째는 여래께서 몸소 걸식하러 가는 것이다. 걸식하러 가는 방법에는 세 가지가 있다. 하나는 허공을 날아가는 것이다. 둘은 발이 땅에서 네 마디 높이로 떠서 걷지만 땅에는 발자국의 문양이 나타난다. 셋은 발로 연꽃을 밟고 걷는데 연꽃이 움직이지 발은 움직이지 않는다. 부처님께서 몸소 걸으면서 걸식하는 까닭에 대하여 『영락녀경』에서는 다음과 같이 열 가지로 설명한다.

"첫째는 여래께서 성(城)에 들어가 걸식을 하면 중생이 부처님의 32상이 수미산왕과 같음을 본다. 때문에 보리심을 내어 반드시 여래의 몸을 추구하게 된다. 둘째는 성에는 맹인·귀머거리·병자 내지 온갖 고통 때문에 부처님께서 계신 곳까지 오지 못하는 자들이 있다. 때문에 여래께서 성에 들어가 빛을 내어 그들을 비추면 모든 고통이 그치고 곧 보리심을 내게 된다. 셋

째는 찰제리바라문과 고관대작들은 자신들의 종성(種性)을 믿고
공경하는 마음을 낼 줄 모른다. 그러나 그들이 부처님의 위덕과
위엄을 보면 세간과는 다른 특출난 점을 본다. 때문에 교만심을
멈추고 곧 보리심을 내게 된다. 넷째는 법도를 지키는 여인들은
세 가지 삼가야 하는 것과 다섯 가지 여자로서의 장애가 있기
때문에 부처님을 친견할 수가 없다. 또한 게으른 자는 비록 여
래께서 이웃에 거주하고 있어도 가 뵙지 않는다. 때문에 부처님
께서 성(城)에 들어가 그들로 하여금 예배하고 묻게끔 한다. 그
리하여 그들은 보리심을 일으키게 된다. 다섯째는 여래께서 성
에 들어가면 사왕(四王)과 팔부(八部)들이 모두 길을 안내하고 따
르면서 각각 꽃과 향을 뿌리고 노래로써 공양을 한다. 성중의
사람들이 그것을 보고 곧 다음과 같은 생각을 한다. '제천들도
오히려 천상의 음악으로 부처님께 공양을 한다. 그러니 우리들
이 어찌 공양하고 예배하지 않을 수 있겠는가.' 이로 인하여 발
심하게 된다. 여섯째는 여래께서는 사왕이 봉양한 발우를 지니
고 있다. 실로 그 발우의 네 모서리는 완연히 세간의 것과 다르
다. 성중의 사람들이 그 희유한 것을 보고서 보리심을 내게 된
다. 일곱째는 가난한 사람과 부유한 사람이 있을 경우 만약 부
유한 사람이 보면 여래의 발우가 비어 있어 많은 보시를 한다.
그러나 만약 가난한 사람이 보면 여래의 발우는 가득 차 있어
적게 보시해도 된다. 이리하여 부유한 자와 가난한 자가 모두
환희하면서 보리심을 내게 된다. 여덟째는 여래의 발우에는 온
갖 음식을 담아도 모두 뒤섞이지 않는다. 마치 각각의 그릇에

음식이 가득 차 있는 것처럼 보인다. 그리하여 일체의 출가 승려와 모든 중생들이 음식을 마음껏 덜어 가더라도 늘어나거나 줄어들지 않는다. 그것을 보는 자는 환희하여 발심하지 않을 수가 없게 된다. 아홉째는 미래의 제자들과 모든 비구들을 위하여 직접 걸식을 하고 의궤를 보이면서도 그것이 유위(有爲)가 되지 않는다. 열째는 여래의 몸은 항상 삼매에 들어 있어 그 몸은 음식을 먹지 않는다. 다만 중생을 이롭게 하려고 직접 걸식을 한다.”

이와 같은 인연으로 성에 들어가 몸소 걸식을 한다.

“성중에서 차례로 구걸하고 나서”는 걸식하는 방법을 설명한다. 여기에서 말한 차례로 걸식한다는 것은 성 안에 들어가 사성계급 가운데 그 빈부를 가리지 않고 차제로 구걸한다는 것이다. 그런데 선길(善吉)은 가난한 집을 제외하고 부유한 집만 골라서 다녔다고 한다. 이것은 이른바 지금 비록 그 과보를 받을지라도 미래의 인연은 아니다. 그러나 부유한 사람들로 하여금 지금 수행하여 그것으로 미래의 인연을 얻게 하려고 그렇게 한다면 현재의 업과 미래의 과가 상속되는 것이다. 때문에 선길은 가난한 집을 제외하고 부유한 집만 골라서 다니는 것이다.

그러나 가섭은 부유한 집은 제외하고 가난한 집만 골라서 다니면서 그 가난의 고통을 연민하였다고 한다. 또한 가난한 사람은 과거에 보시를 하지 않아서 금생에 빈궁한 것이다. 그러므로 금생에 보시하지 않으면 내세에도 다시 빈궁할 것이다. 그리하여 가난이 계속되어 그것을 벗어나지 못할 것이다. 때문에 가섭은 부유한 집은 제외하고 가난한 집만 골라서 걸식한 것이다.

선길과 가섭의 두 사람은 모두 비록 자비는 있었지만 평등하지는 않았다. 때문에 정명(淨名)으로부터 꾸지람을 들었다. 이제 여래는 평등한 도(道)를 드러내기 위한 까닭에 차례걸식을 하는 것이다.

"본래의 거처에 돌아와"는 식후의 상황을 설명한다. 이것은 가서 돌아오지 않고 돌아와서는 돌아갈 바가 없으며, 받았으나 받음이 없고 먹었으나 먹은 바가 없는 것이다. 발우가 이미 가득 차 있으면 돌아와야 한다. 중생을 이롭게 하려고 걸식을 나간다. 중생을 이롭게 했으면 곧 돌아온다. 그러므로 발우가 가득 차면 돌아온다. 얻은 족족 먹어치우는 것은 허락하지 않는다. 먹을 경우는 간략하게 두 가지가 있다. 먼저 스승에게 공양하고, 다음은 아울러 노병자에게 준다. 여래는 얻은 음식을 3등분하였다. 처음 3분의 1은 육지중생에게 보시하고, 다음 3분의 1은 수중중생에게 보시하며, 나머지 3분의 1은 자신이 먹는다. 만약 노병자가 있을 경우에는 또 그들 몫도 나누어준다.

"공양을 마치고"는 식사를 마치는 것을 설명한다.

"가사와 발우를 정제하셨다"는 것은 용모와 위의를 가다듬는 것을 설명한다.

"그리고 발을 씻고는"에는 다섯 가지가 있다.

첫째는 더러운 것을 씻는 것을 설명한다. 부처님께서는 걸으실 때 비록 발이 땅에서 네 마디 정도 떨어져 있을지라도 더러움이 묻은 것으로 보는 것이다. 때문에 곧 발을 씻는다. 둘째는 반야에 존경을 나타낸다. 그러므로 모름지기 몸을 청정하게 한

연후에 바야흐로 설법을 한다. 셋째는 승가의 와구(臥具)를 보호
한다. 넷째는 모든 천하가 발에 예경하기 때문이다. 다섯째는 중
생의 번뇌는 응당 청정하게 해야 하는 것을 나타낸다.

"자리를 펴고 앉으셨다"는 것은 반야를 설하려는 것을 설명
한다. 때문에 먼저 삼매에 든다. 경문은 또 두 부분이 있다.

첫째 부분은 자리를 펴는 것이다. 이것은 선정에 들기 전의
방편이다. 둘째 부분은 자리에 앉는 것이다. 정식으로 삼매에 드
는 것이다. 때문에 첫째 부분의 몸소 자리를 펴는 것은 반야로
서 불모(佛母)라 말한다. 여기에서는 반야를 존경하려는 까닭에
몸소 자리를 펴는 것이다.

둘째 부분에서는 제불의 가르침에 수순하는 것이다. 만약 몸
소 자리나 와구를 펴지 않는다면 돌길라죄(突吉羅罪)를 범하는
것이다. 또한 이것은 소욕지족(少欲知足)을 보이는 것으로서 남
에게 자리를 펴게 하지 않는 것이다.

"앉으셨다"는 것은 앞서 말한 둘째 부분에 해당하는 것으로
정식으로 삼매에 드는 것이다. 『논』과 경문에서는 모두 결가부
좌를 말하고 있다. 결가부좌는 좌(坐) 가운데서 가장 뛰어난 자
세이기 때문이고, 그 모습을 보는 자가 환희하기 때문이며, 몸이
안온하기 때문이고, 마음이 정제되기 때문이다. 이로써 삼매에
들어간 여래는 고요함과 산란함이 따로 없고 실로 출입이 없이
지금 그 자리에서 설법하는 사람이 되어 모범을 보인다. 대저
심심미묘한 법을 설하려면 반드시 마음을 고요하게 해야 한다.
만약 마음이 고요하지 않으면 상황을 몰라 법상(法相)을 제대로

살필 수가 없기 때문이다. 때문에 여래는 먼저 삼매에 든 연후에 설법을 한다. 이것은 곧 상황을 비추어보는 것을 말하고 법상(法相)을 살피는 것을 말한다.

『아비담비바사론』에서는 상(相)에 의하여 훌륭한 설법이 무엇인지에 대하여 기록하여 총명한 사람의 상(相)을 나타내고 있다. 곧 총명한 사람의 상(相)이란 사리에 맞게 말할 바를 말하고 사리에 맞게 행할 바를 항하며 사리에 맞게 생각할 바를 생각하는 것을 말한다. 때문에 여래는 선정에 들어 사유한 연후에 비로소 법을 설한다. 또한 가볍고 천박한 중생에게 모범적인 법칙을 보이려는 것이다. 때문에 어떤 사람은 작은 지견을 얻고도 누가 물으면 곧장 답변부터 하고 그 결과가 어떨는지 깊이 생각해 보지도 않는다. 그러나 여래는 그와는 달리 오랫동안 생각해 보고 나서 바야흐로 법을 설한다.

2. 정종분

선현기청분 제2(善現起請分 第二)

時 長老須菩提 在大衆中 卽從座起 偏袒右肩 右膝着地
合掌恭敬 而白佛言 稀有世尊 如來 善護念諸菩薩 善付
囑諸菩薩 世尊 善男子善女人 發阿耨多羅三藐三菩提心
應云何住 云何降伏其心 佛言 善哉善哉 須菩提 如汝所
說 如來善護念諸菩薩 善付囑諸菩薩 汝今諦聽 當爲汝
說 善男子善女人 發阿耨多羅三藐三菩提心 應如是住
如是降伏其心 唯然 世尊 願樂欲聞

그때 대중 가운데 있던 장로 수보리가 곧 자리에서 일어나
오른쪽 어깨를 드러내고 오른쪽 무릎을 땅에 대고 합장하
여 공경하고 부처님께 여쭈었다.
"희유하십니다, 세존이시여. 여래께서는 모든 보살을 잘 호
념하시고 모든 보살을 잘 부촉하십니다.
세존이시여, 아뇩다라삼먁삼보리심을 낸 선남자·선여인은
어떻게 살아야 하고 어떻게 그 마음을 다스려야 합니까."
부처님께서 말씀하셨다.
"잘 물었다. 진실로 잘 물어보았다. 수보리야, 그대가 말한

바와 같이 여래는 모든 보살을 잘 호념하고 모든 보살을
잘 부촉한다. 그대는 이제 분명하게 듣거라. 그대에게 설해
주겠다. 아뇩다라삼먁삼보리심을 낸 선남자·선여인은 다
음과 같이 살아야 하고 다음과 같이 그 마음을 다스려야
한다.”
“예 그러겠습니다, 세존이시여”라고 수보리는 기꺼이 듣고
자 하였다.

“수보리”는 번역하여 선업(善業)이라고도 하고, 선학(善學)이라
고도 한다. 예전에는 선길(善吉) 또는 선재(善財)라 하였다. 선길
과 선재는 태어난 것부터 특이하다. 선재라는 명칭은 태어났을
때 갑자기 칠보가 나타났으므로 붙은 이름이다. 수보리가 태어
날 때 방이 모두 텅 비었기 때문에 부모는 이상하게 여겨 평소
모시는 스승에게 여쭈었다. 그러자 그 스승은 “오직 선(善)하고
오직 길(吉)할 뿐입니다”라고 말했기 때문에 선길이라 이름하였
다. 또한 공생(空生)이라고도 하는데 그것은 태어날 때 보물창고
가 텅 비었기 때문에 얻은 이름이다. 그러나 칠 일이 지난 후에
보물창고가 고스란히 나타났기 때문에 선현(善現)이라고도 하였
다. 수보리는 안으로 보살행을 비장(秘藏)하고 밖으로 성문(聲聞)
을 드러내고 있어 위치가 높아 숭배를 받을 만하기 때문에 장로
(長老)라 부른다.

“곧 자리에서 일어나” 이하는 신업(身業)이고, “부처님께 여쭈
었다”의 구절은 구업(口業)에 해당한다.

“희유하십니다, 세존이시여” 이하는 수보리가 본격적으로 질

문한 대목이다. 먼저 부처님에 대하여 찬탄을 하고, 그 다음에 질문을 한다. "희유하십니다, 세존이시여"에 대해서『중아함경』에서는 "옛적에 내(세존)가 대왕으로 있었다. 그때 내 모든 아들과 손자와 가족들까지 8만 4천 명의 전륜왕들이 모두 삭발을 하고 집을 떠나 집 아닌 곳으로 나아갔다"라고 말한다. 또『증일아함경』에서는 "만약 여래가 출가하지 않았다면 마땅히 2천 5백 년 동안 전륜왕이 되었을 것이다"라고 말한다. 그러나 지금은 전륜왕위를 버리고 마침내 중생을 위해 도행걸식(塗行乞食)을 하기 때문에 희유(稀有)하다고 말한다.

또한 선길은 반야가 무상(無相)과 무모(無模)임을 알기 때문에 선길에게는 염상관(念想觀)도 없고 언어(言語)도 또한 없다. 그러나 명상(名相)이 없는 그 가운데서도 중생을 위한 까닭에 명상(名相)의 설법을 한다. 비록 명자(名字)를 내기는 하지만 명자가 없는 것[無名]을 거스르지 않기 때문에 희유하다고 말한다. 비유하면 겁이 다하여 대화(大火)가 일어나 세계가 통연(洞然)한데 어떤 사람이 한 다발의 건초를 메고 그 대화(大火) 속을 지나가더라도 잎사귀 하나 타지 않는다. 때문에 희유하다고 말한다.

"여래는 모든 보살을 잘 호념하고 모든 보살을 잘 부촉한다"라는 것에서 안으로 덕이 견고하게끔 하려는 것을 선호념(善護念)이라 하고, 그 덕을 밖으로 성취하게끔 하는 것을 선부촉(善付囑)이라 한다. 그리고 나서 수보리가 본격적으로 질문하고 세존에 그에 답변을 한다. 때문에 경문 전체에 대한 총론부분에 속한다.

경문의 해석에 따라서는 수보리의 총론적인 질문이 두 가지, 세 가지, 네 가지 등으로 나뉜다.

두 가지의 경우는 이미 발심한 선남자·선여인은 어떻게 살아야 하고[應云何住], 어떻게 그 마음을 다스려야 합니까[云何降伏其心] 하는 것이다.

세 가지의 경우는 선남자·선여인이 어떻게 발심을 하고[云何發心], 어떻게 살아야 하며[應云何住], 어떻게 그 마음을 다스려야 합니까[云何降伏其心] 하는 것이다.

네 가지의 경우는 선남자·선여인이 어떻게 발심을 하고[云何發心], 어떻게 살아야 하며[應云何住], 어떻게 수행을 하고[云何修行], 어떻게 그 마음을 다스려야 합니까[云何降伏其心] 하는 것이다.

이 가운데 네 가지의 질문의 경우 운하발심은 전체적인 질문이고, 응운하주는 무주(無住), 운하수행은 무념(無念), 운하항복기심은 무상(無相)에 대한 질문에 대응된다.

무주(無住)는 무소주(無所住)로서 집착[住]하는 바가 없는 것이다. 만약 집착하는 바가 있으면 마음이 한 가지 경계에 침체(沈滯)되고 결사(結使)되어 번뇌가 되고 업(業)이 되어 삼계에 윤회하게 된다. 그래서 『단경』에서는 "무주가 근본이다"라고 말한다. 이 말은 『유마경』의 관중생품에 나오는 말로서 '곧 마음은 온갖 경계를 따라 구른다. 때문에 먼저 온갖 경계를 공하게 바라보면 곧 무주의 정신이 발휘된다'는 내용이다.

무상(無相)은 모든 차별상이 없는 것이다. 일체제법에서 남자와 여자, 좋아함과 싫어함의 상(相)을 취하여 거기에서 취사분별의 망상심을 일으킨다. 분별심은 보살의 근본번뇌이다. 선과 악, 미혹과 깨침, 중생과 부처의 모습을 취하여 갖가지 망상분별을 내어 삼계윤회의 근원을 일으킨다. 때문에 모든 온갖 경계를 공하게 보는 무상(無相)을 가지고 체를 삼으라는 것이다.

무념(無念)은 일체경계에서 마음을 내지 않는 것이다. 『단경』에서는 특히 무념(無念)이라는 용어에 대하여 자세하게 설명한다. 요컨대 일체만경에서 상을 여의고 마음에 집착이 없는 것이 무념이다. 혜능은 무념위종(無念爲宗)이라 하였고, 황벽은 무심(無心)이라 하였으며, 임제는 무사(無事)라 하였다. 이 셋은 근본적으로 차이가 없다. 무념이라 하여 아무것도 생각하지 않는 것이 아니다. 염념에 항상 생각하지만 염한다는 분별이 없이 항상 자유롭게 작용하는 것이다.

때문에 『단경』에서는 "염(念)이란 진여의 본성이고, 진여는 염(念)의 바탕[體]이다"라고 말한다. 무주와 무념과 무상에서 응운하주는 어떻게 불심 곧 청정심에 주할 것인가에 대한 것으로 진심을 취하여 설명한 것이다. 운하항복기심은 어떻게 불심을 혹란시키지 않을 것인가로서 망심 곧 번뇌심의 제어에 대한 것인데 망심(妄心)을 취하여 설명한 것이다. 운하수행은 응운하주와 운하항복기심을 아울러 제시한 질문으로 간주되기도 한다.

이와 같이 무주·무상·무념의 셋은 결국 무(無)라는 한 글자로 귀일된다. 그러나 이것은 단순한 무(無)가 아니다. 모든 것을 완전히 부정하는 곳에서 묘유(妙有)의 긍정이 인정되는 것이다. 곧 모든 차별상을 부정한 사람은 구경에 분별의 망심을 정화하게 된다. 때문에 진실한 무상(無相)은 유상(有相)이고, 진실한 무념(無念)은 유념(有念)이며, 진실한 무주(無住)는 유주(有住)이다. 그리하여 무상은 모든 상을 섭수하지 않음이 없고, 무념은 모든 법을 계합하지 않음이 없으며, 무주는 자신이 모든 곳에 두루 응하지 않음이 없다. 이로써 반야는 단순한 부정론이 아니라 모든 것을 긍정하고 진실한 자심(自心)이 무애자재하게 드러나서 무연대비심으로 일체를 인연한다. 이곳에 비로소 지혜가 있고, 자비가 있으며, 제도가 있다.

이와 같은 관점에서 『금강경』을 보면 『금강경』은 무(無)의 적극적인 개념[空]으로 승화된다. 그래서 무라는 한 글자는 모든 것에 가치를 부여하여 바라볼 수 있게 한다. 그래서 『금강경』에서 제시하는 무는 응무소주(應無所住)의 부정이 있는 곳에 반드시 이생기심(而生其心)이라는 긍정이 있고, 제상비상(諸相非相)의 부정이 있는 곳에 도리어 즉견여래(卽見如來)의 긍정이 있다. 그래서 진실한 세계는 비(非) 세계이고, 진실한 중생은 비(非) 중생이며, 진실한 대법은 비(非) 법[非大法 非非法]이다.

"아뇩다라삼먁삼보리심을 낸"의 대목은 달리 "아뇩다라삼먁삼보리심을 내기 위해서는"이라 해석되기도 한다. 때문에 전자는 이미 발심한 경우이고 후자는 아직 발심이 되지 않는 경우이다. 여기에서는 이미 발심한 경우로 간주하여 그 선남자·선여인이 어떻게 청정한 마음을 유지하면서 살아야 하고 또 어떻게 번뇌심을 다스리며 살아야 하는가의 의미로 해석한다.

천친에 의해 보면 무릇 사구(四句)의 질문이 있다.

첫째는 어떻게 보리심을 내야 하는가를 묻고, 둘째는 어떻게 주(住)해야 하는가를 물으며, 셋째는 어떻게 수행해야 할 것인가를 묻고, 넷째는 어떻게 마음을 다스려야 하는가를 묻는다.

이 네 가지 질문이 있는 까닭은 무릇 보살은 반드시 보리심을 내야 하기 때문이다. 때문에 먼저 발심에 대한 질문을 하였던 것이다. 만약 반야에 의하여 발심하지 않는다면 곧 전도(顚倒)되어 반야에 주(住)할 수가 없게 된다. 이제 반야에 의하여 발심하면 곧 반야에 주(住)하게 되어 전도(顚倒)에 주(住)하지 않게 된다. 때문에 다음으로 보리심에 주(住)하는 것을 묻는다. 이미 보리심에 주(住)하게 되기 때문에 만행을 수행하는 것이다. 그러므로 다음에는 수행(修行)을 묻는 것이다. 무소득(無所得)의 행(行)을 닦기 때문에 전도(顚倒)와 무소득(有所得)의 심(心)을 다스려 일어나지 않게 한다. 그래서 다음으로 마음을 다스리는 것에 대한 질문을 한 것이다.

"그대는 이제 분명하게 듣거라. 그대에게 설해 주겠다"라는 것은 수보리의 질문에 답하겠다는 것이다. 먼저 정식으로 질문에 대한 답변을 허락한다는 것이고, 다음에 뜻을 받들어 잘 들어주기를 바란다는 것이다.

대승정종분 제3(大乘正宗分 第三)

佛告須菩提 諸菩薩摩訶薩 應如是降伏其心 所有一切衆
生之類 若卵生若胎生若濕生若化生 若有色若無色 若有

想若無想若非有想非無想　我皆令入無餘涅槃　而滅度之
如是滅度無量無數無邊衆生　實無衆生得滅度者　何以故
須菩提　若菩薩　有我相人相衆生相壽者相　則非菩薩

부처님께서 수보리에게 말씀하셨다.
"모든 보살은 다음과 같이 '존재하는 일체 중생과 중생이
속하는 경계 곧 알에서 생겨난 것, 태에서 생겨난 것, 습기
로 생겨난 것, 화(化)하여 생겨난 것, 유색(有色)으로 생겨
난 것, 무색(無色)으로 생겨난 것, 유상(有想)으로 생겨난
것, 무상(無想)으로 생겨난 것, 비유상비무상(非有想非無
想)으로 생겨난 것의 모든 중생과 중생이 속하는 경계를
내가 다 무여열반에 들도록 멸도하리라'라는 마음을 일으
켜야 한다.
이와 같이 무량·무수·무변한 중생을 멸도해도 실로 중
생으로서 멸도를 얻는 자는 없다. 왜냐하면 수보리야, 만약
보살에게 아상·인상·중생상·수자상이 있으면 곧 보살
이라 말할 수 없기 때문이다."

대승정종분 제3은 부처님께서 수보리의 질문에 대하여 본격
적으로 답변한 부분이다. 곧 대승의 근본적인 뜻에 대하여 설명
한 대목이다. 때문에 무착은 위에서 제기한 세 가지 질문, 곧 응
운하주(應云何住)·운하수행(云何修行)·운하항복기심(云何降伏其
心)에 대한 답변을 제시한다.

곧 "…… 마땅히 다음과 같이 마음을 내야 한다"라는 것은 첫
번째 질문인 응운하주(應云何住)에 대한 답변이다. "이와 같이 무
량·무수·무변한 중생을 멸도해도 실로 중생으로서 멸도를 얻
는 자는 없다"라는 것은 두 번째 질문인 운하수행(云何修行)에

대한 답변이다. 곧 중생을 제도할 때 나는 중생을 제도한다는 아집을 취해서는 안 된다는 것이다. 요컨대 모름지기 밖으로는 중생상을 가지지 않고, 안으로는 중생을 제도한다는 아집을 일으키지 않으며, 진리에 수순하여 유정을 제도하는 것을 수행이라 말한다.

"만약 보살에게 아상·인상·중생상·수자상이 있으면"은 세 번째 질문, 곧 운하항복기심(云何降伏其心)에 대한 답변이다. 요컨대 인공·법공의 도리를 증득하여 소지장(所知障)·정장(定障)을 제거해야만 바야흐로 항복기심이라 이름할 수가 있다. 만약 보살 스스로가 중생을 제도한다고 말한다면 항복기심에 계합하지 못한 것이기 때문이다.

그리고 천친은 '선남자·선여인은 어떻게 살아야 합니까' 내지 '어떻게 발보리심해야 합니까[應云何住]'라는 수보리의 질문에 대하여 보살은 4종의 대승심으로 살아야 한다는 것을 말한다. 곧 "저 보살에게는 4종의 깊은 이익이 되는 보리심이 있다. 이것은 보살이 대승에 주하는 바이다. 왜냐하면 이 깊은 보리의 마음은 공덕이 원만하기 때문이다. 이것을 구족한 까닭에 4종의 깊은 이익으로 섭취하는 마음을 내어 대승 가운데 주힐 수가 있다. 4종심이란 첫째는 광대심이고, 둘째는 제일심이며, 셋째는 상심이고, 넷째는 부전도심이다."

광대심은 "존재하는 일체 중생과 중생이 속하는 경계, 곧 알에서 생겨난 것, 태에서 생겨난 것, 습기로 생겨난 것, 화(化)하여 생겨난 것, 유색(有色)으로 생겨난 것, 무색(無色)으로 생겨난

것, 유상(有想)으로 생겨난 것, 무상(無想)으로 생겨난 것, 비유상
비무상(非有想非無想)으로 생겨난 것의 모든 중생과 중생이 속하
는 경계"에 해당한다.

제일심은 "내가 다 무여열반에 주하게 하여 그들을 멸도하기
때문이다"에 해당한다.

상심은 "이와 같이 한량없고 가없는 중생을 멸도하지만 실제
로 멸도를 얻는 중생이 없다."에 해당한다. 곧 중생을 보살과 다
르다고 보지 않는다. 항상 이와 같은 마음을 여의지 않는다. 이
것을 상심이라 말한다.

부전도심은 "왜냐하면 수보리야, 만약 보살에게 아상·인상·중
생상·수자상이 있으면 곧 보살이라 말할 수 없기 때문이다."에
해당한다. 곧 항상 중생을 제도하지만 제도할 중생이 없는 것을
부전도심(不顚倒心)이라 말한다. 만약 중생이 있다고 보면 그것
은 곧 아견으로서 범부 자신도 제도할 수 없기 때문이다.

이 가운데 "존재하는 일체중생"은 총론적인 설명이고, 이하
구류중생(九類衆生)은 개별적인 설명이다.

개별적인 설명 가운데 제일구는 "난생·태생·습생·화생"
의 사생(四生)으로서 발생하는 방식을 기준으로 설명한 것이다.

제이구는 "유색·무색"으로서 욕계와 색계를 유색이라 하고,
무색계를 무색이라 하여 삼계에 두루 하는 것을 드러낸 것이다.

제삼구는 "유상·무상"으로서 상(想)의 유무를 가지고 외도의
의심을 결정한 것이고, "비유상비무상"은 외도의 증상만견을 제
거한 것이다. 곧 유상(有想)은 색계 제3선천의 유상천(有想天)이

고, 무상(無想)은 색계 제4선천의 무상천(無想天)이며, 비유상비무상(非有想非無想)은 무색계 최후의 천(天)이다. 유상(有想)의 중생은 무상천(無想天)과 비유상비무상처천(非想非非想處天)을 제외한 나머지 삼계에 통한다.

"중생계에 존재하는 것과 중생에 포함되는 것들"은 저 망견(妄見)을 회통한 것으로서 정지(正智)의 경계로부터 섭수한 것이다. 여기 "중생계에 존재하는 것과 중생에 포함되는 것들"은 곧 중생이 아닌 것과 중생과 비슷한 것들이 모두 포함된다.

이처럼 대승정종분 제3 이하 부분은 수보리의 질문에 대한 부처님의 답변으로 구성되어 있다. 그러나 대승정종분 제3의 이하의 대목에 대하여 수보리의 질문과 그에 상응하는 부처님의 답변에 대해서는 여러 가지 견해가 있다.

먼저 길장(吉藏)은 부처님의 답변에서 대승정종분의 경문은 발보리심(發菩提心)의 질문에 대한 답변이 아니라 항복심(降伏心)의 질문에 대한 답변이고, 그 다음의 경문이 주(住)의 질문에 대한 답변이며, 그 이후에 불과(佛果)를 언급하고 나서 보리심의 질문에 답변한 것이라고 말한다.

규기는 무착(無著)과 세친(世親, 天親)의 견해에 대하여 그 차이점에 대하여 다음과 같이 구별하여 설명한다.

"무착의 뜻이 세친[천친]의 논과 똑같지는 않다. 무착은 18주처로 차별한 속에서 낱낱의 주처에 대하여 모두 앞의 세 가지 질문, 곧 운하주·운하수행·운하항복기심을 제기하고 그에 답하고 있다. 때문에 무착의 『론』에서는 경문에서 말한 '보살은 응당 다음과 같이 마음을 내야 한다'는 것에 대해서는 '보살은 응당 다음과 같이 욕원(欲願)에 주해야 한다는 것을 나타낸 것이다'라고 말한다. 또한 '보살이 중생이라는 형상에 얽매이면 그는 보살이 아니다'는 것에 대해서는 '응당 다음과 같이 수행 중에 삼마발제와 상응해야 하는 때임을 나타낸다'라고 말한다. 또한 '만약 보살이 중생상 인상 수자상을 일으키면 곧 보살이라 이름할 수 없다'는 것에 대해서는 '응당 다음과 같이 항복기심속에서 산란심을 섭수해야 하는 때임을 나타낸다'라고 말한다. 그런데 세친[천친]은 18주처의 차별 가운데 처음 두 가지 차별 부분, 곧 제1발심주처와 제2바라밀상응행주처에 대해서 세 가지 질문을 합쳐서 하나로 답하고 있다. 이 점에서 바로 무착이 낱낱의 주처에 대하여 세 가지 질문을 제기하고 그에 답하는 형식과 다르다."

또한 이 대목에 대하여 장수자선(長水子璿)은 다음과 같이 말한다.

"이것은 항복(降伏)으로 총론을 삼고 주(住)로 개별을 삼은 것이다. 말하자면 주를 수행하는 가운데 모두 항복이 들어 있는 것이다. 경문의 뜻이 바로 여기에 있으므로 오직 항복만 표하여 과목을 삼은 것이다. 여기에서 소표(所標)를 말하자면 뒤의 것을 들어 앞의 것을 섭수한 것으로서 이에 경문을 지극히 온당치 못하게 진술한 것이다. 이치적으로 전노된 것이다. 자고로 언교는 애초부터 앞의 것을 들어 뒤의 것을 섭수하는 것이라서 아직껏 뒤의 것을 들어 앞의 것을 섭수한 것은 들어본 적도 없다. 하물며 경문을 자세히 보면 항복에 대한 특별한 답변도 나오지 않는다. 곧 항복이 주의 수행 속에 들어있는 줄을 알아야 한다. 왜냐하면 모든 것은 상(相)을 벗어나게 하는 것을 주(住)의 수행으로 답하고 있기 때문이다. 그리고 항복의 질문에 대해서 별도의 답변이 경문에는 나타나 있지도 않다. 이『금강경』의 종지는 이상(離相)에 있다. 이상(離相)이 바로 이 항복기심이다. 그러나 본래 의도는 항복기심을 설명하려는 것이지만 모름지기 주의 수행에 의하여 다스림을 드러내는 것이다. 주의 수행과 항복기심은 본래부터 서로 다른 것이 아니기[不相離] 때문이다. 무착보살의 18주는 모두 주의 수행 곧 항복기심에 있다.”

이처럼 위의 대승정종분 제3 이하는『금강경』전체에 대한 실질적인 내용의 시작이기도 하다. 이 대목은 먼저 수보리의 네 가지 질문에 답하는 것을 약설반야(略說般若)라 말한다. 그리고 뒤에 여러 가지 의심을 단제해주는 것을 광설반야(廣說般若)라 말한다. 그 뜻을 간추려 보면 한 경전을 세 가지로 구별하고 있다.

첫째는 반야문(般若門)의 체를 설명하고, 둘째는 신수문(信受門)을 설명하며, 셋째는 격량문(格量門)을 설명한다. 이 세 가지는 이미『대반야바라밀다경』에서 설명을 했던 것이므로 먼저 반야의 체를 설명한다. 반야의 체를 설명하고 나면 반드시 반야를 신수하는 사람이 생긴다. 그러므로 다음으로 신수문을 설명한다. 신을 수지하면 무진복을 획득한다. 그러므로 그 다음으로 격량문을 설명한다.

復次須菩提　菩薩於法　應無所住　行於布施　所謂不住色
布施　不住聲香味觸法布施　須菩提　菩薩　應如是布施　不
住於相　何以故　若菩薩　不住相布施　其福德　不可思量　須
菩提　於意云何　東方虛空　可思量不　不也世尊　須菩提　南
西北方四維上下虛空　可思量不　不也世尊　須菩提　菩薩
無住相布施福德　亦復如是　不可思量　須菩提　菩薩但應
如所教住

"또한 수보리야, 보살은 반드시 제법에 집착하지 말고 보시
해야 한다. 이른바 색에 집착하지 않고 보시하며, 성·향·
미·촉·법에 집착하지 않고 보시해야 한다.
수보리야, 보살은 마땅히 이와 같이 보시하되 상에 집착하
지 않아야 한다. 왜냐하면 만약 보살이 상에 집착하지 않고
보시하면 그 복덕은 불가사량하기 때문이다.
수보리야, 어떻게 생각하느냐. 동방의 허공을 생각으로 헤
아릴 수 있겠느냐."
"그렇지 않습니다, 세존이시여."
"수보리야, 남방·서방·북방·네 간방·상방·하방을 생
각으로 헤아릴 수 있겠느냐."
"그렇지 않습니다, 세존이시여."
"수보리야, 보살이 상에 집착하지 않고 보시하는 복덕도
또한 그와 같이 불가사량하다. 수보리야, 보살은 마땅히 가
르침에 따라 주해야 한다."

위의 대목은 수보리의 세 가지 질문에 대한 답변이 모두 드러
나 있다.

　"어떻게 살아야 합니까"에 대해서는 여시주(如是住)하라고 답

변한다. 그 첫째는 법성무주(法性無住)에 의한 것으로 자타의 상
(相)이라는 생각을 끊는 것으로 평등의 구경을 의미한다. 그 둘
째는 자성체적(自性體寂)에 의한 것으로 그릇된 것을 끊는 것을
의미한다. 곧 '사(事)에 있어서'는 주의 뜻[住法]을 알아야 할 것
을 드러낸 것으로서 진경(塵境)을 의지한 것이고, '색에 주하지
않고' 이하는 실제로 진(塵)을 가지고 주의 뜻[住義]을 드러낸 것
으로서 구체적으로는 '수보리야, 보살은 마땅히 다음과 같이 상
(相)과 상(想)에 주하지 않고 보시해야 한다'는 것이다.

다음으로 "어떻게 수행해야 합니까"에 대해서는 여시수행(如
是修行)하라고 답변한다. 곧 부주상(不住相)과 부주상(不住想)의
두 가지 뜻이 있는데 소지(所知)의 분제로서 분별주(分別住)에 의
하지 않는 것을 부주상(不住相)이라 하고, 능지(能知)의 심(心)으로
서 분별취(分別取)에 의하지 않는 것을 부주상(不住想)이라 한다.

그 다음으로 "어떻게 그 마음을 다스려야 합니까"에 대해서
는 여시항복기심(如是降伏其心)하라고 답변한다. 곧 '사(事)에 있
어서 주하지 않고' 이하는 분별취와 분별심을 여의어 그 분별취
와 분별심의 불생(不生)을 항복이라 말한다.

이와 같이 수보리의 세 가지 발심과 수행과 항복기심에 대한
답변은 보시바라밀을 들어 설명을 한다. 그 까닭은 보시바라밀
이야말로 보살이 수행을 일으키는 처음이기 때문이다. 만약 이
보시바라밀이 청정해지면 그 밖의 바라밀은 쉽게 이루어지기 때
문이다. 또한 보시바라밀 가운데는 육바라밀이 모두 포함되어
있다. 때문에 천친의 『금강반야론』에서는 다음과 같이 말한다.

보시에 육바라밀이 다 담겨 있는데
곧 말하자면 자생과 무외와 법이다.
여기에서 자생과 무외와 법의 셋을
가리켜 이른바 수행의 주라 말하네.

여기에서 말하고 있는 보살의 무주보시의 대상에 대하여 천
친은 다음의 세 가지로 말한다.

자기의 자신 그리고 내가 받은 보은
과보 이 세 가지에 집착하지 않는다.
자신만 보존하려면 보시하지 못한다.
세간의 유위현상을 추구하지 않는다.

"사(事)에 주(住)함이 없다"는 것은 이른바 자신에게 집착하지
않는 것이다. "주함이 없다"는 것은 이른바 보은에 집착하지 않
는 것이다. 보은이란 공양하고 공경하는 갖가지 수행문을 말한
다. 때문에 저 경문에서는 '무소주'라 말한다. '색 등에 주하지
않는다'는 것은 과보에 집착하지 않는 것이다. 왜냐하면 경문에
서처럼 주하지 않고 보시를 행하기 때문이나.
　여기에서 "보살은 마땅히 이와 같이 상(相)에 집착이 없이 보
시해야 한다"라고 말했는데 제대로 말하자면 '보살은 마땅히 이
와 같이 상(相)과 상(想)에 대하여 집착이 없이 보시해야 한다'라
고 말해야 한다. '상(想)'은 분별심이고, '상(相)'은 집착하는바 경

계이다. ‘집착이 없이[不住]’라는 것은 안으로 분별심을 없애고 밖으로 외부 형상에 집착하지 않는 것이다. 말하자면 보시를 받은 사람과 보시를 한 사람과 보시물을 보지 않는 것이야말로 가장 바람직한 보시[熾然施]이다. 만약 모든 것이 공한 줄을 알고 보시마저도 하지 않는다면 그것은 공에 대한 집착[空執]일 뿐이다. 반대로 만약 보시만 할 뿐 공을 보지 못한다면 그것은 유병(有病)에 걸린 것이다. 요컨대 공을 보고 그에 바탕하여 보시를 해야 바야흐로 중도를 관통하여 보시바라밀다를 성취하는 것이다.

때문에 『성유식론』에서는 “일곱 가지 최승을 섭수해야 바야흐로 바라밀다를 건립할 수 있다. 말하자면 첫째는 안주최승이고, 둘째는 의지최승이며, 셋째는 의락최승이고, 넷째는 사업최승이며, 다섯째는 교편최승이고, 여섯째는 회향최승이며, 일곱째는 청정최승이다”라고 말한다. 이 가운데서 말한 무상(無相)이란 다섯째의 교편최승에 해당한다.

이 대목을 무착의 견해에 의하자면 ‘사(事)에 주함이 없다.’ 이하부터는 18종주처 가운데 제2정심주처에 해당한다. 여기에도 두 부분이 있는데 첫째는 “사(事)에 주함이 없다”는 부분까지는 먼저 정심주처에 해당하는 말을 설명하는 부분이고, “사(事)에 주함이 없다” 이하 부분은 “상(相)에 주함이 없다”는 입장이 되지 못한 자에게 “상(相)에 주함이 없다”는 입장이 되도록 해주는 것으로서 집착이 없이 보시하라는 것을 나타낸다.

무착은 육바라밀에 두 가지 과(果)가 있음을 말한다.

곧 첫째는 미래과이고, 둘째는 현재과이다. “사(事)에 집착이 없다"는 것은 단나바라밀의 미래과에 집착하지 말아야 하는 것을 설한 것이다. "응당 집착이 없어야 한다"는 것은 나머지 다섯 가지 바라밀, 곧 지계바라밀 내지 반야바라밀의 미래과에 집착하지 말아야 하는 것을 설한 것이다. 만약 현재과를 추구하여 보시를 한다면 그것은 색·성·향·미·촉에 집착하여 보시를 하는 것이다. 그리고 "마땅히 집착이 없어야 한다"는 것에는 법(法)이라는 한 글자가 생략되어 있다. 이치상으로 말하자면 응당 법에 집착이 없이 보시해야 한다고 말해야 한다.

한편 재가자의 경우에는 보시와 지계와 수행의 세 가지 복업을 의미한다. 보시의 경우는 중생이 무시이래로 생사의 굴레 속에서 모두 간탐에 젖어 있다가 처음으로 보시를 함으로써 아직 얻지 못한 재색(財色)에 대해서는 탐착을 내지 않게끔 하고 이미 얻은 재색에 대해서는 인색함을 불러일으키지 않게끔 하는 것이다. 지계(持戒)의 경우는 오계와 팔계 등을 배우고 수지하는 것이다. 수행(修行)의 경우는 모든 선(善)을 수행하고 선정 등을 익히는 것이다.

위의 대목부터 이하는 일체의 수다라에 대하여 일으키는 의심의 단절을 보여주는 부분에 해당한다. 곧 의심의 단절을 중심으로 분류하면 경문은 27단락으로 나뉜다. 그 가운데 제일단의(第一斷疑)는 상(相)에 주함이 없이 보시해야 한다고 말한다. 그렇지만 불보리(佛菩提)에 보시하면 상(相)에 주하는 것이 되는데 이와 같은 주상보시(住相布施)를 행하여 부처를 구할 수 있는가 하는 의심을 단제하는 것이다. 곧 '불과를 구하려고 보시하는 것은 곧 불상(佛相) 추구하는 바에 주하는 것입니다. 그런데 어째서 무주라 합니까. 또한 부주상(不住相)이 인(因)이라면 어찌 색상(色相)의 과(果를) 얻겠습니까. 인과는 동류(同類)가 아니기 때문입니다'라고 의심하는 것을 말한다.

이 대목에서 먼저 동방허공의 비유를 들고, 다음으로 나머지 9방의 비유를 든다. 낱낱 방위에 대하여 모두 먼저 불(佛)이 질문을 하고 다음으로 그에 대하여 선현이 불(佛)의 질문을 따라 답변한다. 이 뜻은 산·하·대·지·성·월 등의 모든 사물이 다 대소의 분한이 있는 것처럼 유상보시도 마찬가지이다. 그러나 오직 허공만큼은 대소의 분량과 한계에 걸림이 없다. 때문에 허공은 무상보시에 비유된다. 그래서 경전에서는 오직 허공만이 법신을 비유할 수 있다고 설한다. 말하자면 시방의 허공은 모두 변제와 분한이 없어 헤아릴 수가 없다. 마찬가지로 무상보시의 복덕도 무한히 많으므로 헤아릴 수가 없다.

여기에서 '허공'이란 ～이 없다는 것을 의미하는 말이다. 허공과 같다는 것에도 세 가지 인연이 있다.

그 하나는 일체처에 두루 하는 것이다. 말하자면 부주상(不住相)에 주하면 복덕이 생기기 때문이다. 그 둘은 넓고[寬], 광활하며[廣], 높고[高], 크며[大], 뛰어나고[殊], 빼어나기[勝] 때문이다. 그 셋은 다함이 없고[無盡], 궁극적이며[究竟], 끝이 없기[不窮] 때문이다.

"수보리야, 보살은 마땅히 가르침에 따라 주해야 한다"는 부분은 믿음을 권장하는 것[勸信]에 해당한다. 말하자면 불(佛)이

가르친 바를 따라서 무상보시를 행하면 그 복덕이 가없어 머지
않아 마땅히 광대한 과보를 성취한다는 것을 권장하는 것이다.
이것은 '그대들이 비록 지금은 이해하지 못한다 하더라도 불(佛)
의 가르침을 따르기만 한다면 후에 증득했을 때 바야흐로 스스
로 요달할 것이다'라는 뜻이다.

〈제1 단의〉
여리실견분 제5(如理實見分 第五)

> 須菩提 於意云何 可以身相見如來不 不也世尊 不可以
> 身相 得見如來 何以故 如來所說身相 卽非身相 佛告須
> 菩提 凡所有相 皆是虛妄 若見諸相 非相 則見如來

"수보리야, 어떻게 생각하느냐. 신상을 통해서 여래를 볼
수 있겠느냐."
"아닙니다, 세존이시여. 신상을 통해서는 여래를 볼 수가
없습니다. 왜냐하면 여래께서 설하신 색신상은 곧 법신상
이라 말할 수 없기 때문입니다."
부처님께서 수보리에게 말씀하셨다.
"무릇 형상이 있는 것은 다 허망하다. 그러므로 만약 모든
형상을 진상이 아니라고 본다면 곧 여래를 볼 수가 있다."

이 대목은 천친의 27단의(斷疑)의 분과가 시작되는 부분으로
서 그 제일단의에 해당한다. 제1단의의 내용은 다음과 같다.
불(佛)을 추구하여 보시하는 것은 상에 주하는 것이 아닌가 하
는 의심을 끊어 준다. 곧 상에 주함이 없이 보시해야 한다고

말하지만 불보리에 보시하면 그것도 역시 상에 주하는 것이 아닌가 하는 의심인데 이것은 앞의 경문인 부주상보시에서 유래된 것이다.

앞의 경문에서는 무주상보시로 마음을 다스려야 한다는 것을 설명하였다. 그것은 성불의 인이었다. 그리고 선현이 불과까지도 유위의 신상이 아닐까 하는 의심을 낼까 봐 염려한 까닭에 부처님께서는 "신상으로 여래를 볼 수 있겠느냐"라고 묻는다. 그러자 선현은 부처님의 질문의 뜻을 알아차리고서 이에 "신상으로 여래를 볼 수는 없습니다"라고 답한다. 여기에서 유상(有相)은 응신(應身)이고, 무상(無相)은 법신(法身)이다. 법신은 체이고 응신은 용이다.

때문에 천친의 『논』에서는 "여래께서 설하신 바의 상은 곧 상이 아니기 때문입니다"라고 말한다. 그리고 만약 이 뜻을 요달한다면 곧 일체세간의 상은 진여로서 무위의 불체(佛體) 아님이 없다. 때문에 부처님께서 선현을 인가하여 "만약 모든 형상에 대하여 진실한 모양이 아니라고 안다면 곧 여래를 보는 것이다"라고 말한다.

그런데 불신(佛身)은 무상(無相)일 뿐만 아니라 또한 이것은 일체 범부와 성인의 의보와 정보이기도 하다. 유위의 상이 모두 허망한 것은 망념으로부터 변현된 바이기 때문이다. 망념은 본래 공한 것인데 그로부터 변현된 바가 어찌 실이 되겠는가. 때문에 『기신론』에서는 "일체제법의 경계는 오직 망념에 의하여 차별이 있을 뿐이다. 그런즉 만약 마음의 망념만 여의면 곧 일체경계의 상은 없다"라고 말한다.

"만약 모든 허상을 진상이 아니라고 본다면 곧 여래를 보는 것이다"라는 것은 색을 여의고 공을 관찰하는 것을 방지하는 것이다. 이것은 공연스레 상이라 모두 허망하다고만 들을 수도 있고, 또한 별도로 무상(無相)한 불신(佛身)을 구할 수도 있는 것이다. 때문에 "허상을 진상이 아니라고 보면 그것이 곧 여래이다"라고 말한다. 오직 불의 화신상만이 여래인 것이 아니라 보는 바 일체상의 상은 모두 무상으로서 여래이다. 때문에 『기신론』에서는 "말한 바 각의(覺義)라는 것은 말하자면 심체(心體)가 망념을 여원 것이다. 망념을 여원 이념(離念)의 상이란 허공계와 같이 두루 하지 않는 곳이 없다. 법계의 동일상이 곧 여래의 평등법신이다"라고 말한다. 때문에 무착은 그의 『논』에서 "경문에서 말한 '상의 구족을 통해서'라는 것은 설상(說相)에 해당하는데 여래의 색신을 현시한 것이다"라고 말한다.

길장은 여리실견분 제5의 내용에 대하여 "또한 위에서 중생의 제도에 대하여 판별한 것은 곧 중생공을 판별한 것이다. 다음으로 만행을 닦을 것을 판별하는 것은 곧 육진이 제법공임을 판별하는 것이다. 이리하여 인공과 법공이 갖추어져 세간에서 필경공이 되는 것이다. 이세 여기에서는 제상을 가지고는 여래를 볼 수 없음을 설명하는데 곧 이것이 제불의 공이다. 때문에 중생에 대하여 무소유라면 곧 중생이 없는 것이고, 제불에 대하여 무소유라면 제불이 없는 것이다. 때문에 중생이 없고 불이 없으며, 생사가 없고 열반이 없다. 그래서 중생과 불은 본래불이

(本來不二)이다. 이처럼 이견(二見)을 파하기 때문에 불이라 한다. 이(二)가 이미 멈추면 불이도 또한 없어진다"라고 말한다. 마치 『화엄경』에서 "불이법에도 집착하지 않는 것은 일도 없고 이도 없기 때문이다"라고 말하는 경우와 같다.

여기에서 "신상을 통해서는 여래를 볼 수가 없습니다"라는 것은 생·주·멸의 삼상으로는 여래의 무위법신을 볼 수 없음을 말한 것이다. 삼상은 옛날 태어나서 정반왕의 집에 있었다고 말한 것은 생상이고, 이후 3개월 후에 진실로 열반에 들어간다고 말한 것은 곧 멸상이며, 80년 동안 세상에 머무른 것은 곧 주상이다. 말하자면 여래께서 설한 바 삼상이라는 것은 곧 신상이 아니다[非身相]. 신상이 아니다[非身相]라는 것은 법신은 무위상이 아니라는 것이다. 이것은 곧 무생의 생이(생이 없이 생했다)라는 방편으로서 곧 이것이 생신이다. 때문에 삼상이라 한 것이다. 생했으되 생하지 않았다[生無生]는 방편은 곧 이것은 법신이지 삼상이 아니다. 이것은 마치 『화엄경』에서 "일체법은 생하지도 않고, 일체법은 멸하지도 않는다. 만약 이와 같이 관한다면 제불이 항상 현전하리라"는 내용에 통한다.

"무릇 형상이 있는 것은 다 허망하다"라는 것은 말하자면 허망한 것에도 세 가지가 있다.

첫째는 진여법신은 생멸이 없으므로 진실하다고 말한다. 그러나 그 밖의 법은 모두 허망하다고 이름한다. 곧 이와 같은 것을 설한 것이다. 둘째는 모든 무루법은 다 진실하다고 말한다. 그러나 모든 유루법은 다 허망하다고 말한다. 때문에 천친은 『중변분별론』을 통하여 "삼계와 허망과 심과 심소 등에 대하여 언급하고 있다"라고 말한다. 셋째는 의타기성과 원성실성을 진실하다고 말한다. 그러나 변계소집성은 허망하다고 말한다.

때문에 위의 경문 이하에서 "아상은 곧 비상이다" 내지 "일체의 제상을 여읜 것을 제불이라 말한다"라고 말한다. 지금 여기에서 말하는 허망이란 유위와 무루를 모두 허망하다고 말한다. "만약 모든 형상"은 세 가지 화신의 모습을 말하고, "진실한 형상이 아니다"는 것은 법신의 무상을 말한다. 무착의 해석에 의하자면 위의 경문은 곧 18종주처 가운데 제3욕득색신주처에 해당한다. 6종주처로 말하자면 제3욕주처에 해당한다.

〈제2단의〉
정신희유분 제6(正信稀有分 第六)

須菩提白佛言 世尊 頗有衆生 得聞如是言說章句 生實
信不 佛告須菩提 莫作是說 如來滅後後五百歲 有持戒
修福者 於此章句 能生信心 以此爲實 當知 是人不於一
佛二佛三四五佛而種善根 已於無量千萬佛所 種諸善根
聞是章句 乃至一念 生淨信者 須菩提 如來 悉知悉見是
諸衆生 得如是無量福德 何以故 是諸衆生 無復我相人
相衆生相壽者相 無法相 亦無非法相 何以故 是諸衆生
若心取相 則爲着我人衆生壽者 若取法相 即着我人衆生
壽者 何以故 若取非法相 即着我人衆生壽者 是故 不應
取法 不應取非法 以是義故 如來常說 汝等比丘 知我說
法 如筏喻者 法尚應捨 何況非法

수보리가 부처님께 여쭈었다.

"세존이시여, 이와 같은 언설장구를 듣고 진실한 믿음을 내는 중생이 있겠습니까?"

부처님께서 수보리에게 말씀하셨다.

"그렇게 말하지 말라. 여래가 입멸한 이후의 후오백세에도 계를 지니고 복을 닦는 어떤 사람이 이 장구에서 신심을 내는데 그것은 사실이다.

마땅히 알아라. 그 사람은 한 부처님, 두 부처님, 셋·넷·다섯 부처님께만 선근을 심은 것이 아니라 이미 무량한 천만 부처님 처소에서 모든 선근을 심었기 때문에 이 장구를 듣고 내지 일념에 곧 청정한 믿음을 낸다.

수보리야, 여래는 그 모든 중생이 그와 같은 무량한 복덕을 얻는 것을 다 알고 다 본다.

왜냐하면 이러한 모든 중생에게는 다시는 아상·인상·중생상·수자상이 없으며, 법상도 없고 또한 비법상도 없다.

왜냐하면 이러한 모든 중생이 만약 마음을 형상에 집착하면 곧 아·인·중생·수자에 집착하는 것이 되며, 만약 마음을 법상에 집착해도 곧 아·인·중생·수자에 집착하는 것이 된다.

왜냐하면 만약 마음을 비법상에만 집착해도 곧 아·인·중생·수자에 집착하는 것이 되기 때문이다. 이런 까닭에 마땅히 법에 집착해서도 안 되고 비법에 집착해서도 안 된다.

이런 뜻으로 인하여 여래는 항상 '그대 비구들이여, 내 설법은 뗏목의 비유와 같은 줄 알아야 한다'라 설한다. 이처럼 법마저 오히려 버려야 하는데 하물며 비법이겠는가?"

　　이 대목은 반야의 뜻을 신수(信受)하는 것에 대하여 설명한 것으로 제2단의에 해당한다. 경문의 내용은 인과 과가 모두 깊으면 굳이 신(信)할 필요가 없는 것이 아닌가 하는 의심을 단제한다. 곧 상에 집착이 없이 보시하는 것은 인의 심의(深義)이고, 불이 유위의 체가 아니라는 것은 과의 심의(深義)이기 때문에 이로부터는 굳이 신심을 낼 필요가 없는 것이 아닌가 하는 의심을 단제한다. 이 의심은 앞의 무주행시(無住行施)와 비상견불(非相見佛)의 경문에서 유래된 것이다. 인이 깊은 것은 보시 등에 분별이 없는 것이고, 과가 깊은 것은 여래의 경우 상을 여읜 것을 가리킨다.

"세존이시여, 이와 같은 언설장구를 듣고 진실한 믿음을 내는 중생이 있겠습니까"라는 것은 인과의 법이 이미 이처럼 깊기 때문에 말세의 미혹하고 둔근한 중생은 그것에 대하여 신심을 내지 못할 것이라고 의심하는 것이다.

"그것은 진실이다"는 것은 바르게 이해하여 전도가 없는 것을 말한다. 무착은 증상계·증상정·증상혜 등 삼학에 대한 증상을 말한 것으로 간주한다. 곧 이것은 수행의 공덕을 현시한 것으로 소욕(少欲) 등의 공덕을 비롯하여 내지 삼마제 등에 이르기까지 다양하다고 말한다. 그래서 계를 통하여 삼악도를 벗어나고, 정(定)을 통하여 욕계의 6천을 벗어나며, 혜를 통하여 삼계를 벗어나는 것을 말한다.

경전을 듣고 결정적으로 능신(能信)하는 자는 진실로 인을 심고 오랫동안 쌓아왔기 때문에 잘 신수(信受)하는 것이다. 때문에 『열반경』에서는 "니련선하의 모래 수만큼이나 많은 여래의 처소에서 보리심을 내고 악세에 있어서도 이 경전을 비방하지 않았다"라고 말한다. 지금의 이 부분도 또한 그렇다. 삼먁삼보리의 마음을 발하고 많은 부처님을 공양하며 오랫동안 선근을 심었기 때문에 잘 믿으며 비방하지 않는 것이다.

"후오백세"라는 것은 말하자면 다음과 같다. 석가모니가 입멸한 이후에 정법은 5백 년, 상법은 천 년, 말법은 만 년이 지속된다는 것을 말한 것이다. 그러나 법에는 세 가지가 있는데 말하자면 교법과 행법과 증법이다.

이 가운데 정법이 유지되는 동안에는 교법과 행법과 증법이 모두 있다. 그러나 상법이 유지되는 동안에는 교법과 행법과 증법 가운데 증법이 사라지고 득과하는 자도 없다. 때문에 단지 교법과 행법만이 있어 겉으로만 정법과 유사하기 때문에 상법이라 말한다. 그리고 말법이 유지되는 동안은 오직 교법만 있고 행법과 증법은 없다. 설사 지계수행자가 많다 하더라도 명예와 이익만 추구한다.

지금 여기에서 말하는 '후오백세'의 '후'라는 것은 그 세 번째 5백 년을 가리키는데 불멸도 이후 정법이 멸한 때이다. 때문에 여기 『금강반야바라밀경』에서는 바른 수행이 멸한 때라고 말한다.

"지계"는 계이고, "수복"은 정이며, "생신"은 혜이다. 삼학을 구비하기 때문에 후오백세에도 실신(實信), 곧 정신(淨信)을 낼 수가 있다. 실신은 청정한 믿음인데 여기에 3종이 있다.

곧 첫째는 직심인데 정념은 진여의 법계이기 때문이다. 둘째는 심심(深心)인데 일체의 모든 선행을 즐거이 모으기 때문이다. 셋째는 대비심인데 일체중생의 고통을 없애주려 하기 때문이다.

"일념에 곧 청정한 믿음을 낸다……"는 것은 신심을 일념 동안만이라도 일으킨다는 것이다. 이것은 제불의 경우 그 모든 것을 다 알기 때문에 무릇 어떤 중생이 이 장구를 듣고 내지 일념 동안만이라도 청정한 신심을 낸다면 불지(佛智)와 불안(佛眼)으로 그것을 지견하지 못하는 것이 없다. 때문에 복덕을 얻는 것이 무량하다고 말한다.

무착의 『논』에 의하면 지금까지 위에서 세 가지 차별을 마쳤는데 이 부분은 제4욕득법신주처에 해당한다. 6종주처로 말하면 제3욕주처에 해당하는데 여기에 다음과 같이 두 가지가 있다.

"욕득법신에도 다시 두 가지가 있다. 첫째는 욕득언설법신이고, 둘째는 욕득증득법신이다. 언설법신이란 능전의 교를 말하고, 증득법신이란 소전의 이를 말한다. 이것을 뜻으로 말하면 수행하여 증득법신을 구하는 것으로서 불이 말한 '유상은 허망하고 법신은 실이다'라는 것이다. 이것을 인하여 곧 법신의 무상(無相)을 추구하고 장차 그 무상을 증득하려면 먼저 네 가지 친근행을 일으켜야 한다. 말하자면 선지식을 친근하여 그들로부터 문·사유·수·습을 추구하는 것이다. 때문에 먼저 욕득언설법신을 말하는 것이다."

"여래는 그 모든 중생이 그와 같은 무량한 복덕을 얻는 것을 다 알고 다 본다"는 것에 대하여 무착은 "이른바 일체 행·주·좌·와의 행위에서는 그 마음을 알고, 행·주·좌·와의 전체에서는 그 의지처인 색신을 보기 때문이다"라고 말한다. 이러한 것들은 선업의 섭수를 드러낸 것이다. 천친의 『논』에서는 "만약 본다고 말하지 않을 경우에는 여래가 비지(比知)로 안다는 것이고, 만약 안다고 말하지 않을 경우에는 여래가 육안(肉眼)으로 본다는 것이다"라고 말한다. 때문에 모름지기 현지(現智)로 아는 것과 비지(比知)로 아는 것, 그리고 불안(佛眼)으로 보는 것과 육안(肉眼)으로 보는 것 등이 있다.

"왜냐하면 이러한 모든 중생은 다시는 아상·인상·중생상·수자상이 없으며, 법상도 없고 또한 비법상도 없다"는 것은 신심을 내는 것과 그로 인하여 얻는 복덕에 대하여 차례로 해석한 것이다. 때문에 생공과 법공의 이공에 해당한다. 이에 대하여 천친은 지혜가 있는 자란 생공과 법공이 모두 무아라는 것을 요지하는 자라고 말한다. 생공과 법공에 각각 네 가지 상(想)이 있는데 여기에서 상(想)은 곧 상(相)을 가리킨다.

"다시는 아상·인상·중생상·수자상 등 사상이 없다"는 것은 생공(生空)이고, "법상도 없고 또한 비법상도 없다"는 것은 유무상(有無相)과 비무상(非無相)을 더하여 해석하기도 하는데 이것은 법공(法空)이다. 길장의 『소』에서는 먼저 나열하는 생공에는 아·인·중생·수자 등 아(我)의 사상이 있고, 그 다음에 나열하는 법공에 단지 무법상(無法相)과 무비법상(無非法相)의 두 구만 언급되어 있고 법상과 비법상의 두 구는 대개 번역자들이 생략해 버렸다고 말한다.

『논』에서는 "법상도 없고"라는 것은 능취와 소취의 일체법이 없다는 것이고, "또한 비법상도 없다"는 것은 무아는 진공으로서 실유하다는 것을 말한다. 그래서 이 아집과 법집의 둘을 여의어야 비로소 불지견을 얻고 정신(淨信)의 근본인 선근복덕을 성취한다. 그리하여 이 둘 곧 아집과 법집을 아울러 없애는 것이다.

뗏목의 비유는 지혜로운 자들의 경우 『벌유경』의 내용을 인용하여 그대들이 만약 내 뗏목에 비유한 법을 안다면 그때는 선법마저도 응당 버려야 하거늘 하물며 불선법이겠는가라고 말한다. 이것은 무소득의 요술이지 더욱이 물(物)에 대한 집착이 아니다. "마땅히 법도 취하지 말고"라는 것은 공의 능관지(能觀智)이고, "마땅히 비법도 취하지 말아야 한다"는 것은 공의 소관경(所觀境)이다.

이에 대하여 『논』에서는 "법이 지니고 있는 성과 상도 취하지 말아야 하는데 하물며 본래부터 성과 상이 없는 비법에 대해서이겠는가"라고 말하고, 또한 "선이 되는 저 법도 취하지 않는데 하물며 불선이 되는 비법에 대해서이겠는가"라고 말한다. 『소』에서는 지금 말하는 법이란 오음의 공을 법이라 설하고 오음의 상(相)을 비법이라 설한다. 곧 오음이 공(空)한 것은 약명(藥名)으로서 법이고, 오음이 유(有)한 것은 병명(病名)으로서 비법이다. 오음이라는 병이 사라지면 공이라는 약도 또한 없어진다. 비법이 이미 없어진 곳에는 법도 곧 사라지는 것이라고 말한다.

〈제3단의〉
무득무설분 제7(無得無說分 第七)

須菩提 於意云何 如來得阿耨多羅三藐三菩提耶 如來有

所說法耶 須菩提言 如我解佛所說義 無有定法 名阿耨
多羅三藐三菩提 亦無有定法 如來可說 何以故 如來所
說法 皆不可取 不可說 非法 非非法 所以者何 一切賢聖
皆以無爲法 而有差別

"수보리야, 어떻게 생각하느냐. 여래가 아뇩다라삼먁삼보
리를 얻었느냐. 여래가 설한 법이 있느냐."
수보리가 여쭈었다.
"제가 부처님께서 설하신 뜻을 이해하기로는 일정한 법이
없는 것을 아뇩다라삼먁삼보리라 말합니다. 또한 일정한
법이 없는 것을 여래께서 설하셨습니다.
왜냐하면 여래께서 설하신 법은 모두 취할 수도 없고 설할
수도 없는 것으로 법도 아니고 비법도 아니기 때문입니다.
또 일체의 현성은 다 무위법의 입장에서만 방편차별을 두
기 때문입니다."

의법출생분 제8(依法出生分 第八)

須菩提 於意云何 若人滿三千大千世界七寶 以用布施
是人所得福德 寧爲多不 須菩提言 甚多 世尊 何以故 是
福德卽非福德性 是故 如來說福德多 若復有人 於此經
中 受持乃至四句偈等 爲他人說 其福勝彼 何以故 須菩
提 一切諸佛 及諸佛阿耨多羅三藐三菩提法 皆從此經出
須菩提 所謂佛法者 卽非佛法

"수보리야, 어떻게 생각하느냐? 만약 어떤 사람이 삼천대
천세계에 칠보를 가득 채워 그것으로 보시한다면 이 사람
이 얻은 복덕은 얼마나 많겠느냐?"
수보리가 여쭈었다.
"대단히 많습니다, 세존이시여. 왜냐하면 그 복덕은 복덕의

성품이 아니기 때문에 여래께서는 복덕이 많다고 설하셨기
때문입니다.”
“만약에 또한 어떤 사람이 이 경전을 수지하거나 그 가운
데 사구게 등을 타인에게 설해 준다고 하자. 그러면 그 복
덕이 저 복덕보다 많을 것이다.
왜냐하면 수보리야, 일체제불과 제불의 아뇩다라삼먁삼보
리법도 다 이 경전에서 나왔기 때문이다.
수보리야, 이른바 불법이란 곧 불법이 아니다.”

천친의 해석에 의하면 이 부분부터는 27단의 가운데 제3단의
에 해당한다. 말하자면 제3단의에서 제기된 의심의 내용은 다음
과 같다.

“위에서 무상인(無相因)을 말하였는데 어떻게 그것이 무상과
(無相果)가 되는 겁니까. 곧 무슨 까닭에 석가모니 부처님께서는
마갈타의 적멸도량에서 깨침을 성취하고, 바라나시의 녹야원에
서 설법하여 사람을 건지며, 쿠시나가라의 쌍림에서 입멸을 하
는 것 등 무상과(無相果)를 성취한 겁니까.”

그런데 불에도 3종이 있다.

첫째는 법신으로서 소위 망(妄)을 여읜 진리이다. 둘째는 보신
으로서 진리를 터득한 묘지(妙智)이다. 셋째는 화신으로서 중생
에게 감응하는 방편의 모습이다. 이 가운데 수보리가 답변한 뜻
은 다음과 같다.

“만약 세제에 의거한다면 보신과 화신도 보리를 얻을 것이고,
설법도 할 것입니다. 그러나 만약 제일의제에 의거한다면 진여
법신은 안으로 스스로 심적(湛寂)하기 때문에 본래 보리를 얻는

다는 것도 없고, 또한 설법한다는 것도 없습니다.”

따라서 “정해진 법이 없다”는 것은 말하자면 법신은 무상(無相)한 그 속에서 정해진 법칙이 없이 보리를 얻고, 또한 정해진 법칙이 없이 설법한다는 것이다. 다만 정해진 법칙이 없이 보리를 얻고 설법하고자 하면 세제의 보신과 화신도 또한 정해진 법칙이 없이 보리를 얻고 설법한다는 것을 부정해서는 안 된다.

그래서 “정해진 법은 설할 수가 없다”는 것은 안으로는 이미 불가설이고 밖으로도 또한 불가취이다. 때문에 만약 밖으로 가취(可取)라면 응당 안으로도 가설(可說)이어야 할 것이다. 그런데 이미 가취가 없으므로 가설도 없다고 설명한다.

무착은 “불가취라는 것은 어느 것 하나 빠뜨리지 않고 있는 그대로 제대로 듣는 것[正聞]이 불가능하다는 것이다. 불가설이라는 것은 들은 바를 연설할 때 제대로 오류가 없이 연설할 수가 없다는 것이다. 법도 아니고[非法]라는 것은 분별성이 아니라는 것이고, 비법도 아닙니다[非非法]라는 것은 법무아(法無我)라는 것이다”라고 말한다.

“취할 바가 없고 설할 바가 없다”는 구절은 의문을 파하는 것이다. 혹자는 “이미 화설(化說)이 있다는 것을 듣고서 법으로서 설해야 할 바가 있다고 말한다. 만약 불이 설한 바가 있다면 청자는 곧 응당 들은 바가 있어야 할 것이다. 그러니 설이 있기 때문에 곧 언어를 초월한 것[言語道斷]이 아니며, 청자는 들은 바가 있기 때문에 곧 마음의 작용을 초월한 것[心行處滅]이 아니다”라고 말한다. 이에 대하여 이제 언어도단이기 때문에 불가설이고,

심행처멸이기 때문에 불가취가 되는 것을 말하고 있다.

이런 까닭에 "설할 수도 없는 것으로 법도 아니고 비법도 아니기 때문입니다"라는 것은 말하자면 어리석은 범부는 인(人)과 법(法)에 집착하여 그것을 유(有)라 하고 법(法)이라 이름하여 원성실성을 부정한다. 바로 이것을 "법도 아니고[非法]"라 말하는 것이다. 그러나 성자는 인(人)과 법(法)에 통달하여 비법(非法)이라 말할 것도 없어 원성실성을 요달한다. 바로 이것을 "비법도 아니다"라고 말하는 것이다. 법신은 적정하고 청정하여 비법이라 할 수가 없고 비비법이라고 할 수도 없다.

"왜냐하면 일체 현성은 다 무위법으로써 방편차별을 삼기 때문입니다"는 것은 모든 성인은 다 무분별지로써 진리를 계증(契證)하여 바야흐로 번뇌를 끊고 차별을 내세운다. 때문에 그 성인이 증득한 법은 이미 이와 같이 설(說)한 바도 없는데 하물며 어찌 취(取)가 있겠는가. 왜냐하면 저 성인의 설법은 언설상을 원리(遠離)하여 비가설(非可說)이기 때문이다.

"칠보"는 금·은·유리·산호·마노·적진주·파리 등이다.

"그 복덕은"이라는 것은 말하자면 재물보시의 복덕이다.

"복덕의 성품이 아니다"라는 것은 말하자면 출세간의 복덕성이 되지 않는다는 것이다. 이를테면 설법을 듣고 무분별지를 발생시키는 것이어야 비로소 출세간의 무상과(無相果)가 된다는 것이다.

"때문에 여래께서는 복덕이 많다고 설하셨습니다"라는 것은 말하자면 '그 때문에 여래께서는 그 재물보시의 복덕은 세간의 무수한 복덕이 된다고 설하신다’는 것이다.

“내지 사구게”라는 것은 말하자면 “경전을 수지하고 사구게를 수지하는 것”까지를 말한다. 이를테면 마음으로 이해하여 받아들이는 것을 수(受)라 하고, 기억하여 잊지 않는 것을 지(持)라 한다.

여기에서 말한 “사구게”는 『금강경』의 종지, 곧 종의(宗義)를 가리킨다. 종의가 원만하게 구족되어 있는 것을 일구로 삼는다. 곧 천친의 『논』에서 말한 게송의 “광대심과 제일심과 상심과 부전도심” 등 사종심은 각각 일구가 되고, 또한 경문에서 말한 “보살이 현상에 머물지 않고 마땅히 보시하는 것”도 일구가 된다는 것은 이에 알 수가 있다.

보시로 얻는 복이 비록 많을지라도 그것은 유루의 복덕이다. 곧 복덕이 아니다. 무루무소득의 복덕이 아니라는 말이다. 그래서 이것을 일컬어 복덕이라 한다. 『논』에서 인용하고 있는 경문의 내용에는 “복덕 복덕” 하고 거듭 말하고 있다. 뜻으로 간략하게 판별해 보면 복덕에는 두 종류가 있다. 하나는 유루의 복덕이고, 다른 하나는 무루의 복덕이다. 이 때문에 “복덕 복덕” 하고 거듭 말하는 것이다.

『금강경』의 종의는 무분별이다. 곧 분별을 파하는 것으로 종의를 삼는다. 경문에서 말한 “색ㆍ성ㆍ향ㆍ미ㆍ촉” 등은 집명(集名)이다. 비록 여러 구절로 되어 있을지라도 의(義)가 갖추어지지 않았기 때문에 끝내 구(句)가 되지 못한다.

“일체제불”이란 보신과 화신불이 이 경전으로부터 출생했다는 것이다.

"제불의 아뇩다라삼먁삼보리"란 모든 법신불이 이 경전으로
부터 출생했다는 것이다. 그러나 제일의제의 입장으로 보자면
이 『금강경』으로부터 나오는 불법은 없다. 단지 무분별지로써
진리를 깨쳐 이지(理智)가 원명하기 때문에 "불법"이라 말한다.
이것은 오직 시방의 제불만이 마찬가지로 불법이라는 이름을
얻을 수 있다는 것이다. 기타 다른 사람들은 그렇지 못하기 때
문에 "비불법"이라 한다.

"다 이 경전에서 나온다"는 것은 법신과 보리가 이 경전에서
나온다는 것인데 이 가르침은 곧 요인(了因)이 된다. 보신의 보
리와 화신의 보리의 가르침은 생인(生因)이 된다. 때문에 경문에
서 "다 이 경전에서 나온다"라고 말한 것이다.

"이른바 불법……"이란 바른 불법을 서술한 것이다. 오직 불
만이 무상보리의 법임을 말한다. 그리고 불 이외에 이승이나 보
살에게는 이 법이 없음을 말한다. 곧 분별로는 얻을 수 없는 것
이기 때문에 "불법이 아니다"라고 말한 것이다. 이것은 저 다른
사람들이 분별할 수 있는 것이 아니고 유독 제불의 법일 뿐이
다. 그리고 제일의 불공의(不共義)로서 제일법의 인이 된다. 때문
에 이 복덕의 많음은 교량할 수가 없다. 오직 불(佛)만이 지니고
있기 때문에 이 법은 제일이다. 이제 경전을 수지하는 복은 제
일의 법을 내는 것이므로 경전을 수지하는 복이 가장 뛰어나다
고 말한다.

또한 처음에 언급한 "법"은 오직 불만이 스스로 터득한 것으
로 다른 사람들은 터득하지 못한 까닭에 "비불법"이라 말한다.

이 제일법은 이 경전을 수지하고 내지 위타연설을 인으로 삼기
때문에 수지와 연설의 복덕이 뛰어나다고 말한다.

〈제4단의〉
일상무상분 제9(一相無相分 第九)

須菩提 於意云何 須陀洹 能作是念 我得須陀洹果不 須
菩提言 不也世尊 何以故 須陀洹 名爲入流 而無所入 不
入色聲香味觸法 是名須陀洹 須菩提 於意云何 斯陀含
能作是念 我得斯陀含果不 須菩提言 不也世尊 何以故
斯陀含 名一往來 而實無往來 是名斯陀含 須菩提 於意
云何 阿那含 能作是念 阿得阿那含果不 須菩提言 不也
世尊 何以故 阿那含 名爲不來 而實無不來 是故 名阿那
含 須菩提 於意云何 阿羅漢 能作是念 我得阿羅漢道不
須菩提言 不也世尊 何以故 實無有法名阿羅漢 世尊 若
阿羅漢 作是念 我得阿羅漢道 卽爲着我人衆生壽者 世
尊 佛說我得無諍三昧 人中最爲第一 是第一離欲阿羅漢
世尊 我不作是念 我是離欲阿羅漢 世尊 我若作是念 我
得阿羅漢道 世尊則不說 須菩提是樂阿蘭那行者 以須菩
提實無所行 而名須菩提 是樂阿蘭那行

"수보리야, 어떻게 생각하느냐. 수다원이 '나는 수다원
과를 얻었다'라 생각하겠느냐."
수보리가 여쭈었다.
"아닙니다, 세존이시여. 왜냐하면 수다원은 이름이 입류(入
流)지만 들어감도 없기 때문입니다. 색·성·향·미·촉·
법에 들어가지 않는 이것을 수다원이라 말합니다."
"수보리야, 어떻게 생각하느냐. 사다함이 '나는 사다함

과를 얻었다'라 생각하겠느냐.”

수보리가 여쭈었다.

“아닙니다, 세존이시여. 왜냐하면 사다함은 이름이 일왕래(一往來)지만 실로 왕래도 없기 때문입니다. 이것을 수다원이라 말합니다.”

“수보리야, 어떻게 생각하느냐. 아나함이 ‘나는 아나함과를 얻었다’라 생각하겠느냐.”

수보리가 여쭈었다.

“아닙니다, 세존이시여. 왜냐하면 아나함은 이름이 불래(不來)지만 실로 불래(不來)라는 것도 없기 때문입니다. 이것을 아나함이라 말합니다.”

“수보리야, 어떻게 생각하느냐. 아라한이 ‘나는 아라한도를 얻었다’라 생각하겠느냐.”

수보리가 여쭈었다.

“아닙니다, 세존이시여. 왜냐하면 실로 법에 아라한이라 이름할 수 있는 것은 없기 때문입니다. 세존이시여, 만약 아라한이 ‘나는 아라한도를 얻었다’라 생각한다면 아·인·중생·수자에 집착하는 것이 됩니다.

세존이시여, 부처님께서는 저를 ‘무쟁삼매를 얻은 사람 가운데 최고로서 제일이다. 이는 제일의 이욕아라한이다’라 말씀하십니다. 세존이시여, 그러나 저는 ‘나는 이욕아라한이다’는 생각을 하지 않습니다.

세존이시여, 제가 만약 ‘나는 아라한도를 얻었다’라 생각한다면 세존께서는 곧 ‘수보리는 아란나 수행을 누리는 자이디. 수보리는 실로 수행한 바가 없다. 수보리는 아란나 수행을 누리는 자라고 이름한다’는 말씀을 하지 않으셨을 것입니다.”

이 대목은 성문의 네 가지 득과를 언급하여 그것은 집착이 아닌가 하는 의심을 끊는 것이다. 그 첫째의 의심은 이승을 들어 의심을 내는 부분이다. 그 의심이란 말하자면 앞에서 설한 일체성인은 무위법으로써 일체성인이라는 이름을 얻었다. 그래서 그 무위법은 무설(無說)이고 무취(無取)였다. 그런데 무슨 까닭에 예류 등의 경지를 얻은 사람이 '나는 예류라는 과(果)를 얻었다'라 말할 수 있겠는가 하는 것이다. 또한 '나는 예류 등의 과를 얻었고 예류 등의 과를 증득하였다'라 말할 수 있겠는가 하는 것이다.

의심하는 자는 다음과 같이 묻는다.

"만약 제법이 불가취(不可取)·불가설(不可說)·무의(無依)·무득(無得)이라면 어떻게 소승이 사과를 얻고 내지 대승이 불(佛)을 증득하는가. 대소승은 모두 증득이 있기 때문에 이것은 무의(無依)도 아니고 무득(無得)도 아님을 알 수 있다. 그리고 대소승은 모두 증득이 있다고 설하기 때문에 이것은 불가설(不可說)의 뜻이 아님을 알 수 있다."

이제 이러한 의심을 해석하기 위하여 대소승은 증득이 있다 할지라도 실은 무소득(無所得)이 되고 유소설(有所說)일지라도 무소설(無所說)임을 설명하는 것이다. 이 때문에 진실로 무취·무설·무의·무득임을 알아야 한다. 이로써 대소승을 들어 위의 불가취·불가설 내지 모두 무위법으로써 차별이 있다는 것을 해석하는 것이다.

여기에서 소승을 이끌어 들여 그 증거로 삼는 이유는 소(小)를 들어 대(大)를 나타내고자 하기 때문이다. 곧 소승인도 오히려 무의·무득·무취·무설을 깨닫는데 하물며 어째서 보살의 무소득한 법을 믿지 않겠는가를 설명한다. 저『대품반야경』에서 선니외도를 이끌어 들여 증거로 삼는 것과 같다. 청자(聽者)가 제법이 필경공임을 듣고도 신수(信受)하지 않기 때문에 선니외도를 이끌어 들이는 것이다.

그리고 소승인도 또한 법공을 믿는데 하물며 대승의 사람이면서 무상법(無相法) 속에서 어찌 공을 믿지 않겠는가. 또 지금의 이 무소득한 삼승은 반야의 선교방편의 작용이다. 이것이야말로 대소승 모두가 유소득이 아니라는 것을 말하는 것이다. 또한 소승을 배우는 이를 이끌어 대법으로 들게끔 하려는 까닭에, 그리고 소승도 또한 모름지기 이 법을 배우기를 바라는 까닭에 그런 것이다. 그래서 저『대품반야경』에서는 다음과 같이 말한다.

"제천자여, 그대들이 수다원과에 머물고자 하면 또한 이 인(忍)을 여의지 않아야 한다. 제천자여, 선남자·선여인이 수다원과에 머물고자 하고 수다원과를 증득하고자 하는 자는 이 인(忍)을 여의지 않아야 한다. 사다함·아나함·아라한과·벽지불도·불도에 머물고자 하고 증득하고자 하는 자라면 이 인(忍)을 여의지 않아야 한다. 이와 같이 제천자여, 보살마하살은 초발심부터 반야바라밀 속에서 이와 같이 머물러야 한다. 설하는 것도 없고 듣는 것도 없기 때문이다."

그래서 천친의『론』에서는 "앞에서 성인은 무위법으로 성인이라는 이름을 얻는다고 하였다. 이런 까닭에 그 무위법은 취할 수가 없고 설할 수도 없다. 그렇다면 만약 수다원 등의 성인이 스스로 성인의 과를 취했다는 것이 되는데 어째서 그 법을 취할

수 없다고 말하는가. 그리고 이미 증득하였고 설하였다면 어째
서 설할 수가 없다고 말하는가"라고 말한다.

네 가지 득과 가운데 첫째는 입류과(入流果)로서 수다원이다.
수다원은 번역하면 입류(入流)이다. 성인의 부류에 들어가기 때
문이다. 또한 예류(預流)라고도 번역된다. 성인의 부류에 참여하
기 때문이다. 육진에 떨어지지 않으므로 입성류(入聖流)라고 말
한다. 그렇다고 해도 별도로 들어가는 바가 있다는 것은 아니다.

경문에서 말한 "색·성·향·미·촉·법에 빠지지 않는 것을
수다원이라 말합니다"는 것을 소위 생사의 흐름을 거슬러 성자
의 지위에 나아간다는 뜻에서 역류(逆流)라고도 말한다. 그런데
유(流)에도 두 가지가 있다. 하나는 생사유류(生死流類)이고, 둘은
출세유류(出世流類)이다. 만약 생사의 입장으로 보자면 역류이지
만, 만약 출세의 입장으로 보자면 예류이다. "들어간 바가 없다"
는 것은 소입(所入)의 유(流)에 집착이 없다는 것이다. 또한 육진
의 경계에 집착이 없기 때문에 불입(不入)이라 한다.

둘째는 일래과(一來果)로서 사다함이다. 사다함은 번역하면 일
래(一來) 및 주박(住薄)이다. 이것은 옅은 번뇌에 주하기 때문이
다. 욕계의 6품의 수혹을 끊어 이 목숨이 다하면 한 번 천상에
갔다가 한 번 인간세계에 와서 아라한과를 얻기 때문이다.

셋째는 불래과(不來果)로서 아나함이다. 아나함은 번역하면 불
래(不來) 및 불환(不還)이라고도 번역한다. 욕계의 9품의 수혹(修
惑)을 모두 끊어 이 목숨이 다하면 한 번 천상에만 왕래하고 다
시는 하계, 곧 욕계에 돌아오지 않기 때문이다.

넷째는 불생과(不生果)로서 아라한이다. 아라한은 세 가지로 해석된다. 처음은 무적(無賊)인데 삼계에서 견도와 수도의 번뇌를 다하기 때문이다. 둘은 불생(不生)인데 후유(後有)를 받지 않기 때문이다. 셋은 공양(應供)인데 마땅히 인천의 광대한 공양을 받기 때문이다. 아란나는 번역하면 적정(寂靜) 및 불수(不受)이다. 삼계의 업보를 받지 않기 때문이다.

이에 대하여 천친은 "앞에서 성취할 불과도 없고 설할 불법도 없다고 말하였다. 그런데 어째서 사과는 각기 증득한 바를 취하여 설하는가. 이와 같은 의심을 일으킬까 염려하기 때문에 부처님께서 이와 같이 질문을 한다"라고 말한다.

"무쟁"이란 중생을 번거롭게 하지 않는 것이다. 중생으로 하여금 번뇌를 일으키지 않게 한다. 때문에 부처님께서는 그것을 칭찬하신다. 10대 제자 가운데 선현은 이욕제일(離欲第一)이다. 삼계의 번뇌에 단지 탐심만 있어도 모두 욕(欲)이라 이름하는 것이지 유독 욕계만 가리키는 것은 아니다. 이욕이란 "2종의 장애를 여의었다고 설한다"라고 말했다.

첫째 번뇌장을 여읜 것은 아라한을 얻었기 때문이다. 둘째 삼매장을 여읜 것은 무쟁행을 얻었기 때문이다. 그리고 여의었기 때문에 "아란나행을 얻었다는 생각의 집칙헹이 없다"라고 말한다. 이를테면 번뇌장(煩惱障)과 정장(定障)을 여의었기 때문이다. 곧 번뇌장과 정장을 모두 여의고 해탈을 구비하였기 때문에 단지 번뇌장을 여읜 혜해탈과는 다르다.

"사람 가운데 최고 제일이다"는 것에도 무릇 세 가지 종류의 제일이 있다.

첫째는 인(人)의 제일이다. 둘째는 이(離)의 제일이다. 이른바 두 가지 종류의 장애를 이(離)했다는 것이다. 곧 그 둘은 번뇌장과 정장이다. 셋째는 덕(德)이 제일이다. 곧 무쟁정(無諍定)・단번뇌장지(斷煩惱障智)・단정장지(斷定障智)를 얻는다.

경문에서 말한 "내가 아라한을 증득했다고 생각한다면 그것은 곧 아・인・중생・수자에 집착하는 것이 됩니다"라는 것에는 두 가지 뜻이 있다. 하나는 정사(正使)이고, 둘은 습기(習氣)이다. 관내(觀內)에 있으면 습기(習氣)가 또한 생하지 않고, 관외(觀外)에 있으면 정사심(正使心) 반드시 일어나지 않는다. 때문에 "실로 수다원이라 말할 만한 것이 없기 때문에……"라고 말한다.

무쟁정(無諍定)을 닦는 방편은 다음과 같다. 곧 이전의 산란심 가운데서 다음과 같이 발원한다. 그 심원(心願)이 바라는 근원(近遠)을 따라 혹은 일토(一土) 일촌(一村)이라도 인물이 있는 곳이라면 모두 그 형상(形相)・족성(族姓)・명자(名字)를 보기를 원하고, 또한 그 마음이 취향하는 바를 알기를 원한다. 이 원을 발하여 달분삼매(達分三昧 : 四聖諦 및 十二緣起를 깨치는 삼매)에 들면 옛날 소원했던 바가 그대로 다 분명해진다. 이것을 마치고 산란심을 벗어나서 정중(定中)의 소견을 마치 몽중의 소견을 깨어나서 나서 다시 기억하듯이 억념한다. 이러한 까닭에 악을 막고 선을 출생하여 남을 번뇌롭게 하지 않는다. 때문에 무쟁이라 말한다.

때문에 무쟁이란 자심(慈心)으로서 남들과 다투지 않는다. 또한 제 사선을 무쟁이라 하는데 삼재(三災 가운데 小三災는 住劫의 20증・감겁

가운데 감겁의 말기에 일어나는 삼재로서 곧 刀兵災·疾疫災·飢饉
災이고, 大三災는 壞劫에 20증·감겁이 가운데 최후의 증·감겁
시기에 기세간이 붕괴하는 삼재인데 곧 火災·水災·風災이다)
를 여의고 사수(四受는 憂·喜·苦·樂이다)를 면하기 때문이다.
또한 공해(空解)를 무쟁정이라 하고, 무쟁지(無諍智)를 무쟁정이
라 한다.

　이욕아라한의 경우 번뇌의 욕을 여의었다는 것이 아니다. 선
길이 아란야행을 즐겨 닦아 오욕과 오진의 경계를 멀리 여읜 것
을 이욕이라 말한다. 아란야라는 것은 이곳 말로는 무사(無事)라
한다. 곧 이것은 마음껏 바라는 대로 행동해도 진루(塵累)에 구
속되지 않는 것을 말한다.

〈제5단의〉
장엄정토분 제10(莊嚴淨土分 第十)

　　　佛告須菩提 於意云何 如來昔在燃燈佛所 於法有所得不
　　　不也世尊 如來在燃燈佛所 於法實無所得

　　부처님께서 수보리에게 말씀하셨다.
　　"어떻게 생각하느냐? 여래가 옛직에 언등불 치소에 있
　　으면서 얻은 법이 있었느냐?"
　　"아닙니다, 세존이시여. 여래께서는 연등불 처소에서 법을
　　실로 얻은 바가 없습니다."

　이 대목은 석가모니께서 연등부처님 처소에서 설법을 얻었다

는 것은 집착이 아닌가 하는 의심을 끊는 것이다. 곧 무의(無依)와 무득(無得)의 뜻을 설명하여 유의(有依)와 유득(有得)의 의심을 파하여 앞의 불가취 불가설의 뜻을 맺고 있다. 이에 대하여 천친의『논』에서는 "석가여래가 옛적에 연등불 계시는 곳에서 얻은 법은 저 연등불께서 이 석가불을 위하여 설한 것이다. 만약 그렇다면 어찌하여 저 법을 설한 적도 없고 취한 적도 없다고 하는가"라고 말한다.

"연등불"은 말하자면 정광불이다. 석존의 인위(因位) 시절에 수기를 준 부처님이다. 곧 석가불이 옛날 보살이었을 때의 일이다. 제칠지에 올라 마납선인으로 수행하고 있었을 때 정광불이 성에 오신다는 소문을 듣고 마침내 한 여인으로부터 꽃을 사서 정광불께 흩뿌리고 또한 깊이 경모하는 마음을 드러내고자 머리카락을 풀어 진흙을 덮었다. 그리하여 정광불의 설법을 듣고 곧 제팔지에 올랐는데 그때가 석가불의 수행으로 제삼아승지의 초반이었다. 그러자 꽃을 팔았던 여인이 그 소문을 듣고 정광불께 꽃을 공양하고 돈을 받지 않았다. 대신 마납선인과 함께 발원을 하였다. 그 인연으로 내세에 항상 부부로서 선지식이 되었는데 그가 곧 야쇼다라였다.

말하자면 어떤 외도는 "위에서는 성인이 무위법으로 차별을 삼기 때문에 무설이고 무취라 하였다. 그런데 무슨 까닭에 석가는 연등불 처소에서 법을 얻은 것인가. 정광불이 다시 설법한 것인가"라고 의심한다. 지금의 위 경문은 바로 이러한 의심을 없애주기 위하여 질문을 한 것이다.『대비바사론』에 다음과 같은 내용이 있다.

묻는다: 이 사바라밀다를 닦을 때에 어느 정도의 겁 동안 얼마나 많은 부처님에게 봉사했는가.

답한다: 초겁아승기야에 7만 5천불에게 봉사하였다. 최초를 석가모니라 이름하고 최후를 보계(寶髻)라 말한다. 제이겁아승기야에는 7만 6천불에게 봉사하였다. 최초는 보계(寶髻)라 하였고 최후는 연등(燃燈)이라 말하였다. 제삼겁아승기야에는 7만 7천불에게 봉사하였다. 최초는 연등이고 최후는 승관(勝觀)이라 말하였다. 상이숙업(相異熟業)을 닦는 91겁 중에 있어서 6불에게 봉사하였다. 최초는 승관(勝觀)이고 최후는 가사파(迦葉波)라 말하였다. 진실로 알아야 한다. 이것은 석가보살에 의해서 설해졌다는 것을. 만약 그 밖의 보살이라면 부정(不定)하다. 이와 같이 석가보살은 가사파 보살 때에 있어서 사바라밀다를 먼저 나누어 따라서 만족시키고 상이숙업은 지금 잘 원만히 하며 이 섬부주에서 죽어 도솔천에 태어나는 최후의 이숙(異熟)을 받는다.

한편 『대론』에서는 "연등불이 탄생할 때 몸의 빛이 등불과 같았다. 이 때문에 성불하여 연등이라 명호를 깃게 되었다"라고 말한다.

"얻은 법이 있었느냐"는 것은 분별심으로 망령되게 법에 집착한 것을 말한다. 그리고 아래 경문에서 말한 "얻은 법이 없습니다"라는 것은 지혜로 진리를 증득했을 때 거기에 분별심으로 얻은 법이 없다는 것이다. 이것은 다만 저 분별심으로 얻은 바가 없다는 말을 무소득이라 이름할 뿐이지 지혜 속에서 진리에 계합하여 얻은 바까지 부정하지는 않는다.

이것을 뜻으로 말하자면 석가불이 정광불로부터 설법을 들었는데 그때 분별로 집착하여 얻은 법이 없다는 것이다. 곧 다만 지혜 속에서 진여에 계합했을 뿐이지 집착한 바로는 전혀 얻은 바가 없다는 것이다. 그로써 증득된 지혜는 불가설하고 불가취하기 때문에 또한 무설이고 무취이다. 때문에 여기에서 '부처님께서 연등불 처소에서 지혜로 법을 증득했을 때 그것이 유소득인가' 하고 질문하는 것이다.

"실로 얻은 바 법이란 없습니다"는 것은 연등부처님의 설법은 언설로 설한 것이고, 석가모니께서 들은 바도 오직 언설로 들었다는 것이다. 그런데 언설은 실지(實智)의 증법(證法)이 아니기 때문이다. 천친의 『논』에서는 "석가여래께서 연등불 계시는 곳에서 언어로 설한 바로는 증법(證法)을 취하지 않았기 때문이다. 이러한 뜻 때문에 저 증지(證智)가 불가취하고 불가설하다는 것을 드러내는 것이다"라고 말한다.

수기에 대한 경문이 여기에 온 이유는 위에서 여래께서 설한 법은 불가취 불가설한 경문으로부터 나온 것이다. 그러므로 만약 제법이 불가취하다면 옛적에 유동보살은 수기를 받지 못했을 것이다. 만약 옛적에 유동보살이 수기를 받았다면 곧 제법은 가취(可取)가 될 것이다. 만약 제법이 불가설하다면 연등불은 진실로 거기에서 수기를 주시지 않았을 것이다. 그런데 이미 석가에게 수기를 주면서 '그대는 내세에 부처가 되리라'라 하였다. 곧 이것은 가설(可說)이다.

지금의 법회에서는 이러한 의문으로 인하여 부처님은 여러 가지 의문을 들어 선길에게 '여래가 연등불의 처소에서 어떤 법으로 보리를 얻었느냐'라 물은 것이다. 이에 선길은 '연등불의 처소에서는 실제로 얻은 바가 없습니다'라고 답하였다. 이 뜻은 법을 얻은 사람도 볼 수가 없고, 수기도 얻은 바가 없음을 설명한 것이다. 자세한 것은 『정명경』의 미륵장 부분에 있다. 이와 같이 득(得)도 없고 부득(不得)도 없어야 수기를 얻는 것이다. 이 것이야말로 실로 무소득(無所得)을 터득한 것이다.

위의 경문에 대하여 천친은 연등불 밑에서 언어에 의하여 증법한 것이 아니기 때문에 비가취(非可取)·비가설(非可說)이 성립한다고 말한다. 곧 석가모니불은 연등불의 수기를 통해서는 이(理)로서의 실지(實智)를 취하지 않았다. 이러한 진실의 뜻이 바로 저 취(取)와 설(說)이 없다는 것을 나타낸다는 것이다. 석가여래께서 연등불 계시는 곳에서 언어로 설한 바로는 증법(證法)을 취하지 않았다. 때문에 저 증지(證智)가 불가취하고 불가설하다는 것이다.

〈제6단의〉

須菩提 於意云何 菩薩莊嚴佛土不 不也世尊 何以故 莊嚴
佛土者 卽非莊嚴 是名莊嚴 是故 須菩提 諸菩薩摩訶薩

應如是生　淸淨心　不應住色生心　不應住聲香味觸法生心
應無所住　而生其心

“수보리야, 어떻게 생각하느냐. 보살이 불토를 장엄했느냐.”
“아닙니다, 세존이시여. 왜냐하면 불토를 장엄한다는 것은
곧 장엄한 것이 아니기 때문입니다. 이것을 바로 장엄한다
고 말하는 것입니다.”
“그러므로 수보리야, 모든 보살마하살은 마땅히 이와 같이
청정심을 내야 한다. 마땅히 색에 집착하여 마음을 내어서
는 안 되고, 마땅히 성·향·미·촉·법에 집착하여 마음
을 내어서는 안 된다. 마땅히 집착이 없이 마음을 내어야
한다.”

이 대목은 제6단의로서 불국토를 장엄했다는 것은 불취(不取)
의 가르침에 어긋나는 것이 아닌가 하는 것에 대한 의심을 끊어
준다. 이 의심 또한 제3단의의 불가취로부터 유래한 것이다. 만
약 제법이 불가취 불가설이라면 어째서 보살은 정불토행(淨佛土
行)을 취하는가. 이러한 의문을 해석해주기 위하여 이 경문이 여
기에 온 것이다.

천친의 『논』에서는 “만약 성인이 무위법으로 성인이라는 이
름을 얻었다면 그 법은 취할 것도 없고 설할 것도 없는데 어찌
하여 모든 보살이 장엄불국토를 취했다 하고, 어찌하여 수락보
불(受樂報佛, 受用佛身)은 스스로 법왕신(法王身)을 취했다 하며,
어찌하여 그 밖의 세간에서 다시 저 법왕신을 취했다 하는가”라
고 말한다.

수락보불(受樂報佛, 受用佛身)이란 삼신(三身)의 하나로 과보와

수행의 결과 주어진 불신(佛身)이다. 곧 오랜 수행의 과정을 겪어 무궁무진한 공덕이 갖추어진 몸을 의미한다. 이러한 공덕을 갖춘 전형적인 예가 바로 불신의 특징인 32상과 80종호이다. 32상과 80종호는 인간이 갖출 수 있는 가장 완벽한 진리의 구현체이다. 석가모니가 오랜 수행의 결과로 얻을 수 있었던 보신은 부처의 속성과 양상을 나타낸다. 그러나 그 몸은 본체의 세속적인 표현에 지나지 않는 것으로 부처가 지닌 진리의 이상적 인간성으로 제시된 보신으로서의 불신은 32상과 80종호를 갖춘 몸으로 나타난다. 이렇게 나타난 몸은 보살들로 하여금 통달케 하고, 진제로 설하여 생사와 열반이 일미(一味)라는 것을 완전히 이해시키며, 그 몸을 보고 중생이 두려움 없이 기뻐하게 하고, 무한한 불법의 근본이 되게 하며, 여실하고 완전한 지혜를 얻게끔 하는 것이다.

바로 위에서 수기를 언급한 것은 보살의 자행(自行)이고 정과(正果)이며, 지금 여기에서 언급하는 불토장엄은 곧 타행(他行)이고 의보(依果)이다. 스스로 무생법인(無生法忍)을 깨치기 때문에 부처님의 수기는 곧 자행(自行)이다. 그리고 중생의 부류가 그대로 보살의 불토이기 때문에 불토장엄의 행은 곧 화타(化他)의 행이다. 수행의 문이 비록 많을지라도 이 자행과 타행을 빗어나지 않기 때문이다.

여기에서 말하는 장엄불토에 대하여 『대품반야경』의 설명에 의하면 시종일관 이 내용으로 이루어져 있다. 곧 보살은 대장엄을 하지 않음을 대장엄으로 삼는다고 말하고 있다. 대장엄한다

할지라도 실제로는 장엄이 없는 것이다.

"여래는 불토를 장엄한다고 설한다"에 대하여 여래는 정법으로서의 신(身)을 무신(無身)이고 비신(非身)이라 말하는 것이다. 이 때문에 무토(無土)가 되는 것이다. 지금 형상을 설하여 엄정불토라 하는 것은 곧 처음 수행하는 사람으로 하여금 토사(土沙)의 더러움을 버리고 보옥(寶玉)의 청정함을 취하게끔 하려는 것뿐이다. 곧 그러므로 제일의(第一義)의 진정토(眞淨土)가 아니다. 때문에 "여래는 불토를 장엄하는 것은 곧 장엄이 아니다. 이것을 장엄이라 말한다"라고 설한다. 이것이야말로 곧 제일의의 진실한 장엄이다. 바로 제법실상으로 덕을 갖추지 않음이 없고, 번뇌를 청정하게 하지 않음이 없으므로 장엄이라 말한다. 그리하여 지인(至人)이 머무는 바이기 때문에 이것을 정토라 말하는 것이다.

"보살이 불국토를 장엄했느냐"는 것은 말하자면 초지 이상의 보살이 그 과보로 태어나는 곳이 정토인데 보살의 수행분한에 따라서 낱낱 지(地)마다 견불(見佛)이 다르다는 것이다. 이에 대하여 위의 경문은 "자신의 견불이 이미 처해 있는 정토와 다르다면 곧 그것은 자신이 장엄한 청정불토를 취하는 꼴이다. 그렇다면 앞에서 성인은 무위법으로 차별을 삼기 때문에 무설이고 무취라 말한 것은 무슨 까닭인가"라는 의심을 없애주기 위한 것이다. 말하자면 모든 보살은 무분별지로써 안으로 진리의 장엄을 증득하였다. 때문에 밖으로는 형상으로 이미 칠보장엄을 얻지만 안으로 장엄을 증득했을 때는 무설이고 무취이다. 만약 밖으로 드러난 형상으로 "나는 불토를 장엄하였다"라고 말한다면 그것은 취(取)로서 보살이 곧 색 등의 경계에 주하는 것이 된다. 그러나 이미 무상(無相)의 장엄을 증득한 보살이라면 어떻게 정토를 취한다[取淨土]고 말할 수 있겠는가.

때문에 천친의 게송에서 말한 "지(智)의 습(習)만이 오직 식(識)에 통하니"에서 '지(智)의 습(習)'이란 무분별지를 수습하는 것이고, '오직 식(識)에'라는 것은 지상(智相)으로서 정식(淨識)에 응하는 것이며, '통하니'라는 것은 진리에 통한다는 것으로 곧 진리의 장엄을 말한다. 때문에 『섭대승론석』의 18가지 원만정토 가운데서 보면 "출세간의 선근공덕을 쌓음으로써 일으킨다"는 것은 정인(淨因)을 설명한 것이다. 말하자면 요컨대 발보리심하여 출세간의 선근공덕의 수행을 오랫동안 쌓았을 때에야 곧 깨칠 수 있기 때문에 인(因)이라 말한다는 것이다.

이에 "아닙니다. 세존이시여, 왜냐하면 불국토를 장엄한다는 것은 곧 장엄한 것이 아니기 때문입니다. 이것을 바로 장엄한다고 말하는 것입니다"는 부분은 모든 보살은 장엄을 내증(內證)해야지 바야흐로 바깥의 칠보에 주한다면 서방정토의 연못과 물을 관찰하는 것처럼 장엄이라 말할 수가 없다는 것이다. 형상이 있는 장엄은 곧 색 등의 경계에 주하는 것이다. 때문에 "불국토를 장엄한다"는 것은 말하자면 내장엄(內莊嚴)을 가리킨다.

"곧 장엄한 것이 아니기 때문입니다"는 것은 바깥으로 드러나는 형상의 장엄이 아니다. "이것을 바로 장엄한다고 이름하는 것입니다"는 것은 무상(無相)하고 무취(無取)의 진정한 장엄을 말한다.

결국 질문의 뜻은 '보살이 육도만행을 닦아 정토를 장엄하고 현신(現身)하여 설법하는 것은 소취(所取)한 것인데 어째서 불취(不取)라 하는 겁니까' 하는 것이다. 답변의 뜻은 '보살이 비록 수행을 하고 국토를 장엄했지만 그 수행은 무작(無作)이고, 국토장엄은 장엄이 아니며, 장엄 아닌 것으로 장엄하는 것이다. 때문에 곧 장엄한 것이 아니므로 장엄한다고 말하는 것이다'는 것이다.

"응당 이와 같이 청정한 마음을 내어야 한다"는 부분 이하는 곧 제2의 정토의 인을 설명하는 것이다. 그렇지만 바로 위에서 정토의 과를 설명한 것은 별상(別相)인 세속(世俗)의 토(土)를 타파하고 제일의(第一義)의 진정불토(眞淨佛土)를 설명하는 것이기 때문에 이토(二土) 곧 세속토와 제일의토의 진위(眞僞)가 같지 않음을 설명하는 것이다. 또한 마땅히 청정한 지(智)와 청정한 식(識)과 청정한 심(心)을 수습해야 한다는 것이다.

구체적으로 말하면 '진실로 이와 같이 청정한 마음을 내어야 한다'는 부분은 먼저 수득(修得)을 권장하는 부분이다. "진실로 성·향·미·촉·법에 머물러 마음을 내어서는 안 된다"는 부분은 다음으로 사실(捨失)을 권장하는 부분이다.

"진실로 머무는 바 없이" 이하 부분은 거듭 수득(修得)을 권장하는 부분이다.

"마땅히 색에 주하여 마음을 내어서는 안 되고"라는 것은 말하자면 바깥으로 드러나는 형상으로 장엄하는 마음을 일으켜서는 안 된다는 것이다.

"마땅히 주함이 없이 마음을 내어야 한다"는 것은 말하자면 요컨대 지혜로써 무주를 증득해야 한다는 것이다. 무주는 곧 무인(無因)이다. 무착의 견해에 의하면 18종주처 가운데 제7위원정불토(爲願淨佛土)에 대한 것이다.

이미 여래께서는 또한 선현에게 "보살은 응당 이와 같이 청정심을 내야 한다. 내지 취(取)가 없이 취(取)해야 한다"라고 말씀하셨다. 저『유마경』에서 말한 "그 마음이 청정함을 따르면 불토가 청정하다"는 것은 바로 이것을 두고 하는 말이다. 만약 육진에 집착을 내면 청정이라 말할 수가 없다. 때문에 또 "마땅히 주(住)함이 없이 마음을 내어야 한다"라고 말한다.

이에 대하여 천친은 다음과 같이 말한다.

"어떤 사람이 국토를 '그것은 유위의 형상이다'라 분별하여 '나는 청정한 불국토를 성취하였다'라 말한다면 이 보살은 색 등의 경계 속에 머물러 그와 같은 생각을 내는 것이다. 바로 이런 것을 막기 위한 까닭에 경문에서 '이 때문에 수보리야, 모든 보살마하살은 마땅히 이와 같이 청정심을 내되 머무는 바가 없어야 한다. 색에도 주하지 않고 마음을 내고, 성·향·미·촉·법에도 주하지 않고 마음을 내야 한다. 마땅히 주하는 바 없이 마음을 내야 한다'라 말하였다."

이것은 곧 청정심에 의하여 국토를 장엄할 것을 권장하는 부분이다.

<제7단의>

須菩提 譬如有人 身如須彌山王 於意云何 是身爲大不
須菩提言 甚大 世尊 何以故 佛說非身 是名大身

"수보리야, 비유하자면 어떤 사람의 몸이 크기가 수미산과
같다고 하자. 어떻게 생각하느냐. 그 몸을 크다고 하겠느냐."
수보리가 대답하였다.
"대단히 큽니다. 세존이시여, 왜냐하면 부처님께서는 몸이 아
니라고 설하시는데 그것을 곧 큰 몸이라 말하기 때문입니다."

제7단의의 내용은 수행을 통하여 보신을 얻은 것도 집착[取]
이 아닌가 하는 것에 대한 의심을 없애주는 부분이다. 이 의심
도 또한 제3단의의 불가취(不可取)로부터 유래한 것이다.

"수미산"은 범어로 수미로(須彌盧)이고 번역하면 묘고(妙高)이
다. 이 산은 네 가지 보배로 이루어져 있고 높이가 뭇 산들보다
높이 솟아 있기 때문에 산왕이라 한다. 부처님의 보신은 모든
번뇌를 떠나 있으므로 "비(非)"라 이름하고, 존숭받는 바가 기특
하므로 "대(大)"라 말한다. 길장은 다음과 같이 말한다.

"수미산을 언급한 까닭은 수미는 곧 열 개의 보산(寶山) 가운
데서 최대의 것임을 설명하여 부처님이 십지 가운데 최대임을
비유한 것이다. 그래서 수미는 묘고산(妙高山)이라고도 하고 안
명산(安明山)이라고도 한다. 뜻을 해석하여 말하면 수미산은 열
개의 보산 가운데에서 크기도 하지만 또한 무심을 대(大)라 말하
기 때문이다. 부처님도 또한 그와 같다. 성인들 가운데서 크기도

하지만 또한 무심을 대(大)라고 말하는 것이다. 보리를 터득하는 것을 또한 무심을 터득한다고도 말한다.”

여기에서 부처님이 질문한 뜻은 성인의 법은 이미 무위(無爲)이고 무취(無取)인데 성인이 얻은 보신은 어찌 유취(有取)가 아닌가 하는 의심을 낼까 염려하여 비유를 들어 질문한 것이다. 그러자 선현은 곧 ‘수미산은 스스로 자신은 산왕이라는 분별이 없기 때문에 대(大)라고 한다’는 것을 알아차렸다. 보신이 집착을 여읜 것도 수미산과 마찬가지이다.

“부처님께서는 비신(非身)을 대신(大身)이라 설합니다”라는 것은 불은 수미와 같지가 않고 유위·유루의 몸이 아님을 설명하는 것이다. 때문에 이것은 무위·무루의 신(身)이다. 그러므로 이것을 대신이라고 하는 것이다. 여기에서 말하는 신은 삼신불 가운데 보신불을 가리킨다. 왜냐하면 보불은 곧 인을 닦아 원만히 하여 보리를 얻기 때문이다. 법신불은 곧 불성이다. 그래서 여기에서는 아직 보리를 얻지 않은 것이기에 법신불을 설하지 않은 것이다. 보신불을 얻고 나서야 비로소 바야흐로 응화신을 일으킨다. 그러므로 화신불도 또한 보리를 얻은 것이 아니다. 그러므로 단지 보신불만을 언급하는 것이다.

須菩提 如恒河中所有沙數如是沙等恒河 於意云何 是諸
恒河沙 寧爲多不 須菩提言 甚多 世尊 但諸恒河 尙多無
數 何況其沙 須菩提 我今實言告汝 若有善男子善女人
以七寶滿爾所恒河沙數三千大千世界 以用布施 得福多不
須菩提言 甚多 世尊 佛告須菩提 若善男子善女人 於此
經中 乃至受持四句偈等 爲他人說 而此福德 勝前福德

"수보리야, 저 항하에 있는 모래알 수만큼의 항하가 있다
면 어떻게 생각하느냐? 이 모든 항하에 있는 모래알의 수
는 얼마나 많겠느냐?"
수보리가 여쭈었다.
"대단히 많습니다, 세존이시여. 단지 항하만 하더라도 오히
려 무수한데 하물며 그 모래알 수이겠습니까?"
"수보리야, 나는 지금 진실한 말로 그대에게 설하는 것이
다. 만약 어떤 선남자・선여인이 칠보를 가지고 그 모든
항하의 모래알 수만큼의 삼천대천세계를 채워서 그것으로
보시한다면 얻는 복덕이 많겠느냐?"
수보리가 여쭈었다.
"대단히 많습니다, 세존이시여."
부처님께서 수보리에게 말씀하셨다.
"만약 선남자・선여인이 이 경전 내지 수지하거나 사구게
등을 타인에게 설해 준다면 그 복덕은 앞의 그 복덕보다
뛰어나다."

항하는 천축의 강으로 아뇩지(阿耨池)의 동쪽에서부터 유출하
여 40리에 걸쳐 있다. 그곳의 모래는 미세하기가 마치 밀가루
[麵]와 같은 금모래가 뒤섞여 흐른다. 부처님께서는 자주 이 근

처에서 설법을 하셨다. 때문에 그 비유를 취한 것이다. 앞에서는 하나의 대천세계만큼의 칠보로 보시하는 비유를 들어 복이 뛰어나다는 것을 설명하였다. 그런데 지금은 무량한 대천세계만큼의 칠보로 보시한다 해도 이『금강경』의 사구게를 가지고 설하는 것만 못하다는 것을 말한다. 왜냐하면 이 사구게를 설한 복이 앞의 칠보로 보시한 복보다 훨씬 뛰어나기 때문이다.

아뇩달지에서 네 개의 대하(大河)가 시작되는데 그 가운데 항하만 들어 비유로 삼은 것에는 이유가 있다.

첫째는 많은 모래가 있기 때문이다. 둘째는 세간에서는 항하로써 복을 삼기 때문이다. 말하자면 항하를 청정한 것으로 간주하여 그로부터 복을 추구하기 때문이다. 셋째는 겁이 지나도록 그 항하라는 명칭이 바뀌지 않기 때문이다. 넷째는 부처님이 항하 근처에서 설법을 했기 때문이다.

경문에서 많다는 것을 항하사를 가지고 비유하는 이유에 대하여 길장은 다음과 같이 말한다.

"첫째는 네 강[四河] 가운데 항하(恒河)가 가장 커서 그 모래 또한 많기 때문에 그것을 비유로 삼은 것이다. 둘째는 외도들이 '이 항하는 길하(吉河)이다. 그 물속에 들어가 씻는 자는 죄의 더러움이 청정해진다'라 말한다. 때문에 비유로 삼은 것이다. 셋째는 다른 하(河)의 이름과 숫자가[名數] 자주 변하지만 이 항하의 이름은 세세생생토록 이름이 변하지 않는다. 또한 오천축국이 모두 이 항하 주변에 있어서 불제자들이 눈으로 직접 볼 수 있기 때문에 이 항하를 비유로 삼은 것이다. 향산의 정상에는 아녹달지라는 연못이 있어 사하(四河)로 유출되는데 항하는 이 사하 가운데 하나이다. 그래서 사람들은 '이 항하는 길이가 팔천 리이고 그 폭은 넓은 곳이 사십 리이고 좁은 곳도 십 리이다. 그리고 이 항하 속에 있는 모래는 지극히 미세하여 마치 보릿가루와 같다. 물빛은 흰빛으로서 우유와 같고, 지극히 깊어서 코끼리나 말이 건너다가는 다 빠져 죽는다'라 말하기도 한다."

앞에서 이미 복덕이 많다는 비유를 설명하였는데 무슨 까닭에 여기에서 다시 설하는가 하는 이유에 대하여 천친은 다음과 같이 말한다.

"그 이유는 점차 중생을 교화하여 신심을 내도록 하기 위함이고, 또한 이것은 가장 오묘한[上妙] 뜻이기 때문이다. 또한 앞에서는 아직 어떤 훌륭한 공덕을 가지고 잘 대보리를 얻었는가를 드러내지 않았기 때문이다."

"만약 선남자 · 선여인이 이 경전 내지 수지하거나 사구게 등을 타인에게 설해 준다면 그 복덕은 앞의 그 복덕보다 뛰어나다"는 대목은 재시와 법시의 직접적인 비교이다. 여기에서 재시가 법시에 미치지 못하는 것에 대하여 길장은 열 가지로 말한다.

첫째는 법시의 경우 보시를 베푸는 자의 대부분은 성인(聖人) · 지인(智人)임을 설명한다. 그러나 재시의 경우는 보시를 베푸는 자가 그렇지가 않다. 어리석은 사람은 법시를 할 수가 없다. 때문에 재시는 하열하고 법시는 뛰어나다.

둘째는 법시를 받는 사람도 또한 반드시 지인(智人)이어야 잘 받을 수 있다. 어리석은 자는 축생과 마찬가지로 잘 받을 수가 없다. 이 때문에 법시가 수승하다는 것을 설명한다.

셋째는 복을 얻는 것이 뛰어남을 설명한다. 재시는 곧 능시자(能施者)만 복을 받고 수시자(受施者)는 복을 얻지 못함을 설명한다. 그러나 만약 법시의 경우라면 능시자나 수시자가 모두 복을 받는다. 이 때문에 법시가 뛰어나다.

넷째는 법시는 능시(能施)와 소시(所施)가 모든 복을 얻어 잃지 않는다. 그러나 만약 재시의 경우는 수시자는 다섯 가지의 과를 얻지만 능시는 곧 잃어버린다.

다섯째는 재시는 단지 육신을 이익케 할 뿐이지만 법시는 곧 법신을 이익케 한다.

여섯째는 법시는 미혹을 끊지만 재시는 바로 탐애를 다스린다.

일곱째는 법시는 곧 유법(有法)을 내지만 재시는 곧 유전(流轉)을 한다.

여덟째는 재시의 과는 끝이 있지만 법시의 과는 끝이 없다.

아홉째는 재시는 일시에 얻을 수 없지만 법시는 일시에 얻을 수 있다.

열째는 법시는 사섭을 갖추지만 재시는 단지 일섭만 갖출 뿐임을 설명한다. 이 때문에 법시가 재시보다 뛰어나다.

존중정교분 제12(尊重正敎分 第十二)

復次須菩提　隨說是經　乃至四句偈等　當知此處　一切世
間天人阿修羅皆應供養　如佛塔廟　何況有人　盡能受持讀

誦 須菩提 當知是人 成就最上第一稀有之法 若是經典
所在之處 則爲有佛 若尊重弟子

"또한 수보리야, 이 경전 내지 사구게 등이 설해지는 곳은
모두 그곳에는 바로 일체세간의 천·인·아수라 등이 모
두 응당 불탑처럼 공양한다는 것을 알아야 한다. 하물며
어떤 사람이 빠짐없이 수지하고 독송하는 것이겠는가.
수보리야, 마땅히 알아야 한다. 그 사람은 최상의 제일의
희유한 법을 성취한다는 것을. 또한 만약 이 경전이 있는
곳이라면 그곳은 바로 부처님이 계시는 곳이고 또 존중받
는 제자가 있는 곳임을."

불사리를 안치하는 곳을 탑(塔)이라 하였고, 부처님의 형상을
받드는 곳을 묘(廟)라 하였다. 그러므로 이『금강경』의 사구게를
설하는 곳은 어디든지 천인들이 본래 마땅히 그것을 부처님의
탑묘처럼 공경해야 한다는 것으로 장소와 사람에 대하여 설명
한 것이다. 하물며 사구게를 구족하고 지송하는 행위는 물론이
다. 때문에『대품반야경』에서는 다음과 같이 말한다.

"이 반야를 설할 때 시방의 각 천불(千佛)이 나타나 같이 이
반야를 설한다. 난문(難問)하는 자는 다 석제환인이라 부르고, 반
야를 해석할 줄 아는 자는 다 수보리라 말한다. 천주들이 묻는
다. '다만 현재의 시방불만이 이와 같이 설하는가. 미래의 제불
도 또한 이와 같이 설하는가.' 부처님이 답한다. '당래의 미륵도
또한 이와 같이 설한다.' 때문에 시방삼세의 제불은 마찬가지로
이 설을 한다는 것을 알아야 한다."

"최상의 제일 희유한 법을 성취한다"는 것은 무상(無上)의 불

과보리(佛果菩提)를 성취하는 것이다. "만약 이 경전" 이하는 경전의 소재처로서 곧 부처님께서 계시는 곳이며, 그것을 수지하고 연설하는 사람은 불제자이므로 존숭하고 공경해야 한다는 것을 말한 것이다.

경문의 '부차(復次)'에 해당하는 내용은 세 가지가 있는데, 그것은 어째서 많은 재물보시가 적은 경전의 수지만 못하는가에 대한 설명이다.

첫째는 처하는 곳마다 뛰어난 곳에 처하고 사람들마다 존중하기 때문이고, 둘째는 마땅히 이 경전을 무엇이라 이름해야 하는가의 이하 부분으로서 두 가지 장애를 없애기 때문에 뛰어나다는 것이며, 셋째는 삼천대천세계의 이하로서 재물보시는 염인(染因)이지만 법시는 정인(淨因)이기 때문에 뛰어나다는 것이다.

이 가운데 위의 경문은 첫째로 처하는 곳마다 수승한 곳에 처하고 사람들마다 존중하기 때문이라는 부분에 해당한다. 그것은 부처님께서 내세운 경전의 명칭은 미혹을 없애라는 것에 있다. 미혹을 없애기 때문에 뛰어나다.

"반야바라밀이 아니기 때문이다"는 것에 대하여 무착은 "저 언어에 대한 집착을 대치하기 위한 것일 뿐이다"라고 말한다. 부처님의 설법에는 이설이 없다는 점이 뛰어나다는 것이다.

『대반야경』에서는 "제석천이 그 자리에 없어도 만약 제천이 내려와서 그 자리가 비어 있는 것만 보고도 모두 다 예를 드리며 공양을 올리고 물러간다"라고 말한다. 솔도파(窣堵波)는 번역하면 고현(高顯)이다. 그래서 솔도파를 탑이라 하는데 탑은 주변

국가에서 와전된 말로서 묘막(廟藐)을 가리킨다. 탑 속에 부처님을 모셨는데 그 모습이 마치 막(藐)과 같이 생겼기 때문이다.

"탑과 같이"라는 말은 탑파(塔婆)는 외국어로서 달리 지제(支提)라고도 한다. 이곳의 말로는 방분(方墳)이라 한다. 곧 법신을 존중하기 때문에 탑을 공경한다. 그리고 이 경전을 존중하기 때문에 그 경전이 소재하는 곳을 공양하는 것이다. 『대품반야경』에서는 다음과 같이 말한다.

"시방에 가득 찬 사리를 일분(一分)으로 삼고, 탑파의 경권을 일분(一分)으로 삼는다 하자. 부처님이 천주에게 '이 이분(二分) 가운데 그대 마음에는 어느 부분을 취하겠느냐'라 물었다. 그러자 천주는 '차라리 반야의 경권을 취하겠습니다. 왜냐하면 반야의 경권은 사리 및 일체의 불법을 발생시키기 때문입니다'라 답했다."

"존중하는 제자"가 있다는 그 곳은 곧 문수·보현 등과 같은 보살이 계신다는 것으로 단지 목련·사리불만 계신 것이 아니다. 그래서 『대품반야경』에서는 다음과 같이 말한다.

"제천은 매일 삼시(三時)로 예경을 한다. 육재일에는 더욱더 자주 예경한다. 때문에 경전이 소재하는 곳은 사면이 모두 청정하다."

여법수지분 제13(如法受持分 第十三)

爾時 須菩提白佛言 世尊 當何名此經 我等 云何奉持 佛
告須菩提 是經名爲金剛般若波羅蜜 以是名字 汝當奉持
所以者何 須菩提 佛說般若波羅蜜 卽非般若波羅蜜 是

名般若波羅蜜 須菩提 於意云何 如來有所說法不 須菩
提白佛言 世尊 如來 無所說 須菩提 於意云何 三千大千
世界所有微塵 是爲多不 須菩提言 甚多 世尊 須菩提 諸
微塵 如來說 非微塵 是名微塵 如來說世界 非世界 是名
世界 須菩提 於意云何 可以三十二相 見如來不 不也世
尊 不可以三十二相 得見如來 何以故 如來說 三十二相
卽是非相 是名三十二相 須菩提 若有善男子善女人 以
恒河沙等身命布施 若復有人 於此經中 乃至受持四句偈
等 爲他人說 其福甚多

그때 수보리가 부처님께 여쭈었다.
"세존이시여, 마땅히 이 경전을 무엇이라 이름해야 합니까.
그리고 저희들은 어떻게 받들어 지녀야 합니까."
부처님께서 수보리에게 말씀하셨다.
"이 경전의 명칭은 『금강반야바라밀경』이다. 그리고 그 이
름으로 그대들은 마땅히 받들어 지녀라. 왜냐하면 수보리
야, 부처님이 설한 반야바라밀은 곧 반야바라밀이 아닌데
그것을 곧 반야바라밀이라 말하기 때문이다.
수보리야, 어떻게 생각하느냐. 여래가 설한 법이 있느냐."
수보리가 부처님께 여쭈었다.
"세존이시여, 여래께서는 설하신 법이 없습니다."
"수보리야, 어떻게 생각하느냐. 삼천대천세계에 있는 미
진이 많겠느냐."
수보리가 부처님께 여쭈었다.
"대단히 많습니다, 세존이시여."
"수보리야, 여래가 설한 모든 미진은 곧 미진이 아닌데 그
것을 미진이라 말한다. 그리고 여래가 설한 세계는 세계가
아닌데 그것을 세계라고 말한다.
수보리야 어떻게 생각하느냐? 32상을 통해서 여래를 볼 수
가 있겠느냐."
"아닙니다, 세존이시여. 32상을 통해서는 여래를 볼 수

가 없습니다. 왜냐하면 여래께서 설하신 32상은 곧 상이 아닌데 그것을 32상이라 말하기 때문입니다."

"수보리야, 만약 어떤 선남자·선여인이 항하의 모래알 수만큼의 신명을 바쳐 보시한다고 하자. 만약 또한 이 경전을 수지하거나 사구게 등을 타인에게 설해 준다고 하자. 그러면 이 복덕이 저 복덕보다 훨씬 많다."

여기에는 경전의 명칭에 대한 문답이 등장한다. 본래 경전의 제목은 맨 앞에 온 것이 아니라 경전의 맨 마지막 부분에 나오는 것이 일반적인 형태였다. 설법이 끝난 후에 그 법문을 일컫는 명칭이 붙여지기 때문이다. 여기 『금강반야바라밀경』도 마찬가지이다. 맨 끝에 나오는 명칭을 맨 앞에다 붙여놓은 것이다.

수보리는 이미 경전을 수지하면 희유한 법을 성취한다는 것을 들었다. 때문에 "이 경전을 무엇이라 말하고 어떻게 수지해야 합니까"라고 묻는다. 이에 대하여 부처님은 "경전의 명칭은 『금강반야』라 하거라. 왜냐하면 모든 의심과 집착을 끊어주기 때문이다. 그리고 마땅히 봉지해야 한다"라고 답한다. 곧 의심과 집착을 끊는 데에 비록 반야의 지혜를 사용하지만 법성은 본래 공하여 취착할 바가 없다. 때문에 "곧 반야바라밀이 아니다"라고 말한다.

여래는 또한 수보리가 반야의 성품이 공한 줄을 요달하지 못하고 여래가 설한 언설이 있다고 말할까 봐 그것을 염려한 나머지 "여래가 설하신 법이 있느냐"라고 따져 묻는다. 그러자 수보리는 설했으되 설함이 없다는 것을 요지하고서 이에 "여래께서는 설하신 것이 없습니다"라고 답한다. "미세한 티끌이 아니다

세계가 아니다"라는 것은 번뇌의 염인(染因)인 미진세계가 아닌 것을 미진이라 말한다. "이것을 세계라고 말한다"라는 것은 무기(無記)의 미진세계이다. 무기는 무정으로서 말하자면 선악을 일으키지 않는 것이다.

"설한 바가 없습니다"는 것은 달리 증감하여 설한 것이 없다는 것이다. 다만 증득한 그대로 설했을 뿐이다. 이미 그와 같이 설했기 때문에 증감하여 설한 바가 없다는 것이다. 삼세제불도 모두 그와 같았다. 때문에 달리 설법이 없다고 말한다. 그래서 『논』에서는 "어느 한 법도 유독 여래만이 설하고 그 밖의 다른 부처님은 설한 적이 없다는 것은 있을 수 없기 때문이다"라고 말한다.

"삼십이상"은 응신상이고, "비상(非相)"은 법신상이다. 또한 칠보의 보시는 외재(外財)이고, 신명의 보시는 내재(內財)이다. 신시(身施)는 시비왕(尸毘王)이 비둘기에게 살의 일부를 떼어준 것이고, 명시(命施)는 살타(薩陀)가 호랑이에게 자기의 몸 전체를 먹이로 준 것이다. 이것은 경중(輕重)의 비교이다. 곧 외재는 경(輕)이고 이(易)이며, 내재는 중(重)이고 난(難)이다. 그러나 이 두 가지 보시는 모두 유루의 인과로서 전체적으로 사구게를 수지하고 연설하여 보리의 묘과를 성취한 것에는 미치지 못한다.

미신을 다시 미진이 아니라고 말하고 세계를 세계가 아니라고 설한 까닭은 번뇌 등은 분별해도 미진이 되지 않기 때문이다. 그래서 "미진이 아니다"라고 말한 것이다. 또한 "이것을 미진이라 말한다" 등은 이 지(地) 등은 무분별의 미진으로서 분량심이 없기 때문이다.

때문에 이것을 뜻으로 말하면 중생은 색신과 명신(名身)에 집착하여 선교방편을 지니고 있지 못하기 때문에 일합상이라는 견해를 짓는다. 지금 여기에서는 방편을 일으켜 그 일합상을 파해주기 위하여 이 경문이 여기에 온 것이다. 일합상을 파해주는 것에도 두 가지가 있는데, 첫째는 색신을 파하고, 둘째는 명신(名身)을 파한다.

색신에 두 가지가 있다.

하나는 세색신(細色身)으로서 미진을 가리킨다. 경문에서 말한 "삼천대천세계에 있는 미진이 많겠느냐" 하는 부분이고, 둘은 파추색신(破麤色身)으로서 경문에서 말한 "여래는 모든 미진을 미진이 아니라고 설하는데 이것을 미진이라 말한다"는 부분이 이에 해당된다.

명신을 파하는 것은 경문에서 말한 "여래는 세계를 세계가 아니라고 설하는데 이것을 세계라고 이름한다"는 부분이다. 명칭만 있고 형단이 없어 그 추와 세가 없으므로 세계를 가지고 비유한 것이다. 이상은 위의 단락에 대한 해설이다.

여기 항사와 사구게의 비교에 대하여 이 설법부분은 만약 어떤 중생이 해태에 빠져 그것을 누리려 한다거나 혹 물질적인 이익에 빠져 있어 정진을 일으키지 않거나 혹 일찍이 공덕을 일으켰으나 다시 퇴실한다면 중생으로 하여금 그러한 것들을 멀리 여의도록 하기 위한 것이다. 그래서 신명을 가지고 교량한 뜻은 그들에게 퇴실치 않고 진취하게끔 하려는 것이다.

爾時 須菩提 聞說是經 深解義趣 涕淚悲泣 而白佛言 稀
有世尊 佛說如是甚深經典 我從昔來 所得慧眼 未曾得
聞如是之經 世尊 若復有人 得聞是經 信心淸淨 則生實
相 當知是人 成就第一稀有功德 世尊 是實相者則是非
相 是故 如來說名實相 世尊 我今得聞如是經典 信解受
持 不足爲難 若當來世 後五百歲 其有衆生 得聞是經 信
解受持 是人則爲第一稀有 何以故 此人無我相無人相衆
生相無壽者相 所以者何 我相 卽是非相 人相衆生壽者
相 卽是非相 何以故 離一切諸相 則名諸佛 佛告須菩提
如是如是 若復有人 得聞是經 不驚不怖不畏 當知是人
甚爲稀有 何以故 須菩提 如來說第一波羅蜜 卽非第一
波羅蜜 是名第一波羅蜜

그때 수보리가 이 경전의 설법을 듣고 깊이 그 뜻[義趣]을
알아차리고는 눈물을 흘리면서 슬피 울었다. 그리고 부처
님께 여쭈었다.
"희유한 일입니다, 세존이시여. 부처님께서 설하신 이
와 같이 대단히 심오한 경전을 제가 옛적부터 얻은 혜안으
로도 아직껏 이와 같은 경전은 들어본 적이 없습니다.
세존이시여, 만약 또 어떤 사람이 이 경전을 듣고 신심이
청정해져 곧 실상을 낸다면 마땅히 그 사람은 제일의 희유
한 공덕을 성취한 사람인 줄 알겠습니다.
세존이시어, 그 실상이란 곧 형상이 아니기 때문에 여래께
서는 설하여 실상이라 이름한 것입니다.
세존이시여, 제가 지금 들은 이 경전을 신해하고 수지하는
것은 어렵지 않습니다. 그러나 만약 당래세 후오백세에 어
떤 중생이 이 경전을 듣고서 신해하고 수지한다면 그 사람
은 곧 제일의 희유한 사람일 것입니다.

왜냐하면 그 사람은 아상이 없고 인상이 없고 중생상이 없
고 수자상이 없기 때문입니다. 그 까닭은 아상은 곧 진상이
아니고, 인상·중생상·수자상도 곧 진상이 아니기 때문입
니다.
왜냐하면 일체의 모든 상을 여의면 곧 제불이라 이름하기
때문입니다."
부처님께서 수보리에게 말씀하셨다.
"그와 같다. 바로 그와 같다. 만약 어떤 사람이 이 경전을
듣고도 놀라지 않고 무서워하지 않고 두려워하지 않는다면
그 사람은 대단히 희유한 사람인 줄을 마땅히 알아야 한다.
왜냐하면 수보리야, 여래가 설하는 제일바라밀은 곧 제일바
라밀이 아닌데 그것을 제일바라밀이라 말하기 때문이다."

위의 대목은 내용으로 보면 신(信)의 행상이 이상(離相)임을
설명하는 부분이다. 경문은 크게 세 가지로 나뉜다.

첫째는 "심해의취(深解義趣)……" 부분으로 신(信)의 행상의 체
를 변별하는 것이고, 둘째는 "수보리야, 여래가 설한 인욕바라
밀은……" 이하로서 과거지사를 인용하여 그 신상(信相)의 성취
를 증명하는 부분이며, 셋째는 "다시 수보리야, 만약 선남자·
선여인이 이 법문을 수(受)하거나 지(持)하거나……" 이하로서 신
(信)의 복덕을 비교하는 부분이다.

수보리는 신명을 버려서 얻은 복덕이 수지연설하는 수승함보
다는 못하다는 것을 알고 있다. 그리하여 이와 같은 설법을 듣
고서 불은(佛恩)에 깊이 감복하여 마침내 슬피 울고 눈물을 흘리
면서 희유하시다고 찬탄의 말을 하는 것이다. 그리고는 수보리
자신도 옛적 이래로 이 『금강경』을 일찍이 들어본 적이 없고,

만약 어떤 사람이 이『금강경』을 듣는다면 마음이 청정해져 실상을 낼 것이라고 말한다.

또한 선현 자신은 지금 직접 부처님의 호념으로 인하여 이『금강경』을 듣는 것은 어렵지 않지만 미래의 중생들이 이 가르침을 듣는 것은 참으로 희유한 일일 것이라고 말한다. 때문에 희유하다는 것은 이『금강경』에 의지하여 수행함으로써 아·인·중생·수자의 사상을 일으키지 않는 것인데 이것이 비상(非相)이다. 비상이란 곧 실상이다. 이와 같이 제상을 여읜 것이 곧 정각을 성취하는 것이다. 때문에 곧 제불이라 말한다.

"그와 같다. 바로 그와 같다"는 것은 그와 똑같다는 말이다. 대승법은 본래 믿기 어렵고 이해하기 어렵다. 그래서 대승의 근기가 아니면서 이 대승법을 들으면 경악하고 의심과 두려움과 무서움과 공포를 낸다. 그러므로 이 대승법문을 듣고도 놀라거나 두려워하지 않는 것은 실로 희유한 일이다. 이 희유한 대승법문은 최고[無與等]의 것이다. 때문에 "제일"이라 말한다. 그러나 법은 본래 설한 바가 없다. 때문에 그 법에 집착할까 염려하여 "제일바라밀이 아니다"라고 말한다. 그러나 인연이 있으므로 또한 설할 수가 있다. 때문에 "제일바라밀이라 말한다"는 것이다.

수보리기 지혜의 눈을 얻은 이래로 그때까지 이『금강경』을 들어보지 못한 까닭은 법을 받아들이는 근기의 여부에 대하여 설명한 것이다. 비록 수보리가 소승의 지안(智眼)은 얻었을지라도 아직 대승법은 들어보지 못하였는데 이제 마음을 돌이켜 대승법을 들을 수 있었던 것이다. 때문에 희유하다고 말한 것이다.

"반야바라밀은 곧 반야바라밀이 아니다"라는 것은 이 지혜의 법문이 견실하고 심묘하여 다른 사람들이 분별할 수 있는 바라밀이 아니라는 것이다. 그리고 "실상은 곧 비상이다"라는 것은 이 신심은 청정하여 무상(無相)하다는 것을 말한다. 그래서 "실상 실상"이라는 것은 무상의 실을 말한다.

"그 사람에게는 아상이 없고······" 등은 소취(所取)의 경계가 전도상이 아님을 말한 것이다. 또한 "아상은 곧 상(相)이 아니다"라는 것은 능취(能取)의 경계가 전도상이 아님을 말한 것이다. 이 실상의 예와 아상 등의 예 두 가지 상(相)은 아공과 법공으로서 무아지(無我智)이기 때문이다.

"놀라지 않고"라는 것은 비처(非處)에 생하는 것을 두려워하지 않는다는 말이고, "두려워하지 않으며"라는 것은 의심을 끊지 못할까 하는 생각이 일어나지 않기 때문이며, "무서워하지 않는다"라는 것은 절대 두려움이 없기 때문이다.

신명을 바치는 고통만으로도 이미 남들의 마음을 감동시킨다. 그런데도 하물며 법문을 듣는 것일지라도 경전을 수지하고 연설하는 것에는 미치지 못한다. 이런 까닭에 슬피 울면서 눈물을 흘리는 것이다. 『논』에서는 "저 몸의 괴로움을 염(念)하면서 혜명수보리는 법을 존중하기 때문에 슬프게 울며 눈물을 흘리는 것이다"라고 말한다.

"혜안"은 아공이고, "들어본 적이 없습니다"는 것은 법공이다. 『논』에서는 "이 가운데에는 실상이 있기 때문이다. 다른 것은 실상이 없다"라고 말한다. 부처님의 자취에 대해서는 "세존이시여, 그 실상이라는 것은 곧 상이 아닙니다. 때문에 여래께서는 실상 실상이라 말씀하십니다"라고 말한다. 이에 대하여 무착은 "실상 속에서 실상의 분별을 여의기 위한 것이다"라고 말한다.

『논』에서는 "놀란다[驚]"는 것은 곧 일찍이 아직껏 자기가 체험해 보지 못한 것에 대해서는 저어함[懼]이 생기기 때문에 놀란다[驚]고 말한다. 이처럼 놀라는 것은 책망받을 만하기 때문이고, 정도(正道)의 행(行)이 아니기 때문이다. "두려워한다[怖]"는 것은 마음[心體]의 공포이다. 마음에 공포가 일어나 의심을 끊지 못하기 때문이다. "무서워한다[畏]"는 것은 항상 남에게서 비방받지나 않을까 두려워하는 것이다.

또한 성문승 가운데에는 세존이 어떤 법(法)과 어떤 공을 설하자 그 경전을 듣고는 아직까지 그와 같은 법을 들어본 적이 없었기 때문에 놀라자빠진다[驚]. 그리고 공을 설하자 그와 같은 공을 들어본 적이 없었기 때문에 두려워한다[怖]. 그리고 사량할 때에 법과 공의 두 가지가 그들의 깜냥으로는 이치상으로도 맞지 않고 상응하지도 않기 때문에 무서워한다[畏]. 다시 별석하면 3종의 무자성이 있는 줄을 알아야 한다. 말하자면 상무자성(相無自性)과 생무자성(生無自性)과 제일의무자성(第一義無自性) 등이다.

일반적으로 경문에 대한 이해를 얻으면 진실로 기뻐해야 할 텐데 수보리가 슬프게 우는 이유에 대하여 영해(領解)하는 모습이 같지 않기 때문이다.

첫째는 해(解)를 얻고 환희하는 경우인데 『법화경』에서 신자(身者)가 용약환희(踊躍歡喜)하는 것과 같다. 둘째는 해(解)를 얻고 슬피 우는 경우인데 이 경문의 내용은 바로 이것이다. 셋째는 환희하기도 하고 슬피 울기도 하는 경우인데 선집왕(善集王)이 희비를 교대로 느끼는 경우이다. 환희하는 것은 지금 깨닫는 것을 환희하는 것이고, 슬퍼하는 것은 옛날에 미혹했음을 슬퍼하는 것이다.

"세존이시여, 제가 지금 듣고 있는" 이하는 수보리 자신의 경우는 영해가 쉽다는 것을 서술하는 것이다. 쉽다고 하는 까닭은 첫째는 과거에 오랫동안 삼다(三多)를 심었음을 설명하고, 둘째는 현재의 제불을 친견하였기 때문이다. 이처럼 내인(內因)과 외연(外緣)을 구족하기 때문에 신수(信受)가 쉬운 것이다. 그리고 적문(跡門)의 입장에서 논하자면 수보리는 곧 대아라한이다. 그래서 『대품반야경』에서는 반야는 심심한데 누가 신해하는가에 대한 질문에 대하여 정견을 성취한 사람으로서 누진아라한이 믿는다고 말한다.

"만약 진실로 당래세에" 이하는 수보리 이외의 다른 사람의 경우에 영해가 어려움을 진술한 것이다. 어려운 까닭은 진실로 말세에 있어서 후오백세에 태어나기 때문이다.

전오백세는 깨달음[道]을 얻는 자가 많고, 깨달음[道]을 얻지 못하는 자는 적다. 후오백세는 깨달음[道]을 얻지 못하는 자가 많고, 깨달음[道]을 얻는 자는 적다.

전오백세는 무생을 믿는 자가 많고, 불신하는 자가 적다. 후오백세는 믿지 않은 자가 많고, 믿는 자는 적다.

이로써 전오백세를 정법이라 말하고, 후오백세를 상법이라 말한다. 상법 시대에는 믿는 것이 어렵기 때문이다. 이와 같은 때에 중생이 오랫동안 삼다(三多)를 심지 않고, 오랫동안 부처님을 친견하지 못하며, 내인(內因)과 외연(外緣)이 없는 상황에서도 믿음을 내기 때문에 어렵다고 하는 것이다.

"여래는 제일바라밀을 설하여……"에서 "제일이 아니다"는 것은 진제에서는 제일을 부정하기 때문이다. 그리고 "이것을 제일이라 말한다"는 것은 세제에서는 가명으로 제일이라 설하기 때문이다. 때문에 "제일바라밀이 아니다"라는 것은 다른 수다라는 제일이 아니라는 것이고, "이것을 제일이라 말한다"는 것은 이 경전이 제일임을 결정하는 것을 말한다.

"왜냐하면 일체 모든 상을 여의면 곧 제불이라 말하기 때문입니다"는 대목은 결론짓는 부분이다. 만약 분별상과 망상이 있으면 생사가 일어난다. 그러나 이미 분별상과 망상을 제거하고 나면 생사가 모두 없는데 그것을 제불이라 말한다. 『금강경』에서는 부처님에 대한 정의가 세 차례 언급된다.

첫째는 본 「이일체제상즉명제불(離一切諸相則名諸佛)」의 대목이고, 둘째는 제13단의의 「여래자즉제법여의(如來者卽諸法如義)」의 대목이며, 셋째는 제24단의의 「여래자무소지거무소종래고명여래(如來者無所至去無所從來故名如來)」의 대목이다.

"제일바라밀……"에 대하여 천친의 해석에 의하면 여래가 설한 제일바라밀이란 말하자면 시방제불이 똑같이 찬탄하여 설한 것이 대인(大因)이 되므로 제일이라 하였다는 것이다. 이것은 이 경전이 여타의 경전보다 뛰어나다는 것을 나타낸 것이다.

"곧 제일바라밀이 아니다"는 것은 말하자면 다른 사람이 얻은 바가 아니라는 것이다. 무분별지로만 무아의 이치를 증득할 수 있다. 오직 시방의 제불만 가능하고 그 밖의 사람들은 얻을 수 없기 때문이다.

"이름이 제일바라밀이기 때문이다"는 것은 오직 부처님만이 얻는 것을 말한다.

〈제8단의〉

須菩提 忍辱波羅蜜 如來說 非忍辱波羅蜜 是名忍辱波羅蜜 何以故 須菩提 如我昔爲歌利王 割截身體 我於爾時 無我相無人相無衆生相無壽者相 何以故 我於往昔節節支解時 若有我相人相衆生相壽者相 應生嗔恨 須菩提 又念 過去於五百世 作忍辱仙人 於爾所世 無我相無人相無衆生相無壽者相 是故 須菩提 菩薩應離一切相 發阿耨多羅三藐三菩提心 不應住色生心 不應住聲香味觸法生心 應生無所住心 若心有住 則爲非住 是故 佛說菩薩心不應住色布施

"수보리야, 인욕바라밀에 대하여 여래는 인욕바라밀이 아니라고 설한다. 이것을 인욕바라밀이라 말한다.
왜냐하면 수보리야, 내가 옛적에 가리왕에게 신체를 잘리었던 적이 있었다. 그때 나한테는 아상이 없었고 인상이 없었으며 중생상이 없었고 수자상이 없었다. 왜냐하면 내가 그 옛적에 사지가 갈가리 잘렸을 때 만약 아상·인상·중생상·수자상이 있었다면 마땅히 화를 냈을 것이다.
수보리야, 또 돌이켜서 생각해 보면 나는 과거 오백 세

동안 인욕선인으로 있었다. 그 오백 세 동안에도 아상이 없었고 인상이 없었으며 중생상이 없었고 수자상이 없었다.

수보리야, 이런 까닭에 보살이라면 마땅히 일체상을 여의고 아뇩다라삼먁삼보리심을 내야 한다. 마땅히 색에 집착이 없이 마음을 내야 하고, 마땅히 성·향·미·촉·법에 집착이 없이 마음을 내어야 한다. 마땅히 집착이 없는 마음을 내야 한다.

만약 마음에 집착이 있다면 곧 그것은 올바른 주가 아니다. 이런 까닭에 부처님은 보살에게 마땅히 색에 집착이 없는 마음으로 보시하라고 설한다.”

경전을 수지하고 연설해도 보살은 고행을 닦기 때문에 아직 고과(苦果)를 벗어나지 못한 것이 아닌가 하는 의심을 끊는 것이다. 이에 대하여 『논』에서는 “앞에서 저 몸을 괴롭게 한다는 것은 신명을 바쳐 보시한다는 것이고, 그 신명을 바쳐 보시한 과보로 얻은 복덕은 수지경전 위타인설의 공덕보다 하열하다고 하였다. 만약 그렇다면 이 법문에 의지하여 수지하고 연설하는 제보살행도 마찬가지의 고행으로서 이 고행도 역시 고과(苦果)임에 분명하다. 그런데 어찌하여 이 수지위타인설의 법문은 고과(苦果)가 되지 않는다고 하는가”라고 말한다.

이것을 풀어서 말하면 “위에서 신명을 바치는 고(苦)로 도리어 고과(苦果)의 몸을 얻고 하열한 복을 얻는다고 설하였다. 만약 그렇다면 보살이 이 법문을 위하여 행하는 모든 고행도 또한 고신(苦身)의 과보를 받아야 할 터인데 어째서 그 복덕이 뛰어나다는 것인가”라는 뜻이다. 말하자면 저 살바다륜보살(薩陀波崙菩

薩)이 담무갈보살(曇無竭菩薩)의 처소에서 반야바라밀을 구하기 위하여 뼈를 부수어 골수를 꺼내 공양한 것으로 얻은 복덕은 응당 하열해야 하지 않겠는가 하는 것이다.

이에 대하여 이제 뜻으로 답변하자면 다음과 같다. "만약 혜행(慧行)을 위한 사신(捨身)으로 얻은 복덕은 많다. 그렇지만 만약 비록 사신일지라도 혜행으로 보리를 추구하는 행이 아니라면 그것은 생사의 인이므로 그 복덕이 하열한 것이다."

이에 대한 일례를 든 것이 곧 인욕바라밀수행으로서 그에 대한 구체적인 예를 들어서 설명한 것이다.

"인욕바라밀"이란 말하자면 시방의 제불이 동등하게 얻은 것이기 때문에 혜행(慧行)을 추구하는 인욕이기도 하다. 인욕이란 육바라밀의 하나이다. 안수(安受)를 인(忍)이라 하고 훼해(毁害)를 욕(辱)이라 한다. 위에서 신명을 바친 보시로 얻는 복덕은 생사의 고인(苦因)으로서 수지하고 연설한 복덕에 미치지 못한다고 말하였다. 여기에서 인(忍)을 수행하는 것도 또한 신명을 바친 보시인데 위에서처럼 고인(苦因)이 되지 않는 것은 무슨 까닭인가. 그것은 법이 무아임을 통달하면 피안에 도달하기 때문이다.

"여래가 인욕바라밀이 아니라고 설한다"는 것은 여래를 제외한 그 밖의 다른 사람이 얻은 바가 아니기 때문이다. 혹 혜행(慧行)을 추구하는 것이 아니기 때문에 바라밀이라 말할 수가 없다는 것이다. 그래서 "인욕바라밀이 아니라고 설한다"라고 말한다.

"가리왕"은 고초(苦楚)라는 의미인데 초독(楚毒)을 많이 행하기 때문이다. 말하자면 여래가 옛적에 인욕선인으로 산속에서 수도

하고 있었다. 그때 왕이 많은 궁녀들을 대동하고 산에 들어가 수렵을 즐겼다. 왕이 피곤하여 잠이 들었을 때 궁녀들이 인욕선인이 있는 곳에 다가가서 청하여 정법을 들었다. 왕이 잠에서 깨어나 궁녀들이 인욕선인을 둘러싸고 있는 모습을 보고서 왕이 인욕선인에게 물었다. '그대는 누구인가.' 내지 또 물었다. '그대는 이욕범부(離欲凡夫)인가.' 인욕선인이 답했다. '아직 이욕(離欲)하지 못했습니다.' 왕이 그 답변을 듣고 성을 내어 인욕선인을 베었다. 그러나 인욕선인에게는 아상이 없었으므로 마침내 원상태로 회복되었다. 여기에서는 이와 같은 이야기를 인용한 것이다.

"왜냐하면 내가 그때 아상이 없었기 때문이다"라는 것은 첫째는 화를 내지 않는다는 뜻이고, 둘째는 인(忍)도 없다는 뜻이다. 곧 인도 없고 진(瞋)도 없는 것이 인바라밀이다. 만약에 능인(能忍)하는 사람이 있다면 응당 화를 내었을 것이다. 그러나 지금은 오히려 능인(能忍)하는 사람조차도 볼 수가 없으니 어찌 타인으로 말미암아 화를 일으키겠는가.

"보살이라면 마땅히 일체상을 여의고 아뇩다라삼먁삼보리심을 내야 한다"에서 발심한 보살은 초지보살이 인욕을 얻었기에 부주심(不住心)이라 말한다. 그리하여 부주(不住)의 상태에서 아뇩다라삼먁삼보리심을 내는 것이다. 발심에 다섯 가지가 있다.

첫째는 종성발심(種姓發心)이다. 말하자면 지전(地前)의 경지이다.

둘째는 신발심(信發心)이다. 말하자면 초지와 제2지와 제3지의 양상이 각각 세간에서 닦아가는 시(施)·계(戒)·인(忍)과 같기 때문이다.

셋째는 명발심(明發心)이다. 말하자면 제4지와 제5지와 제6지와 제7지의 양상은 출세간과 같기 때문이다.

넷째는 불퇴발심(不退發心)이다. 말하자면 제8지와 제9지와 제10지이다.

다섯째는 무상발심(無上發心)이다. 말하자면 불지(佛地)이다.

위의 다섯 가지 발심을 오종보리(五種菩提)라고도 하는데 곧 종성보리·신보리·명보리·불퇴보리·무상보리 등이다. 위의 경문에서 말하는 발심은 말하자면 둘째의 신발심이다. 곧 초지 보살이 안으로 진여무주의 도리를 관찰하기 때문에 부주생심(不住生心)이라고도 말한다.

여기에는 세 부분에서 부주(不住)에 대하여 설명을 하였다.

처음의 부주(不住) 곧 “불응주색생심”은 보시의 뜻을 설명하기 위하여 무득시(無得施)의 수행을 권장한 것이다.

다음 둘째의 부주(不住) 곧 “불응주성향미촉법생심”은 정토인(淨土因)의 뜻을 설명하기 위한 것이다. 만약 마음에 집착이 있으면 마음에 예(穢)가 있고, 마음에 예(穢)가 있으면 국토가 예(穢)가 된다. 그러나 마음에 집착하는 바가 없으므로 마음이 청정하다.

셋째는 지금 설명하는 부주(不住) 곧 “보살심불응주색보시”로서 보리심을 설명하기 위하여 부주(不住)의 발심을 권장하는 것이다. 만약 마음에 집착이 있으면 정도(正道)에 어그러지므로 도심(道心)이 될 수가 없다. 보리는 정도이다. 그래서 지금 도심을 발하기 때문에 보리심이라 말하는 것이다.

저 위에서는 광대심(廣大心)·제일심(第一心)·상심(常心)·부전도심(不顚倒心)의 네 가지 마음을 내세워 그것을 발심이라 말하였다. 여기에서는 그것을 부주(不住)의 뜻으로 수행에 대하여 말한다. 그런데 지금 여기에서 통칭 부주(不住)라 말하는 것은 발심과 수행에 모두 해당한다. 그러므로 앞의 설명과는 별도로 여기에서 설명한 것이다. 그런데 단지 보시만 언급한 것은 보시가 육바라밀의 처음에 위치하기 때문이다. 또한 보시에는 육바라밀의 여섯 가지 뜻이 모두 포함되어 있기 때문이다.

〈제9단의〉

須菩提 菩薩爲利益一切衆生 應如是布施 如來說一切諸
相 卽是非相 又說一切衆生 卽非衆生 須菩提 如來是眞
語者 實語者 如語者 不誑語者 不異語者

"수보리야, 보살은 일체중생의 이익을 위하여 마땅히 이와 같이 보시해야 한다. 여래는 일체의 제상은 곧 상이 아니라고 설하며, 또한 일체의 중생은 곧 중생이 아니라고 설한다.
수보리야, 여래는 진어자이고 실어자이며 여어자이고 불광어자이며 불이어자이다."

제9단의는 증과의 과(果)에 언교의 주체가 없다면 그것은 증법의 인(因)이 되지 않을 것이라는 의심을 끊는 것이다. 천친의 『논』에서는 "증과 가운데 언교의 도가 없다면 어찌 언교의 과에 있어서 능작인, 곧 증법(證法)의 인(因)이 되겠는가"라고 말한다.

"수보리야, 보살은 일체중생의 이익을 위하여"라는 것은 앞에서 이미 무주(無住)의 발심과 무주의 수행에 대하여 설명을 하자 '이미 무소주라면 어떻게 발심을 하고 어떻게 수행을 하는 겁니까'라는 의심을 낸다. 때문에 그것을 해석하여 '중생에게 이익을 주기 위하여 발심하고 수행한다'라 말한다. 또한 무주의 수행은 중생을 이롭게 하지만 유소주의 수행은 자리도 못하고 이타도 못하기 때문이다.

"여래께서 설하는 일체의 제상이란" 이하는 수행과 중생을 위하는 것에 대하여 설명하는 것이다. 그러면 이미 수행에 대하여 말했는데 다시 닦아야 할 것이 또 있다는 것은 이미 말한 바처럼 중생을 이롭게 하려는 것이다. 그러나 이롭게 하려는 중생이 있다는 것은 곧 인견이고 법견일 뿐이다. 그래서 이제 다시 여래는 일체상은 일체상이 아니라고 설한다. 때문에 비록 만행을 닦아도 닦을 행이 없고, 비록 중생을 이롭게 하더라도 실로 이롭게 할 중생이 없다. 또한 부처님의 진실한 말씀을 인용하여 보살에게 수행할 것을 설하는 것은 부처님께서 설하는 중생과 법은 모두 불가득하다고 보살도 그와 같이 배워야 하기 때문이다.

앞에서 내·외의 두 가지 보시의 경우에도 결국 경문의 사구를 수지하는 것에 미치지 못한다는 것을 설명하였다. 어떤 사람은 이것을 듣고 다음과 같은 의혹을 낸다.

묻는다: 제법실상은 언설을 초월한다. 그런데 어떻게 명자문구(名字文句)를 가지고 실상을 표할 수 있으며, 더욱이 사구를 수

지하여 문득 이와 같은 복을 얻는단 말인가.

답한다: 실상은 언설을 초월할지라도 언설은 곧 무언의 인을 지니고 있다. 그리하여 언설에 말미암기 때문에 무언을 표할 수가 있다. 때문에 이 언설을 수지하는 공덕은 무량하다.

묻는다: 언설이 도를 표한다면 이 오어, 곧 진어·실어·여어·불광어·불이어의 경문을 어떻게 해석해야 하겠는가.

답한다: 언설로써 반드시 도를 표해야 한다. 때문에 불언(佛言)은 실(實)하여 도를 표할 수가 있다. 그러므로 불언을 수지하면 복이 많다.

또한 앞에서 "불은 일체의 제상은 곧 상이 아니라고 설하였으며, 일체의 중생은 곧 중생이 아니라고 설하였다"는 것을 인용하여 보살들로 하여금 설하는 바대로 따라 수행할 것을 권하였다. 때문에 여기에서 모름지기 불설을 믿어야 하는 이유를 해석하는 것은 진실로 불어가 불허(不虛)이기 때문이다.

"여래가 설한 일체제상"이란 말하자면 허망상으로서 실유중생에 집착한 것을 말하고, "곧 상이 아니다"라는 것은 말하자면 무실상이다. 허망은 본래 공하기 때문이다.

"곧 중생이 아니다"는 것은 실유중생이 아니라는 것이나.

"진어자이고"라는 것은 진제에 의하여 설해진 것을 말한다. 곧 불보리는 망설이 아니라는 것이다. 또한 부처님의 몸이 대보리라는 것인데 진지(眞智)이기 때문이다.

"실어자"라는 것은 세제에 의하여 설해진 것을 말한다. 이 진어와 실어를 언급한 까닭은 여래는 항상 이제에 의해서 법을 설하기 때문이다. 곧 소승의 고·집·멸·도의 사성제가 망설이 아니라는 것인데 체는 실의(實義)이기 때문이다.

"여어자이고"라는 것은 저 시방의 삼세제불께서 이제에 의하여 설법하시는데 이것은 위의 제불의 경우와 같다는 것을 말한다. 곧 대승법이 무아이고 진여라는 것이 망설이 아니라는 것이다. 대승법에는 진여가 있으나 소승법에는 진여가 없다는 것이다.

"불광어자이며"라는 것은 불은 중생을 속이지 않는다. 곧 뜻에 수순하는 것으로 이 설법은 증법에 수순하기 때문이다.

"불이어자이다"라는것은 삼세의 수기가 망설이 아니라는 것이다. 곧 의혹을 해석하기 위한 까닭에 여기에 온 것이다.『법화경』에서는 "비록 갖가지 승을 말하지만 그것은 모두 일승일 뿐이다"라고 말한다. 그러나『금강선론』에 의하면 오직 사어(四語)만 있을 뿐이다. 곧 실지(實智)는 진어로서 불보리를 설하는 것이다. 그리고 소승에서 설하는 사성제는 곧 실어이다. 마하연법을 설하는 것은 보리로서 곧 여어이다. 수기는 삼세에 걸친 것으로 불광어와 불이어를 합하여 불이어로 간주한다. 이 사어 곧 진어·실어·여어·불이어는 대·소·이·사·인·과를 포함한다. 진어는 과이고, 여어는 인이다. 이 진어와 여어의 두 가지는 대이고, 실어는 소이며, 삼세에 걸친 수기는 사이고, 실어와 불이어와 불광어의 세 가지는 이이다.

부처님께서 설한 바는 모두 진어·실어·여어·불광어·불이어와 같다. 그러므로 지금 설하는 증과에 대하여 어찌 그렇지 않다고 의심할 수 있겠는가. 부처님의 이 사어 곧 진어·실어·여어·불이어는 중생을 속이는 법이 없다. 이런 까닭에 구마리집 번역본에서는 "불광어"를 첨가하였다.

오어는 증득한 법이 이미 무상하고 공적하며 무주 등의 수행이라면 그것이 어떻게 능작인이 될 수 있겠는가 하는 것에 대한 의심을 없애주는 것이다.

〈제10단의〉

須菩提 如來所得法 此法無實無虛 須菩提 若菩薩心住
於法 而行布施 如人入闇 則無所見 若菩薩 心不住法 而
行布施 如人有目 日光明照 見種種色 須菩提 當來之世
若有善男子善女人 能於此經 受持讀誦 則爲如來以佛智
慧 悉知是人 悉見是人 皆得成就無量無邊功德.

"수보리야, 여래가 터득한 법, 곧 그 법은 실도 아니고 허도 아니다.
수보리야, 만약 보살이 마음을 법에 집착하여 보시하면 그것은 마치 어떤 사람이 어둠 속에 들어가면 곧 볼 수가 없는 것과 같고, 만약 보살이 마음을 법에 집착이 없이 보시를 하면 미치 눈을 지닌 어떤 사람이 햇빛이 밝게 빛나면 갖가지 색을 볼 수 있는 것과 같다.
수보리야, 당래세에 만약 어떤 선남자·선여인이 이 경전을 수지하고 독송하면 곧 여래는 불지혜로 그 사람을 다 보고 그 사람을 다 보아 모두 무량하고 무변한 공덕을 성취시켜 준다."

제10단의는 진여의 체가 일체의 시·처에 두루 하다면 유득과 무득의 차별이 없을 것이라는 것에 대한 의심을 끊어준다. 천친의『논』에서는 "만약 성인이 무위진여법으로써 성인이라는 이름을 얻는다면 그 진여는 일체시 일체처에 항상 존재하는 것이 된다. 그런데 어찌하여 부주심(不住心)으로 불보리를 얻은 즉, 그것은 부주(不住)가 아니라고 하는가. 만약 일체시 일체처에 실로 진여가 있다면 무슨 까닭에 어떤 사람은 얻고 어떤 사람은 얻지 못하는가"라고 말한다.

"수보리야, 여래가 얻은 법은……" 부분은 믿음을 권장하는 것이다.

첫째는 여래께서 말씀하신 일체의 제상은 곧 상이 아니라고 설하고 일체중생은 곧 중생이 아니라는 설을 인용한다. 이것은 보살에게 인견·법견을 버릴 것을 권장하여 무소주의 가르침을 믿게끔 하였다.

둘째는 오어, 곧 진어·실어·여어·불광어·불이어를 인용하여 불어가 불허(不虛)임을 증명하고, 보살에게 권장하여 불께서 설하신 무소주의 가르침을 믿게끔 하였다.

이제 여기에 해당하는 그 셋째는 불께서 증득하신 법을 인용하고, 그것으로 다시 무소주의 가르침을 믿게끔 권장한다. 불도 친히 무소주의 가르침에 의하여 보리를 얻었기 때문에 보살은 모름지기 무소주의 교문(敎門)을 믿어야 할 것이다.

경문에서는 여래가 얻은 법과 여래가 설한 법에 대하여 말하였는데 이 가운데 여래가 얻은 법에 대해서는 앞서 해석하였다.

여기에서 말한 여래가 설한 법은 무실이고 무허이므로 여래의 말씀에 대하여 믿을 것을 권장한다. 다만 둔근한 자가 그 말에만 집착할까 염려하여 그 불어가 비실비허(非實非虛)하다는 것을 설명하는 것이다. 이것은 정도(正道)가 언설을 떠나 있으므로 만약 언설을 고수한다면 곧 도를 상실하게 되기 때문에 언설은 곧 비실이라 말하는 것이다. 그리고 언설을 말미암하지 않고서는 도를 드러낼 수가 없기 때문에 언설은 곧 비허라 말한 것이다.

"여래가 얻은 법"이란 증득한 도리이고, "실도 없고"라는 것은 저 언설은 자성이 실유하지 않기 때문에 언어로써 실을 취할 수가 없다는 것이며, "허도 없다"는 것은 저 언설은 자성이 아닌 것으로 존재하기 때문에 언어를 떠나서 별도로 구할 수가 없다는 것이다.

곧 허가 아니므로 불의 가르침에 의하여 수학하고, 실이 아니므로 망상을 떠나 진리를 증득하는 것이다. 말하자면 범부가 망상으로 집착한 바는 있는 것이 아니므로 실이 아니고, 여래는 망상이 없이 설하므로 허가 아니다.

천친의 『논』에서는 "그들은 무지(無智)하여 마음이 법에 주하기 때문이다. 이것은 또한 무슨 뜻인가. 청정하지 못하기 때문이다. 지혜 있는 자의 마음은 법에 주하지 않는다. 이런 까닭에 진여를 얻는다. 이러한 까닭에 제불여래에게는 청정진여라는 이름이 붙는다"라고 말한다.

"눈을 가진 사람이"라는 것은 저 대치, 곧 능치법(能治法)을 얻은 것이다.

"햇빛이 밝게 비치면"이라는 것은 저 대법, 곧 소치법(所治法)으로서 어둠을 물리치고 대치 곧 능치법이 현전한 것이다. 허공은 진여를 비유한 것이고, 색은 진여의 성품이 지니고 있는 만덕을 비유한 것이다.

"마치 어떤 사람이 어두운 곳에 들어가면……"이라는 것은 무명지(無明智)이기 때문에 볼 수가 없는 것이지 실법이 없는 것이 아니라는 것을 말한다.

"밤이 다 지나고……"라는 것은 유명지(有明智)를 비유한 것으로 장애에 막히는 바가 없는 것을 말한다.

마음에 소득이 있다면 밖으로 광명이 없고 안으로 흑암과 같아서 정도를 볼 수가 없다. 마음에 소득이 없다면 밖으로 광명이 있고 안으로 안목이 있는 것과 같아 정도를 잘 볼 수가 있다. 이러한 득실이 있기 때문에 앞의 세 곳에서 권장한 것이다. 무주의 가르침에 의하여 밖으로는 광명이 있는 것과 같고, 무소주의 관해(觀解)를 얻어서 안으로는 안목이 있는 것과 같다. 이와 같은 사람은 정도(正道)를 보게 된다.

"수보리야, 만약 당래세에" 이하 부분이 여기에 온 것은 곧 앞부분의 실(失)을 버리고 득(得)에 따르는 뜻을 성취하는 것이다. 보살로서 만약 실(失)을 버리고 득(得)에 따르기 위해서는 모름지기 반야를 수·지·독·송해야 할 것을 필요로 하기 때문이다.

묻는다: 신수문(信受門)에서 이미 '만일 일념 동안만이라도 정신(淨信)을 낸다면 곧 불지견(佛智見)으로 인하여 무량한 공덕을

얻을 것이다'라는 것을 설명하였습니다. 그런데 여기에서 무슨 까닭에 거듭 불지견으로 인하여 무량한 공덕을 얻는다는 것을 설명하는 겁니까.

답한다: 이 『반야경』에서는 삼문으로 공덕을 설명한다. 첫째는 스스로 신수하는 부분이고, 둘째는 스스로 수지하고 독송하며 위타연설하는 부분이며, 셋째는 다만 스스로 수지하고 독송만 하는 부분이다. 처음에는 일념의 정신(淨信)을 통하여 불지견으로 인하여 무량한 공덕을 얻는다는 것을 설명하였는데 이것은 자신문(自信門)의 공덕을 설명한 것이다. 그리고 삼천칠보(三千七寶)의 보시로부터 항사신명(恒沙身命)의 보시에 이르는 부분은 자기의 수행과 남의 교화를 설명하여 공덕을 설명한 것이다. 지금의 이 부분은 수지하고 독송하는 자기의 수행의 공덕을 설명한 것이다. 그러므로 거듭 설한 것은 아니라 이 삼문은 일체의 『반야경』에서 설명한 공덕을 섭수한 것이다.

"……을 성취시켜 준다"는 것은 위없는 경계를 만족하게 된다는 것을 말한다.

지경공덕분 제15(持經功德分 第十五)

須菩提 若有善男子善女人 初日分 以恒河沙等身布施 中
日分 復以恒河沙等身布施 後日分 亦以恒河沙等身布施
如是無量百千萬億劫 以身布施 若復有人 聞此經典 信

心不逆　其福勝彼　何況書寫受持讀誦　爲人解說　須菩提
以要言之　是經有不可思議不可稱量無邊功德　如來爲發
大乘者說　爲發最上乘者說　若有人能受持讀誦　廣爲人說
如來悉知是人　悉見是人　皆得成就不可量不可稱無有邊
不可思議功德　如是人等　則爲荷擔如來阿耨多羅三藐三
菩提　何以故　須菩提　若樂小法者　着我見人見衆生見壽
者見　則於此經　不能聽受讀誦　爲人解說　須菩提　在在處
處　若有此經　一切世間天人阿修羅所應供養　當知此處
則爲是塔　皆應恭敬作禮圍繞　以諸華香　而散其處

"수보리야, 만약 어떤 선남자·선여인이 아침나절에 항사
와 같은 신명으로 보시하고, 점심나절에도 또한 항사와 같
은 신명으로 보시하며, 저녁나절에도 역시 항사와 같은 신
명으로 보시하는데 이와 같이 무량백천만억겁 동안 신명으
로 보시한다고 하자.

만약 또 어떤 사람이 이 경전을 듣고 신심으로 거스르지
않는다고 하자.

그러면 이 복이 앞의 복보다 수승하다. 하물며 서사하고
수지하며 남을 위하여 해설해 주는 것이랴.

수보리야, 요약해서 말하자면 이 경전에는 불가사의하고
불가칭량한 가없는 공덕이 있다. 여래는 대승심을 내는 자
를 위하여 설하고 최상승심을 내는 자를 위하여 설한다.

만약 어떤 사람이 수지하고 독송하며 널리 남을 위하여 설
한다면 여래는 다 그 사람을 알고 다 그 사람을 보아서 불
가량하고 불가칭하며 가없는 불가사의한 공덕을 다 성취케
한다. 이러한 사람들은 곧 여래의 아욕다라라삼먁삼보리를
감당한다.

왜냐하면 수보리야, 저 소승법을 누리는 자는 아견·인견·
중생견·수자견에 집착하기 때문에 곧 이 경전을 청수하고
독송하며 남에게 해설해 줄 수가 없기 때문이다.

수보리야, 어느 곳이든지 만약 이 경전이 있는 곳이라면 일

체세간의 천·인·아수라가 마땅히 공양한다. 마땅히 알아라. 그곳은 곧 탑이 있는 곳으로서 모두 공경하고 예를 드리며 위요하고 여러 가지 향을 그곳에 흩뿌린다는 것을.”

“초일분” 이하는 삼시로 사신(捨身)하는 공덕에 대한 것이다. “초일분”은 인시·묘시·진시를 말한다. “중일분”은 사시·오시·미시를 말한다. “후일분”은 신시·유시·술시를 말한다. 신력(信力)을 수라 하고, 염력(念力)을 지라 하며, 대문(對文)을 독이라 하고, 배문(背文)을 송이라 한다. 이른바 서·사·수·지·독·송은 자행(自行)이고, 남을 위해 해석해 주고 설명해 주는 것은 화타행(化他行)이다.

이것은 하루를 일초분·일중분·일후분으로 나눈 것이지 3일을 삼분한 것이 아니다. 오랜 세월 곧 무량천만억겁 동안 항상 사신을 행한 공덕보다 반야의 공덕이 크다는 것을 말한 것이다. 곧 신심을 거스르지 않는 그 복만 가지고도 이미 뛰어나다. 하물며 스스로 수·지·독·송하고 남을 위하여 설해 주는 것이라면 공덕이 더욱 높아지고 반야의 복이 더욱 지중하다.

“하(荷)”는 말하자면 등에 얹고 짊어진다는 뜻이고, “담(擔)”은 말하자면 어깨에 메고 손에 든다는 뜻이다. 그러므로 수·지한다는 말은 짊어지고 들기 때문에 보리를 얻는다는 말이 된다.

이 반야의 체성은 본래 언어와 사려를 여읜 것으로 그 공덕이 광대하여 불가득하고 불가칭량하므로 소승법을 즐기는 자들이 들을 수 있는 것이 아니다. 때문에 대승심을 낸 자를 위하여 설하고 최상승을 낸 자를 위하여 설한다고 말한다.

대승심을 낸다는 것은 소승의 성문과 중승의 연각과 대승의 보살 등 삼교인(三敎人)이 내는 대승심을 전체적으로 가리킨 말이다. 최상승심을 낸다는 것은 원돈인(圓頓人)이 내는 최상승심을 가리킨 것이다. 이와 같은 사람으로서 이 대승과 최상승법을 수행하는 사람은 곧 불가사의한 공덕을 성취하므로 여래의 무상보리를 감당할 수 있다. 그러나 저 소승인들은 청수(聽受)·독송(讀誦)·위인해설(爲人解說)할 수가 없다. 그것은 아견·인견·중생견·수자견의 사견(四見)에 집착되어 있기 때문이다.

이승과 범부는 이 경전을 청·수할 수 없다. 그래서 여기의 "만약 소승법을 즐기는 자"는 곧 이승을 말하고, "아견·인견·중생견·수자견에 집착한다"는 것은 범부를 말한다.

"부처님의 법을 감당할 만한"이란 것에 대하여 무착은 "깨침의 무게를 어깨에 짊어질 수 있는 자로서 말하자면 견부보살(肩負菩薩)이 중대한 임무를 떠맡고 있기 때문이다"라고 말한다. 곧 소승법을 누리는 자는 이 『금강경』의 대승법을 감당하지 못한다는 것이다.

능정업장분 제16(能淨業障分 第十六)

復次須菩提 善男子善女人 受持讀誦此經 若爲人輕賤
是人先世罪業 應墮惡道 以今世人輕賤故 先世罪業則爲
消滅 當得阿耨多羅三藐三菩提 須菩提 我念 過去無量

阿僧祇劫 於燃燈佛前 得值八百四千萬億那由他諸佛 悉
皆供養承事 無空過者 若復有人 於後末世 能受持讀誦
此經 所得功德 於我所供養諸佛功德 百分不及一 千萬
億分乃至算數譬喻 所不能及 須菩提 若善男子善女人
於後末世 有受持讀誦此經 所得功德 我若具說者 或有
人聞 心則狂亂 狐疑不信 須菩提 當知 是經義不可思議
果報亦不可思議

"또한 수보리야, 선남자·선여인이 이 경전을 수지하고 독
송했는데도 불구하고 만약 남들로부터 천대받는다면 그 사
람은 전생의 죄업이 응당 악도에 떨어질 판이었다. 그러나
금세에 남들로부터 천대받은 까닭에 전생의 죄업이 곧 소
멸되고 장차 아뇩다라삼먁삼보리를 얻는다.
수보리야, 내가 생각해 보건대 과거 무량한 아승지겁 동안
연등부처님을 친견하기 이전에 팔백 사천만억 나유타의 제
불을 친견하고 모두 다 공양하고 섬기며 헛되이 지낸 적이
없었다.
만약 또 어떤 사람이 후세말세에 이 경전을 수지하고 독송
하여 얻는 공덕은 내가 제불께 공양한 것으로 얻은 공덕으
로 말하자면 그 백분의 일에도 미치지 못하고 천만억분 내
지 산수나 비유로도 미칠 수가 없다.
수보리야, 만약 선남자·선여인이 후세말세에 이 경전을
수지하고 독송하여 얻는 공덕을 내가 만약 자세하게 설한
다면 혹 어떤 사람은 그것을 듣고 마음이 미쳐버리고 의심
하며 믿지 못한다.
수보리야, 마땅히 알라. 이 경전은 뜻도 불가사의하고 그
과보도 또한 불가사의하다는 것을."

이 대목은 "수보리야, 요약해서 말하자면 이 경전에는 불가사
의하고 불가칭량하며 가없는 공덕이 있다."는 것에 대한 구체적

인 내용으로서 3종수행의 공덕이 지극히 많다는 것을 설명하는 부분이다. 3종수행이란 말하자면 첫째는 수행(受行)이고, 둘째는 지행(持行)이며, 셋째는 독송(讀誦行)이다.

무착의 견해에 의하면 대승의 근기가 이 경문을 수·지·독송하여 보리를 감당할 수 있다는 것과, 이승과 범부는 이 경전을 청·수할 수 없다는 것을 드러내는 부분을 함께 설명하는 것이다.

천친에 의하면 사람이 반드시 무량한 공덕을 성취한다는 것을 시현한 것에 해당하는데, 곧 모든 곳에서 모든 사람이 존중한다는 것이다. 무량한 공덕을 성취한다는 것에 대하여 무착에 의하면 일체의 모든 장애를 멀리 여의는 것을 시현한 것에 해당하는데, 천·인·아수라들이 공양한다는 것이다. "경멸과 천대받는다"는 것은 남에게 혹 얻어맞고 욕설을 당하는 등의 모든 것을 총론적으로 말한 것이다.

이 내용에 담겨 있는 뜻으로 말하면 수·지·독송하는 자가 만약 증상심을 일으킨다 해도 수·지·독송하는 자에게 생기는 그 죄가 문득 소멸되고 만다. 또한 남들로부터 천대받는 자의 경우는 무거운 죄가 전(轉)하여 가벼워질 뿐만 아니라 만약 하열한 마음으로 수·지하는 자라 할지라도 반드시 그 죄가 멸하고 만다. 또 받아야 할 과보가 딱히 어느 때라고 구체적으로 정해지지 않은 자의 경우에도 모두 그 죄업이 소멸되고 만다. 말하자면 받아야 할 과보의 시기가 정해지지 않은 자, 곧 당래에 응당 받아야 할 자의 경우에도 그것이 역전되어 현세에 가벼운 것을 받는 것으로 끝난다. 이런 까닭에 비록 잠깐만이라도 믿음을 지니면 그 복이 위에서 신명을 바쳐서 받는 복보다 많다.

"나유타"라는 것은 10억을 낙차(洛叉)라 하고, 10낙차를 구지(俱胝)라 하며, 10구지를 나유타라 한다. 이것은 수많은 부처님께 공양한 것으로 인하여 모든 복덕조차도 경전을 수지한 공덕에 비하면 보잘 것이 없다는 것이다. "나유타"는 달리 천만이라는 수이기도 하다. 말하자면 연등불을 친견하기 이전에 8백 4천만억 분 곱하기 나유타 분의 불을 친견하였다는 것을 가리킨다.

"아승지겁"은 소승의 교설인데 번역하면 무수시(無數時)이다. 일에서 차례로 십에 이른다. 그 십의 열 배로 백이 되고, 백의 열 배로 천이 되며, 천의 열 배로 만이 되고, 만의 열 배로 억(십만)이 된다. 이와 같이 육십 번을 계속하여 이루어지는 수가 일 아승지이다. 여기에서는 대승경전으로『화엄경』에 준하여 보면 십을 백 이십 번 계속하면 일아승지라는 수가 된다.

"연등불을 친견하기 이전"은 말하자면 제삼 아승지 이전을 가리킨다. 제삼 아승지 초에 연등불을 친견했기 때문이다.

여기에서 두 가지 방법, 곧 수ㆍ지로 공양하고 받들어 섬기면서 지나친 적이 없었다는 것은 그것이 단지 숫자일 뿐 논할 수가 없다는 것이다. 항사조차도 말하자면 친견한 불의 수에 비하면 지극히 적다는 것을 가리킨다. 이를테면 그것은 제1지ㆍ제2지 등의 수행계위를 따라서 친견한 제불을 말하는 것이지 이전에 제일 아승지와 제이 아승지에서 친견한 제불을 가리키는 것이 아니다.

옛적부터 전해오는 말에 의하면 석가불은 제일 아승지에 5항하사불을 친견하였고, 제이 아승지에 6항하사불을 친견하였으며, 제삼 아승지에 7항하사불을 친견했다는데 이것은 이전의 제일·제이 아승지에 친견한 무량한 제불을 가리키는 숫자이다.

또 『열반경』의 설명을 따르자면 제일 아승지에서는 보살이 5항사불을 친견했고, 제이 아승지에서는 6항사불을 친견했으며, 제삼 아승지에서는 7항사불을 친견했고, 제사 아승지에서는 8항사불을 친견했다고 한다. 그런데 제사 아승지의 경우는 제십지보살을 가리킨다.

그러므로 제일·제이 아승지에서 무량한 제불을 친견한 줄을 알아야 한다. 그러나 어떤 종지(宗旨)에서는 제일 아승지에서 7만 5천불을 친견했고, 제이 아승지에서 7만 6천불을 친견했으며, 제삼 아승지에서 7만 7천불을 친견했다고 말하기도 한다.

"마음이 미쳐버리고"라는 것은 마음이 한곳에 정주(靜住)하지 못하여 청정법을 떠나 있기 때문이다.

"의심하며"라는 것은 미리 선정의 마음을 얻지 못하고 명지(明智)를 성취하지 못하기 때문이다.

"믿지 못한다"라는 것은 뛰어난 공덕을 보지 못하기 때문이다.

"이 경전은 뜻도 불가사의하고 그 과보도 또한 불가사의하다"는 것에 대하여 무착은 "복취의 체와 과의 체는 헤아릴 수 없다는 것을 현시한 것이다"라고 말한다.

얻은 과보가 미묘하고 비사량의 경계임을 드러내는 부분이다. 말하자면 경전에서는 무상(無相)의 뜻을 설명하고 있는데 이 경전을 수·지·독·송하는 자는 마땅히 보리의 대과를 획득한다. 경문 자체의 뜻도 이미 헤아리기 어려울 만큼 대단하고 그 과보도 또한 생각으로 헤아리기가 어렵다.

"불가사의하다"는 것은 정식(情識)과 사량분별로는 헤아릴 수 없다는 것이다.

"불가칭량하다"는 것은 언설로 칭설할 수 없다는 것이다.

"대승에 발취하는 자를 위하여 설한다"는 것은 말하자면 정성대승(定性大乘)을 가리킨다.

"최상승에 발취하는 자를 위하여 설한다"는 것은 말하자면 부정성대승(不定性大乘)을 가리킨다.

이에 대하여 무착은 다음과 같이 말한다.

"법과 수행을 찬탄하는 데 세 가지가 있다. 첫째는 교법을 찬탄하고, 둘째는 수행자를 찬탄하며, 셋째는 '만약 소승법을 누리는 자들' 이하는 위의 두 가지, 곧 교법과 수행자를 함께 설명하는 부분이다."

"대승에 발취하는 자를 위하여 설한다……" 등은 위에서 언급한 불가사의하고 불가칭량하다는 것을 이어받아 설명한 것이다.

〈제11단의〉
구경무아분 제17(究竟無我分 第十七)

爾時 須菩提 白佛言 世尊 善男子善女人 發阿耨多羅三
藐三菩提心 云何應住 云何降伏其心 佛告須菩提 若善
男子善女人 發阿耨多羅三藐三菩提心者 當生如是心 我

應滅度一切衆生 滅度一切衆生已 而無有一衆生 實滅度
者 何以故 須菩提 若菩薩 有我相人相衆生相壽者相 則
非菩薩 所以者何 須菩提 實無有法 發阿耨多羅三藐三
菩提心者

그때 수보리가 부처님께 말씀드렸다.
"세존이시여, 선남자·선여인이 아뇩다라삼먁삼보리심 일
으켜 마땅히 어떻게 주해야 하고, 어떻게 그 마음을 다스
려야 합니까."
부처님께서 수보리에게 말씀하셨다.
"만약 선남자·선여인으로서 아뇩다라삼먁삼보리심을 낸
자는 마땅히 다음과 같이 마음을 내야 한다. '나는 반드시
일체중생을 멸도하리라. 일체중생을 멸도했지만 어떤 중생
도 실로 멸도된 자는 없다.'
왜냐하면 수보리야, 만약 보살에게 아상·인상·중생상·
수자상이 있으면 곧 보살이 아니기 때문이다. 왜냐하면 수
보리야, 실로 법에는 아뇩다라삼먁삼보리심을 일으킨다는
것이 있을 수 없기 때문이다."

제11단의는 청정심 곧 보리심에 안주하고 번뇌심을 다스린다
는 것은 곧 아(我)가 있기 때문에 그런 것이 아닌가 하는 의심을
끊어준다. 이 의심은 종전의 모든 경문에서 아·인·중생·수
자 등의 상(相)이 없다는 것에서 온 것이다.

경문을 크게 두 분으로 나누면 이 대목부터는 제이주(第二周)
설법에 해당한다. 제이주 설법이라 말하는 것은 전후의 네 가지
문답 이를테면 운하발아뇩다라삼먁삼보리심·응운하주·운하
수행·운하항복기심의 네 가지가 모두 동일하고 부처님의 답변

도 또한 동일하기 때문이다.

수보리가 처음에 이와 동일한 뜻을 물었는데 여기에서 다시 묻는 이유는 다음과 같다. 질문한 말[言辭]은 비록 같지만 그 뜻은 다르다. 전체적으로 묻는 바가 청정심과 보리심, 곧 대승심에 주하는 것과 번뇌 곧 망심을 다스리는 것이었다. 그런데 앞의 제일주 설법에서 물은 뜻은 단지 능주(能住)와 능항복(能降伏)의 법뿐이었지만, 지금 여기 제이주 설법에서 물은 뜻은 만약 능주하고 능항복한다고 말한다면 그것은 분별이 되어 진정으로 무주(無住)의 도를 증득한 것에 장애되는 것이 아닌가 하는 것이다. 때문에 여기에서 이 질문을 제기하는 것이다.

다만 제일주 설법에서는 분별식을 타파하고 지혜를 드러내는[破情顯智] 것으로서 타파되는 분별식이란 곧 아상·인상·중생상·수자상의 사상에 대한 거친 집착[粗執]이고, 그로써 드러나는 지혜란 곧 반야진지(般若眞智)였다. 그러나 지금 여기 제이주 설법에서는 지혜를 잊고 이치를 드러내는[忘智顯理] 것으로서 곧 아상·인상·중생상·수자상의 사상에 대한 미세한 집착[細執]을 타파하는 것이다. 이로 말미암아 현위(賢位)가 성인의 계위로 점입(漸入)하는 것이다. 때문에 그 차이점은 다음과 같다.

제일주 설법과 제이주 설법에 대하여 전주(前周)에서는 전회중(前會衆)을 위하여 설법을 하고, 후주(後周)에서는 후회중(後會衆)을 위하여 설법을 한다. 곧 제일주 설법에서는 전래중(前來衆)을 위해서 설하였고, 제이주 설법에서는 후래중(後來衆)을 위하여 설하였다. 그것은 마치 청량한 연못이 있는 곳에 먼저 온 사람이 먼저 물을 마시고 떠난 다음에 나중에 온 사람이 다시 연못에서 물을 마시는 것과 같다.

이처럼 동일한 설법에 대하여 이주설법으로 나뉘는 까닭은 초주설법의 경우 이근인(利根人)을 위한 설이고, 후주설법의 경우 미오(未悟)한 둔근인(鈍根人)을 위하여 다시 설한 것이다. 또한 전주설법은 연(緣)을 초월한 것이고, 후주설법은 관(觀)을 초월한 것이다. 전주(前周)의 연(緣)을 초월한 것은 보살에게 무소득발심을 가르쳐 유소득발심을 파하고 내지 무소득수행으로 유소득수행을 파하게 하는 것을 말한다. 여기에서는 발보리심하지 못한 사람과 수행하지 못한 사람에 대하여 설명하기 때문에 관(觀)을 초월하는 것에 해당된다.

또한 전주에서는 정식으로 관행(觀行)을 설명하였고, 후주에서는 관행하는 주체[觀主]까지 부정한 것이다. 또한 전회(前會)에서는 자세하게 답변하여 네 가지 질문에 대하여 모두 답변하였다. 그러나 지금의 후회(後會)에서는 간략하게 답변하여 단지 발심의 질문에 대해서만 답변한다. 발심의 질문에 대한 답변이 이미 그렇듯이 나머지 세 가지 질문에 대한 것도 마찬가지로 후주설법이 간략한 설명임을 보여주고 있다.

말하자면 제일주 설법에서는 아직 발심하지 못한 자에게는 발심에 나아가도록 하였고, 아직 안주하지 못한 자에게는 안주하게 하였으며, 아직 수행하지 못한 자에게는 수행하게 하였으며, 아직 모든 장애를 단절하지 못한 자에게 그 장애를 다스리게 하였다.

그러나 지금 여기서부터 시작되는 제이주 설법은 이미 대승에서 발심한 보살이 '나는 발심하였다'라 말하고, 이미 대승에 안주한 보살이 '나는 대승에 안주하였다'라 말하며, 이미 대승법을 수행한 보살이 '나는 대승법을 수행하였다'라 말하고, 내지 이미 장애를 끊은 보살이 '나는 장애를 단절하였다'라 말하면서 분별심을 내는 것은 곧 보리에 장애가 된다는 것을 말하고 있다.

그래서 만약 발심과 안주와 수행과 항복의 경우에 무분별지로 임해야만 진리에 계합한다. 보살 자신이 그와 같이 한다는 분별을 내지 않아야 비로소 부주도(不住道)라 말한다. 왜냐하면 생사와 열반에도 집착하지 않기 때문이다. 그러나 이승에게는 법집(法執)이 있어 열반에 구속되므로 적멸에 집착하게 되고, 범부에게는 생집(生執)이 있어 생사에 계박되므로 생사를 벗어나지 못한다. 그러나 보살은 대비와 대지를 구비하고 있기 때문에 열반과 생사의 양변에 얽매이지 않는다. 때문에 부주(不住)라 말한다.

만약 행하여 집착이 된다면 열반에 구속되는 것이고, 만약 행하지 않아도 집착이 된다면 생사에 구속되는 것이니 이것을 유주(有住)라 말한다.

요컨대 안주와 수행과 항복의 세 가지를 행하고도 아집을 일으키지 않아야 바야흐로 부주도(不住道)에 주한다고 말할 수가 있다. 그래서 발아뇩다라삼먁삼보리심은 초기(初機)와 이기(利機)를 위한 것이고, 안주와 수행과 항복은 후기(後機)와 둔기(鈍機)

를 위한 것이라 말하기도 한다.

"왜냐하면 수보리야, 만약 보살에게 아상·인상·중생상·수자상이 있으면 곧 보살이 아니기 때문이다. 왜냐하면 수보리야, 실로 법에는 아뇩다라삼먁삼보리심을 낸다는 것이 있을 수 없기 때문이다"라는 것은 수보리의 첫째 질문, 곧 운하응주를 대표로 들어 답변한 것이고, 나머지 두 가지 질문 곧 운하수행·운하항복기심에 대해서는 유보하였다. 왜냐하면 부주의 뜻에 어긋난다는 것을 해석하였다.

그 이유는 다음과 같다. 발심·주·수행·항복기심은 본래 병통을 제거하려고 내세운 것이었다. 기존의 아집병을 굴려서 다시 발심케 하려고 안으로는 그 아를 없애고, 아가 수행한다는 집착을 못하게 하는 것도 또한 그와 같으며, 항복기심의 경우도 마찬가지로 그에 따른 것이다. 그러므로 처음의 질문에 대해서만 답변을 하고 나머지의 질문에 대해서는 그에 준하여 알라는 것이다.

무착의 해석에 의하면 위에서 부처님의 답변 부분은 위에서 제기한 세 가지 질문, 곧 운하응주·운하수행·운하항복기심에 대한 답변에 해당한다.

말하자면 "마땅히 다음과 같이 마음을 내야 한다"는 것은 첫 번째 질문, 곧 운하응주에 대한 답변이다.

"일체중생을 멸도하고 나서는 더욱이 '한 중생도 실로 멸도한 자가 없다'라고"는 두 번째 질문, 곧 운하수행에 대한 답변이다. 곧 중생을 제도할 때 나는 중생을 제도한다는 아집을 취해서는 안 된다는 것이다. 요컨대 모름지기 밖으로는 중생상을 가지지 않고, 안으로는 중생을 제도한다는 아집을 일으키지 않으며, 진리를 따라서 유정을 제도하는 것을 수행이라 이름한다는 것이다.

"만약 보살에게 아상·인상·중생상·수자상이 있으면"은 세 번째 질문 곧 운하항복기심에 대한 답변이다. 요컨대 인공·법공의 도리를 증득하여 소지장(所知障)·정장(定障)을 제거해야만 바야흐로 항복기심이라 말할 수가 있다. 만약 보살 자신이 중생을 제도한다고 말한다면 항복기심에 계합하지 못한 것이다.

"왜냐하면 수보리야, 실로 법에는 아녹다라삼먁삼보리심을 냈다는 것이 있을 수 없기 때문이다"라는 대목은 천친에 의하면 부주도에 장애되는 뜻을 해석한 것이다. 말하자면 무분별지로써 내증(內證)할 때 아·법이 본래 공하여 모두 무소유이므로 자신이 발심했다는 생각을 내지 않게 된다. 때문에 어떤 법에 대하여 발심한 자가 없다고 말한다.

〈제12단의〉

須菩提 於意云何 如來於燃燈佛所 有法得阿耨多羅三藐
三菩提不 不也世尊 如我解佛所說義 佛於燃燈佛所 無有
法得阿耨多羅三藐三菩提 佛言 如是如是 須菩提 實無有
法 如來得阿耨多羅三藐三菩提 若有法 如來得阿耨多羅
三藐三菩提者 燃燈佛 則不與我授記 汝於來世 當得作佛
號釋迦牟尼 以實無有法 得阿耨多羅三藐三菩提 是故 燃
燈佛 與我授記 作是言 汝於來世 當得作佛 號釋迦牟尼

“수보리야, 어떻게 생각하느냐. 여래가 연등불 처소에서 얻
은 아뇩다라삼먁삼보리법이 있느냐.”
“아닙니다, 세존이시여. 제가 부처님께서 설하신 뜻을 이해
하기로는 부처님께서 연등불 처소에서 아뇩다라삼먁삼보
리법을 얻은 것이 없습니다.”
부처님께서 말씀하셨다.
“그래, 그렇다. 수보리야, 실로 어떤 법에 대하여 여래는
아뇩다라삼먁삼보리법을 얻은 것이 없다.
만약에 어떤 법에 대하여 여래가 아뇩다라삼먁삼보리법을
얻었다면 연등불은 곧 나에게 ‘그대는 내세에 진실로 부처
가 되는데 호는 석가모니이다’라는 수기를 주지 않았을 것
이다.
실로 어떤 법에 대하여 여래가 아뇩다라삼먁삼보리법을 얻
은 것이 없다. 이 때문에 연등불은 나에게 ‘그대는 내세에
반드시 부처가 되는데 명호는 석가모니이다’라는 수기를 주
었다.”

제12단의는 연등불 처소에서 수행한 과거 인행시의 보살행이
라는 상(相)이 있지 않았는가 하는 것이다. 이 의심은 위에서 말
한 실로 발보리심이라는 것은 없다는 것에서 유래한 것이다. 보
살이 아니라면 석존은 연등불 세상에서 무엇 때문에 보살행을
수업했는가에 대한 의심을 끊어 준다. 곧 발심이 없으면 보살도
없다는 뜻이다. 때문에 경문에서는 “여래는 실로 진여이기 때문
이다”라고 말한다.

이에 대하여 직접적으로 천친의 『논』에서는 “만약 보살이 없
다면 석가여래께서 연등불 계시는 곳에서 보살행을 했다는 것
은 도대체 무엇인가”라는 의심을 끊어주는 것이라고 말한다.

"수보리야, 어떻게 생각하느냐. 여래가 연등불 처소에서 얻은 아뇩다라삼먁삼보리법이 있느냐"는 부분에 대하여 규기는 다음과 같이 세 가지 의심을 타파하는 것으로 해석한다.

"첫째는 보살이 없다는 비방을 파하는 부분이다. 말하자면 그 비방이란 '실로 법에는 아뇩다라삼먁삼보리심을 냈다는 것이 있을 수 없다는 것은 곧 보살이 없다는 것이다. 그런데 어떻게 여래가 연등불 처소에서 보살행을 했다는 겁니까' 하는 것이다. 경문에서 말한 '여래가 연등불 처소에서 법이 있어 …… 명호는 석가모니라는 수기를 주었다'는 부분이 이에 해당한다. 둘째는 제불이 없다는 비방을 제거하는 것이다. 『논』에서는 만약 보살이 없다면 누가 성불했다는 것인가 하고 말한다. 이것은 제불의 경우에도 마찬가지이다. 그러므로 『논』에서는 만약 보살이 없다면 곧 제불도 없다는 비방이 제기될 것이라고 말한다. 말하자면 한결같이 제불이 없다는 비방이 제기될 것이라는 것이다. 경문에서 말한 '왜냐하면 여래란 곧 제법에 대하여 여여하다는 뜻이기 때문이다. …… 수보리야, 실로 법으로 불이 아뇩다라삼먁삼보리를 얻은 것은 없다'는 부분이 이에 해당한다. 셋째는 보리가 없다는 비방을 파하는 것이다. 『논』에서는 만약 제불이 없다면 곧 얻을 수 있는 보리도 없으므로 제불은 보리를 얻지 못한 것이 아닌가라는 의심이 제기된다고 말한다. 경문에서 말한 '수보리야, 여래가 얻은 아뇩다라삼먁삼보리에는 실도 없고 허도 없다. …… 수보리야, 말한 바 일체법이란 곧 일체법이 아니다. 이 때문에 일체법이라 말한다'는 부분이 이에 해당한다."

무착보살에 의하면 이 부분은 18주 가운데 제16 구교수(求敎授)에 해당되고, 이장주처(離障住處)로는 제12 교수(敎授)가 없는 것을 여의기 위한 것에 해당된다.

"제가 부처님께서 설하신 뜻을 이해하기로는 부처님께서는 연등부처님 처소에서 법으로서 아뇩다라삼먁삼보리를 얻은 것이 없습니다"는 것은 과거 인행시에 선혜비구에게는 전혀 얻은 바가 없었다. 왜냐하면 모든 분별을 여의고 수기를 받았기 때문이다. 그래서 만약 얻은 법이 있었더라면 그것은 유상(有相)의 심(心)으로서 보리를 수순하지 못한 것이기에 부처님께서는 수기를 주지 않았을 것이라는 것이다.

"그래, 그렇다"라는 것은 선현으로 하여금 법은 무소득하다는 것과 지리(至理)에 깊이 계합하였기에 수기를 받았다는 것을 알게끔 하려는 것이다. 대개 여래께서 증득한 묘과는 곧 심지에 본래 구비되어 있는 법문으로서 모든 명상(名相)을 떠나 있어 수수가 없는 가운데서 수수를 논하는 것이다.

말하자면 진여의 도리에는 소득도 없고 수기도 없다는 것이다. 그것은 아가 모두 공하기 때문이다. 『유마경』에서는 다음과 같이 말한다.

"만약 진여로써 생득수기(生得授記)하는 자의 경우라면 그 진여에는 생(生)이 없고, 만약 진여로써 멸득수기(滅得授記)하는 자의 경우라면 그 진여에는 멸이 없다."

진여에는 수기가 없다는 것에 대하여 다만 진리에는 실로 법이 있어서 발심하는 것이 아닐뿐더러 또한 진지(眞智)가 보리에 계합하여 보리라 말한다는 것도 있을 수 없다는 것이다. 때문에 현상적으로[事] 보리가 없는 것도 아니다. 이에 대하여 무착은 진정 진리에 계합한 경우에는 얻을 만한 법이 없기 때문이라고 말한다. 이처럼 법이 있어서 발심하는 것이 아니라는 말은 비단 현상에서만[事] 그런 것이 아니라 언교(言敎)에서도 또한 청문할 수 없다는 것이다.

"실로 법으로써 여래가 아뇩다라삼먁삼보리를 얻은 것은 없다"는 것은 "왜냐하면 내가 그때 닦은 제행은 어떤 법도 아뇩다라삼먁삼보리를 얻은 것이 없기 때문이다"는 말이다. 공덕시보살의 『금강반야파취착불괴가명론』에서는 부처님의 설법을 인용하여 다음과 같이 말한다.

"만약 부처님을 본다면 곧 자기의 몸을 보는 것이다. 몸이 청정함을 보는 것은 부처님의 청정함을 보는 것이다. 부처님의 청정함을 보는 것이란 일체법이 모두 청정함을 보는 것이다. 이 가운데서 청정지(淸淨智)를 보는 것 또한 다시 청정하다. 이것을 부처님의 바다와 같은 지혜를 본다고 말한다. 나는 이와 같이 연등여래를 친견하고 무생법인을 얻었다. 그리고 무득과 무소득의 도리를 증득하였다. 곧 그때 허공으로 높이가 7다라수만큼 솟구쳐 오르자 일체지지(一切智智)가 명료하게 현전하여 모든 견품(見品)을 끊고, 모든 분별과 다양한 분별과 두루 하는 분별을 초월하였으며, 일체의 식경계(識境界)에 집착이 없어 6만 가지의 삼매를 얻었다. 이에 연등여래는 나한테 '그대는 내세에 부처가 되는데 명호는 석가모니이다'라는 수기를 주셨다. 그 수기는 귀를 통해서 듣는 것도 아니고, 또한 그 밖의 다른 경지의 지혜로

들을 수 있는 것도 아니며, 또한 내가 혼몽하여 전혀 깨친 바가
없는 것도 아니다. 그리하여 소득도 없고 또한 부처라는 생각도
없으며 아상(我想)도 없고 수기했다는 것도 없으며 널리 수기를
설했다는 것조차도 없다.”

“만약 어떤 법에 대하여 여래가 아뇩다라삼먁삼보리를 얻었
다면 연등불은 나에게 ‘그대는 내세에 마땅히 부처가 되는데 명
호는 석가모니이다’라는 수기를 주지 않았을 것이다. 실로 어떤
법에 대하여 여래가 아뇩다라삼먁삼보리를 얻은 것은 없다. 이
런 까닭에 연등불은 나에게 수기를 주면서 ‘그대는 내세에 마땅
히 부처가 되는데 명호는 석가모니이다’라 말했다”에 대하여 무
착은 다음과 같이 말한다.

“만약 설할 만한 정각의 법이 있었다고 하자. 그러면 저 연등
여래가 설한 바처럼 내가 그때 문득 언설로서의 정각을 얻었을
것이다. 그러나 연등여래는 ‘그대는 내세에 부처가 될 것이다’
라는 수기를 주지 않았다. 법으로서 설할 만한 것이 없기 때문
이다. 그러나 내가 그때 언설로서의 정각을 얻지 않았다. 이런
까닭에 연등여래는 나에게 ‘그대는 내세에 마땅히 부처가 될 것
이다’라는 수기를 준 것이다.”

〈제13단의〉

何以故 如來者卽諸法如義 若有人 言如來得阿耨多羅三
藐三菩提　須菩提　實無有法　佛得阿耨多羅三藐三菩提

須菩提 如來所得阿耨多羅三藐三菩提 於是中 無實無虛
是故如來說 一切法皆是佛法 須菩提 所言一切法者 卽
非一切法 是故名一切法 須菩提 譬如人身長大 須菩提
言 世尊 如來說人身長大 卽爲非大身 是名大身

"왜냐하면 여래란 곧 제법에 여의하다는 뜻이기 때문이다.
만약 어떤 사람이 여래는 아뇩다라삼먁삼보리를 터득했다
고 말한다고 하자. 그러나 수보리야, 실로 부처님이 아뇩다
라삼먁삼보리법을 터득한 것은 없다.
수보리야, 여래가 얻은 바 아뇩다라삼먁삼보리에는 실도
없고 허도 없다. 이 때문에 여래는 일체법을 모두 불법이
라고 설한다. 수보리야, 말한 바 일체법이란 곧 일체법이
아니다. 이 때문에 일체법이라 말한다.
수보리야, 어떤 사람의 몸이 장대하다고 비유해 보자."
수보리가 여쭈었다.
"세존이시여, 여래께서 말씀하신 사람의 몸이 장대하다는 것은
곧 장대한 몸이 아닙니다. 그것을 장대한 몸이라 말합니다."

제13단의는 인(因)이 없으면 불법도 없을 것이 아닌가 하는
의심을 끊어 준다. 이 의심은 위의 석가모니께서 연등불 세상에
서 수행한 인(因)은 실로 터득한 바가 없다는 것에서 유래한 것
이다. 곧 보리가 없다면 불법도 없어야 할 것이라는 것이다.

"왜냐하면 여래란 곧 제법에 여의하다는 뜻이기 때문이다"에
대하여 무착은 "청정하기 때문에 여래라 말한다. 그것은 마치
진금과 같이 불순물이 하나도 섞이지 않은 순수청정한 것이다"
라고 말한다.

여(如)는 진여이다. 거짓이 아닌 것[不僞]을 진(眞)이라 하고,

다름이 없는 것[不異]을 여(如)라 한다. 이 진여의 체성은 삼세를 관철하고 시방에 두루 걸쳐 있다. 그리하여 공(空)도 아니고 유(有)도 아니며 변(變)도 아니고 천(遷)도 아니다. 이것을 여래의 성품이라 말한다. 그래서 만약 유소득이라면 불보리가 아니다.

"만약 어떤 사람이 말하기를" 이하는 '수기를 받지 못한 보살이 지금 어떻게 보리를 터득하여 부처가 되었는가' 하는 것이다. 실로 부처님으로서 보리를 얻지 못한 경우는 없다. 처음 발보리심하여 수기를 받는 순간까지도 오히려 무소득을 깨치는데 하물며 불지(佛地)에 이르러서 아견과 인견 등이 남아 있다면 보리를 얻을 수 있겠는가 하는 것이다. 여래께서 얻은 삼보리가 무실(無實)하고 무허(無虛)하다는 것이 앞에서는 유견(有見)을 파한 것으로 설명되었는데 지금 여기에서는 무견(無見)을 파하는 것으로 설명되고 있다.

이처럼 '부처님께서 터득한 삼보리는 무소득으로 득(得)한 것이다. 그렇다면 그것은 득이지 어째서 부득(不得)인가'에 대하여 승조논사는 "현도(玄道)는 경계를 초월한 곳에 있으므로 부득(不得)으로 득(得)할 수밖에 없다"라고 말한다.

무실무허라는 것은 앞에서 유·무의 견해를 벗어난 것이라 하였는데, 여기에서는 이제 비유·비무로 함께 결론지은 것이다. 무유(비유)는 유득의 득이므로 무실이라 말하는 것이고, 비무는 무득의 득이므로 비허(무허)라 말하는 것이다.

"여래가 얻은 바 아뇩다라삼먁삼보리에는 실도 없고 허도 없다. 이 때문에 여래는 일체법을 모두 불법이라고 설한다"에서

“터득한 바”라는 것은 분별사식을 잊은 증득이다.

“실도 없고”라는 것은 유위상이 아니라는 것이다.

“허도 없다”는 것은 진여의 체성이라는 것이다. 그러나 이 진여는 별도로 존재하는 법이 아니라 곧 일체 색 등의 제법을 말한다. 성품[性]과 현상[相]을 여읜 것을 진여의 체성이라 말한다. 오직 부처님과 부처님만이 이 도리를 증득한다. 때문에 일체법이 모두 불법이다. 진여의 체성은 비록 제법을 여의지 않지만 그렇다고 또한 취착할 수도 없다. 때문에 일체법이란 곧 일체법이 아니므로 일체법이라 말한다.

“수보리야, 여래가 얻은 바 아뇩다라삼먁삼보리는 그 속에 실도 없고 허도 없다”는 것에 대하여 천친은 “색 등의 상이 없기 때문이고, 그것은 곧 보리의 상이기 때문이다”라고 말한다. 무착은 “진여는 무이(無二)임을 현시한 것이다. 어째서 실도 아니라고 하는가. 그것은 언설이기 때문이다. 어째서 망도 아니라고 하는가. 그것은 보리이기 때문이다. 말하자면 저 정각은 세간에서 언설로서는 없지 않기 때문이다”라고 말한다. 또한 진여는 언설로 취할 수 있는 것이 아니므로 부실(不實)이고, 또한 언설을 여의고서 구할 수 있는 것도 아니므로 불허(不虛)라고도 말한다.

범부의 언설은 허망하므로 부실(不實)이고, 제불의 설법은 익지할 만한 것이므로 불허(不虛)이다. 범부의 언설로는 얻을 수 없으므로 부실(不實)이고, 불의 언설에 의지하여 설명할 수 있으므로 불허(不虛)이다. 만약 언설을 떠나서 추구한다면 곧 보리는 무인(無因)의 명칭으로서 부실(不實)이고, 또한 문교(聞敎)를 인

(因)해야 바야흐로 증득할 수 있으므로 보리는 유인(有因)의 명칭으로서 불허(不虛)이다. 만약 진여를 언설로 취착하면 생사를 벗어날 길이 없다.

"이런 까닭에 여래가 설한 일체법은 모두 불법이다. 수보리야, 말한 바 일체법이란 곧 일체법이 아니다. 이런 까닭에 일체법이라 말한다"는 것에 대하여 『논』에서는 "일체법은 모두 진여를 체성으로 삼기 때문이다. 그 법은 여래의 소증(所証)이다. 이 때문에 일체법은 모두 불법이라고 설한다"라고 말한다.

'즉비'에서 '즉'은 색 등을 진여에 '즉하여' 설명한다는 것을 말미암은 것이고, 곧 '비'는 색 등의 법이 진여가 '아니다'는 것을 설명한 것이다. 진여에는 항상 색 등의 제상이 없기 때문이다. '시명'이라는 것은 곧 그것이 진여법의 자성임을 말한 것이다. 곧 "일체법"은 말하자면 진여의 도리는 만법의 본체이므로 일체라 말하고, "모두 불법이다"는 것은 유독 불(佛)만이 증득할 뿐이고 그 밖의 존재는 증득하지 못하기 때문이다.

"일체법이란 곧 일체법이 아니다. 이 때문에 일체법이라 말한다"에서 앞의 "일체법"은 곧 진여의 체를 말하는 것이고, 뒤의 "일체법"은 곧 여래가 증득한 것을 말하며, "곧 일체법이 아니다"라는 것은 색 등의 상이 부주(不住)이기 때문이고, "때문에 일체법이라 말한다"라는 것은 제법이 비법에 즉하면 그 제법은 법이라는 것을 말한다.

또한 "말한 바 일체법"은 불이 증득한 법이고, "곧 일체법이 아니다"는 것은 불이 아닌 그 밖의 다른 존재가 얻을 수 있는 법이 아니라는 것이고, 또한 분별상의 법이 아니라는 것이다. 이에 대하여 길장은 다음과 같이 말한다.

"'때문에 여래께서는 일체법을 모두 불법이라 설하신다'는 것은 앞의 비실비허, 곧 무실무허의 뜻은 허(虛)하여 유가 아니라고 일체제법의 여(如)를 체득하기 때문에 여래라 말한다는 것을 말한다. 때문에 일체법의 여(如)는 곧 여래이다. 그래서 '일체는 모두 불법이다'라 말한다. '일체법이 아니다'는 것은 일체의 전도된 법은 여래의 소증이 아니기 때문에 곧 일체법이 아니라고 말한 것이다. 일체는 이와 같이 여래이기 때문에 비무이다. 그리고 일체의 전도는 여래가 아니기 때문에 비유이다. 이것으로 위에서 말한 비유·비무를 설명하는 것이다. '이것을 일체법이라 말한다'는 것은 일체제법도 마찬가지[如]라는 것을 다시 결론지은 것이다."

묻는다: 위의 두 구, 곧 부처님께서는 일체법을 불법이라 설한다는 것과 일체법은 불법이 아니다는 것은 이미 설명이 끝났는데 어째서 마지막에 다시 그것을 일체법이라 말한다고 결론짓는 겁니까.

답한다: 처음 구에서는 직접 일체법이 곧 여래라는 것을 설명하였다. 그리고 다음의 두 구에서는 그 유·무를 산별하였다. 처음 구에서는 일체법에 전도가 없음을 설명하였고, 다음 구에서는 일체법이 진여임을 설명하였다.

묻는다: 앞에서 설명한 연등불의 경우와 지금의 경우는 어떤 차이가 있는 겁니까.

답한다: 앞에서는 불가취·불가설의 뜻을 설명하기 위한 것이었다. 그러나 지금의 경우는 보살에게 전도가 없음을 설명하기 위한 것이다.

대신(大身)의 비유에 대하여 천친은 "비신(非身)이란 제상(諸相)이 없는 바로 이것을 비신이라 말하고, 대신이란 저 진여의 체이다. 이와 같은 것을 곧 묘대신(妙大身)이라 말한다"라고 말한다. 무착은 "이와 같은 평등지를 얻으면 대신이 되어 일체중생의 대신을 섭수하여 저 대신 속에 비자(非自)와 비타(非他)를 안립한다"라고 말한다.

이것은 보살이라는 주체의 사람이 없으면 중생제도와 불국토 장엄도 없을 것이라는 의심을 없애준다. 때문에 천친은 "만약 보살이 없다면 제불도 또한 대보리를 이룰 수 없고, 중생도 또한 대열반에 들어갈 수가 없으며, 또한 불국토를 청정하게 할 수도 없을 것이다. 만약 이러하다면 무슨 까닭에 많은 보살마하살이 발심하여 중생으로 하여금 열반에 들어가게끔 하고, 마음을 일으켜 수행하며, 불국토를 청정하게 한단 말인가"라고 말한다.

위에서 설명한 여래께서 설하신 진여의 체성은 일체처에 두루하여 가히 장대하다. 그래서 또한 선현이 장대하다는 견해를 낼까 봐 염려하여 부처님께서는 다시 비유를 내세워 그것을 "비유하자면 사람의 몸이 장대한 것과 같다"라고 말한다. 이에 선현은 비유로 인하여 깨우친 바가 있어 곧 "대신이 아닙니다. 그것을 대신이라 말합니다"라고 말한다.

대신에 두 가지 뜻이 잇다. 첫째는 일체처에 두루 하는 것인데 곧 법신이다. 둘째는 공덕이 큰 것인데 곧 보신이다. 이 두 가지 몸은 모두 제상(諸相)을 여의었으므로 "비(非)"라 말한다.

말하자면 "장(長)"이란 보신을 비유한 것이고, "대(大)"는 법신을 비유한 것이다. 곧 이 보신과 법신은 소지장과 번뇌장을 여임으로써 보신과 법신을 얻기 때문이다. 그래서 "사람의 몸이 장대한 것과 같다"라고 설한 것은 말하자면 보신과 법신의 두 가지를 가리킨다. "곧 대신이 아닙니다"는 것은 말하자면 모두 망상분별의 몸이 아니라는 것이다.

〈제14단의〉

須菩提 菩薩亦如是 若作是言 我當滅度無量衆生 則不
名菩薩 何以故 須菩提 實無有法 名爲菩薩 是故佛說一
切法 無我無人無衆生無壽者 須菩提 若菩薩作是言 我
當莊嚴佛土 是不名菩薩 何以故 如來說莊嚴佛土者 卽
非莊嚴 是名莊嚴 須菩提 若菩薩通達無我法者 如來說
名眞是菩薩

"수보리야, 보살도 또한 그와 같다.
만약 다음과 같이 '나는 반드시 무량한 중생을 멸도시키리라'라 말한다면 곧 보살이라 말할 수가 없다.
왜냐하면 수보리야, 실로 보살이라 말할 수 있는 법은 없기 때문이다. 이러한 까닭에 부처님이 설한 일체법에는 아도 없고 인도 없고 중생도 없고 수자도 없다.
수보리야, 만약 보살이 '나는 반드시 불토를 장엄하리라'라

말한다면 그것은 보살이라 말할 수가 없다. 왜냐하면 여래
가 설한 장엄불토는 곧 장엄이 아닌데 그것을 장엄이라 말
하기 때문이다.
수보리야, 만약 보살이 무아법에 통달하면 여래는 그를 참
으로 보살이라 말한다.”

제14단의는 보살이 없다면 중생제도와 국토장엄이란 무엇인
가 대한 의심을 끊어준다. 이 의심은 위의 제12단의와 같은 경
우로서 둘 다 제11단의 가운데 ‘실로 법으로서 발심이라는 것은
없다’는 것으로부터 유래한 것이다. 곧 보살이 아니라면 불도(佛
道)도 없고 중생도 열반에 들어갈 수 없으며 국토장엄도 없을
것이다. 그런데 보살은 무엇 때문에 발심하여 불국토를 청정하
게 하는가에 대한 의심을 단제해주는 내용이다.

“수보리야, 보살도 또한 그와 같다. 만약 다음과 같이 ‘나는
반드시 무량한 중생을 멸도시키리라’라 말한다면 곧 보살이라
말할 수가 없다”는 대목은 말하자면 위에서 법이 있어서 보리심
을 낸 것은 아니라고 말한 것에 대한 설명이다. 곧 보살이 이미
없다면 또한 응당 보살이 성취하는 보리도 없어야 하고, 만약
중생이 없다면 교화하여 열반에 들도록 하는 중생도 있을 수 없
으며, 만약 보살이 없다면 정토를 장엄할 수 있는 주체도 없음
을 말한 것이다.

“법에는 보살이라 말할 수 있는 것이 없기 때문이다”는 것은
말하자면 만약에 실로 법이 있다면 모두 법으로써 그 중생이 성
취되었기 때문에 보살이라 말할 수 있을 것이다. 그런데 법이

이미 실(實)이 아니므로 또한 보살도 성취되지 못하는 것이다.

"불은 일체법에는 아도 없고 인도 없으며 중생도 없고 수자도 없다고 설한다"는 것은 진여를 증득했을 때 무아의 도리에 통달하여 인집(人執)과 법집(法執)을 보지 않기 때문에 보살이 된다.

이에 대하여 무착은 "지금까지는 어떤 사람의 몸이 묘대신(妙大身)임을 비유한 것으로서 증도(證道)에 드는 것을 보여 주었다"라고 말한다.

지금 위의 경문은 무착의 분과에 의거하자면 12종장애주처 가운데 제2 아만을 여의는 것에 대핸離慢] 설명에 해당한다. 말하자면 지전(地前)에서 '나는 수행을 하였다'라 말하는 것은 부주도(不住道)에 장애가 되지만 지상(地上)에서는 법계에 통달하고 이공이 평등함을 증득하여 아와 법의 분별이 일체 다 사라져 영원히 '나는 ……을 증득하였다'는 아만이 없으므로 아만을 여의는 것[離慢]이라 말한다.

때문에 무착의 『논』에서는 "만약 보살에게 중생이라는 생각이 있으면 그 보살은 묘신(妙身)과 대신(大身)을 얻지 못한다"라고 말한다. 여기에서 묘신이란 여래가에 태어나는 몸을 얻어[至得身] 여래종성을 성취하는 몸[成就身]으로서 필경에 보리와 열반을 얻어 중생신이 여래신으로 전의(轉依)하기 때문이다. 그리고 대신이란 일체의 중생신을 섭수한 몸을 가리킨다. 여기에서 무착이 말한 전의(轉依)란 말하자면 증득한 바 보리와 열반을 가리킨다.

"보살이라 말할 수가 없다"라고 하면 필경에 어떤 마음을 일으켜야 보살이라 할 수 있겠는가. 이 때문에 그에 대한 답변으로서 "무아의 법에 통달한 자가 있을 때는 여래는 참으로 이것을 보살이라 말한다"라고 설한다.

"수보리야, 보살도 또한 그와 같다. 만약 '나는 마땅히 무량한 중생을 멸도시킬 것이다'라 말한다면 곧 보살이라 말할 수 없다"에 대하여 천친은 『논』에서 게송으로 다음과 같이 말한다.

진여법계에 통달하지 못하고서
중생을 멸도시키고자 발심하고
불국정토를 청정하게 만드려고
마음을 내면 곧 전도가 된다네.

곧 이와 같은 마음을 일으킨 즉 이것은 전도로서 보살이 아니다. 그러면 어떤 마음을 일으켜야 보살이라 말할 수 있는가. 이에 대하여 이하 경문에서 "수보리야, 어떤 보살이 무아와 무아법에 통달하면 여래는 그를 가리켜 '참으로 그는 보살이다, 보살이다'라 말할 만하다"라고 설하였다.

무착은 "경문에서 말한 '수보리야, 어떤 보살이 무아와 무아법에 통달하면 여래는 그를 가리켜 참으로 그는 보살이다, 보살이다라고 일컬을 만하다고 설하실 것이다'라는 것은 인무아와 법무아의 2종무아를 말한 것이다"라고 말한다.

"수보리야, 만약 보살이 다음과 같이 '나는 장차 불토를 장엄해야지'라 말한다면 그것은 보살이라 말할 수가 없다"는 대목을 뜻으로 말하면 다음과 같다.

"불토를 엄정하고자 하면 필수적으로 자심(自心)을 엄정해야 한다. 곧 경전을 듣고 지혜를 배우며 법의 진리를 증득하여 이장(二障)을 제거한다. 안으로 마음을 청정케 하고 밖으로 국토를 또한 청정케 한다. 이로써 낡아빠진 상투 속에서도 청정을 보고 사리 속에서도 더러움을 본다. 다만 안으로 마음을 말미암아 그 더럽고 청정함이 다를 뿐만 아니라 밖으로 국토에서도 또한 청정과 더러움이 다르다. 때문에 만약 불토를 엄정하려는 자는 먼저 아집과 법집을 제거해야 한다. 아집과 법집의 분별이 사라지기 때문에 안으로 장엄을 구비하고 밖으로 칠보에 머문다."

"만약 보살이 다음과 같이 '나는 장차 불토를 장엄해야지'라 말한다면"의 대목은 곧 아집이 아직 사라지지 않은 것으로서 보살이라 말할 수가 없다. 때문에 『논』에서는 "지(智)의 습(習)만이 오직 식(識)에 통한다"라고 말한다. 또한 『무구칭경』에서는 "만약 보살로서 정토를 얻으려면 마땅히 그 마음을 청정히 해야 한다. 그 마음이 청정하면 불토가 청정해진다"라고 말한다. 또한 "인욕・지계 등 십선도 등이 바로 보살의 정토이다"라고 말한다.

"여래가 설한 장엄불토"란 무상(無相)의 장엄을 가리킨다.

"곧 장엄불토가 아니다"는 것은 유상(有相)의 장엄을 가리킨다.

"그것을 장엄이라 말하기 때문이다"는 것은 진실한 장엄을 가리킨다.

"수보리야, 만약 보살로서 무아법에 통달한 자라면 여래는 그를 가리켜 진정한 보살이라 말한다"는 것은 무아의 도리에 통달하는 것이 진정한 보살임을 설명하는 부분이다. 말하자면 만약

에 보살이 아공과 법공을 통달하여 무아의 도리를 증득하면 그
것이 곧 진정한 보살이고 진정한 장엄불토이다. 그러나 만약 아
유(我有)와 법유(法有)라면 그것은 보살도 아니고 장엄도 아니다.

〈제15단의〉

일체동관분 제18(一體同觀分 第十八)

須菩提　於意云何　如來有肉眼不　如是世尊　如來有肉眼
須菩提　於意云何　如來有天眼不　如是世尊　如來有天眼
須菩提　於意云何　如來有慧眼不　如是世尊　如來有慧眼
須菩提　於意云何　如來有法眼不　如是世尊　如來有法眼
須菩提　於意云何　如來有佛眼不　如是世尊　如來有佛眼
須菩提　於意云何　如恒河中所有沙　佛說是沙不　如是世
尊　如來說是沙　須菩提　於意云何　如一恒河中所有沙有
如是沙等恒河　是諸恒河所有沙數佛世界如是　寧爲多不
甚多世尊　佛告須菩提　爾所國土中所有衆生　若干種心　如
來悉知　何以故　如來說諸心皆爲非心　是名爲心　所以者
何　須菩提　過去心不可得　現在心不可得　未來心不可得

"수보리야 어떻게 생각하느냐. 여래에게 육안이 있느냐."
"그렇습니다, 세존이시여. 여래에게 육안이 있습니다."
"수보리야, 어떻게 생각하느냐. 여래에게 천안이 있느냐."
"그렇습니다. 세존이시여, 여래에게 천안이 있습니다."
"수보리야, 어떻게 생각하느냐. 여래에게 혜안이 있느냐."
"그렇습니다. 세존이시여, 여래에게 혜안이 있습니다."
"수보리야, 어떻게 생각하느냐. 여래에게 법안이 있느냐."
"그렇습니다. 세존이시여, 여래에게 법안이 있습니다."
"수보리야, 어떻게 생각하느냐. 여래에게 불안이 있느냐."

"그렇습니다. 세존이시여, 여래에게 불안이 있습니다."
"수보리야, 어떻게 생각하느냐. 저 항하에 모래가 있는
데 부처님은 그 모래에 대하여 설했느냐."
"그렇습니다, 세존이시여. 여래께서는 그 모래에 대하여 설
하셨습니다."
"수보리야, 어떻게 생각하느냐. 한 항하의 모래가 있는데
그 수만큼의 항하가 있다고 하자. 그 모든 항하의 모래 수
만큼의 불세계가 있다면 얼마나 많겠느냐."
"대단히 많습니다, 세존이시여."
부처님께서 수보리에게 말씀하셨다.
"그 불국토에 있는 모든 중생의 많은 마음을 여래는 다 안
다. 왜냐하면 여래가 설한 모든 마음은 다 마음이 아닌데
그것을 일컬어 마음이라 하기 때문이다.
수보리야, 과거심도 없고 현재심도 없으며 미래심도 없다."

제15단의는 제불이 제법을 보지 못할 것이라는 의심을 끊어
준다. 이 의심은 위에서 보살은 제도할 만한 중생을 보지 않으
며 장엄할 만한 국토를 보지 않는다는 것으로부터 유래한 것이
다. 곧 제불은 제법을 보지 않을 것이라는 것에 대한 의심을 단
제한다. 말하자면 다음과 같은 의심이다.

"위에서 보살은 저 중생이 있다고 보지 않는다, 보살 자신이
있다고 보지 않는다, 칭정불국토가 있다고 보지 않는다는 것을
말하였다. 만약 그렇다면 이것은 제법이 없기 때문에 보지 않는
것인가, 제법이 있음에도 불구하고 제불 자신이 보려고 하지 않
는 것인가."

"육안"은 이하 천안·혜안·법안·불안을 가하여 이 다섯을

오안이라 한다. 오안에 대해서는 다음과 같다.

"무엇이 오안인가. 육안과 천안과 혜안과 법안과 불안이다. 육안은 가까이는 보지만 멀리는 못 보고, 앞은 보지만 뒤는 못 보며, 바깥은 보지만 안은 못보고, 낮은 보지만 밤은 못 보며, 위는 보지만 아래는 못 본다. 이처럼 장애가 있기 때문에 천안을 구한다. 이 천안을 얻으면 원근을 다 보고, 전후·내외·주야·상하 모두에 다 장애가 없다. 이 천안은 화합인연으로 생한 가명(假名)의 사물은 볼 수 있어도 실상은 보지 못한다. 소위 공(空)·무상(無相)·무작(無作)·무생(無生)·무멸(無滅) 등 앞에서처럼 중·후(中·後)도 또한 그렇다. 때문에 실상을 위하여 혜안을 구한다. 혜안을 얻으면 중생을 보지 않고 모두 일이(一異)의 상(相)을 여의며 모든 집착을 벗어나 일체법을 받지 않고 지혜 스스로 안으로 멸한다. 이것을 혜안이라 말한다. 단지 혜안은 중생을 제도할 수가 없다. 왜냐하면 분별하는 바가 없기 때문이다. 이 때문에 법안을 구한다. 법안은 이 사람은 이 법을 행하여 이 도를 얻게끔 하려고 일체중생 각각의 방편문을 알아 깨침을 얻게끔 한다. 그러나 법안은 두루 빠짐없이 중생을 제도하는 방편도를 알지 못한다. 이 때문에 불안을 구한다. 불안은 현상에 알지 못함이 없어 비록 감추어져 있음이 은밀하다 해도 견지(見知)하지 못함이 없다. 다른 사람에게는 지극히 멀어도 불에게는 지극히 가깝고, 다른 사람에게는 유현해도 불에게는 밝게 드러나며, 다른 사람에게는 의심 있는 것도 불에게는 결정적이고, 다른 사람에게는 미세한 것도 불에게는 추잡하며, 다른 사람에게는 심심한 것도 불에게는 심천하다. 이 불안은 현상에 듣지 못함이 없고, 현상에 보지 못함이 없으며, 현상에 알지 못함이 없고, 현상에 어려움이 없으며, 사유하는 바가 없어도 일체법 속에 불안은 항상 빛을 내고 있다. 후품(後品)의 오안의 뜻 속에서 진실로 자세하게 설한다."

저 위에서 '저것은 중생이다라는 견해를 내지 않는다, 나는 보살이다라는 견해를 내지 않는다, 불국토를 엄정했다는 견해를 내지 않는다'는 등 이와 같이 제법을 보지 않는 것을 제불여래라 말하였다. 왜냐하면 여래께서는 육안·천안·혜안·법안·불안 등 5안을 구족하고 있다. 이에 대하여 고덕은 게송으로 다음과 같이 말했다.

천안은 막힘없이 통하고
육안은 통함없이 막히네.
법안은 세속만 본다지만
혜안은 공을 요지한다네.
불안은 하늘의 태양같아
이제바저 동체로 비추네.

이 5안은 십계에 통하는 것이지만 우열에 차이가 있는 것은 곧 각자의 마음의 경지를 상징한다. 이에 여래에게 구비되어 있는 것은 불안(佛眼) 아닌 것이 없다는 것이다. 따라서 항사세계의 일체중생의 마음을 여래께서는 지견하지 못함이 없다. 그런데도 중생의 마음은 갖가지로 전도되어 있으므로 "다 마음이 아닌데"라고 말하는데 이것은 망식이 본래 공한 것을 말한다. "그것을 일컬어 마음이라 하기 때문이다"는 것은 진여의 불멸을 말한다.

"왜냐하면" 이하는 "다 마음이 아닌데"의 이유를 설명하는 부분이다. 대개 삼세심을 보면 과거심은 이미 멸하였고, 미래심은 아직 도래한 것이 아니고, 현재심은 머물지 않기 때문에 모두 허망하여 생멸하기 때문에 구할 수가 없다.

〈제16단의〉

법계통화분 제19(法界通化分 第十九)

須菩提 於意云何 若有人滿三千大千世界七寶 以用布施
是人以是因緣 得福多不 如是世尊 此人以是因緣 得福
甚多 須菩提 若福德有實 如來不說得福德多 以福德無
故 如來說得福德多

"수보리야, 어떻게 생각하느냐. 만약 어떤 사람이 삼천대천
세계에 칠보를 가득 채워서 보시한다면 그 사람은 이 인연
으로 얻는 복덕이 많겠느냐."
"그렇습니다, 세존이시여. 그 사람은 이 인연으로 얻는 복
덕이 대단히 많습니다."
"수보리야, 만약 복덕이 실로 있다면 여래는 얻는 복덕
이 많다고 설하지 않는다. 복덕이 없기 때문에 여래는 얻
는 복덕이 많다고 설한다."

제16단의는 복덕의 예를 들어서 그것은 마음이 전도된 것이

아닌가 하는 의심을 끊어 준다. 이 의심은 위의 제15단의에서 마음이 전도에 주한다는 것에서 유래한 것이다. 곧 주심(住心)의 전도라면 복덕도 전도일 것이다. 그러면 무엇을 선법(善法)이라 하는가에 대한 의심을 단제한다. 다시 말하면 위에서 부처님은 중생심이 모두 전도라는 것을 알기 때문에 그 전도심으로 하는 보시 등의 모든 행도 다 전도라고 말하였다. 만약 그렇다면 응당 불인(佛因)이 없었을 것이고, 불인이 없다면 불과(佛果)도 없을 것이 아닌가.

바로 이와 같은 의심을 해석해 주기 위하여 무소득심의 보시 등을 불인이라고 설명하였다. 이미 불인이 있을 것 같으면 불과도 있을 것이다.

복덕이 있다면 상에 집착하는 것이고, 복덕이 없다면 상을 여윈 것이다. 복덕이 있다는 것은 주상보시(住相布施)로서 유류인(有漏因)이기 되기 때문에 그 복덕이 적다. 그러나 복덕이 없다는 것은 이상보시(離相布施)로서 무루인(無漏因)이 되기 때문에 그 복덕이 많다. 이것이 곧 상(相)에 부주(不住)하는 것이다.

"만약 복덕이 실제로 있다면"은 '만약에 반야가 되므로 보시하는 것이리면 그것은 진여 자체가 되기 때문에 보시한다'는 것을 설한 것이다. 그러나 실제로 있다면 여래는 얻는 복덕이 많다고는 설하지 않는다. 그것은 시물·시자·수자의 셋의 체성이 공하여 보시하는 것은 과보와 보은 등에 집착하여 보시하는 것과는 다르기 때문이다.

위에서 재물과 신명을 등을 보시하는 것은 이 경전을 수지하

는 것에 미치지 못한다는 것을 비교하였다. 이것은 재물보시와
신명보시로는 상을 여의지 못하기 때문에 보리를 얻지 못한다
는 것이었다. 곧 만약에 신명으로 보시한 경우 단지 그것은 굶
주린 몇몇 중생에게만 유익할 뿐이지 많은 중생에게 이로운 것
이 될 수 없기 때문이다. 그러나 만약 반야를 수지하는 자는 장
차 성불하여 중생을 건지고 이롭게 하는 것이 대단히 많기 때문
에 그 공덕이 뛰어나다. 그러므로 만약 신명을 바치는 극고(極
苦)에 대하여 미주알고주알 설한다 할지라도 경전을 수지하는
공덕에는 미치지 못한다.

〈제17단의〉
이색이상분 제20(離色離相分 第二十)

須菩提　於意云何　佛可以具足色身見不　不也世尊　如來
不應以具足色身見　何以故　如來說具足色身　卽非具足色
身　是名具足色身　須菩提　於意云何　如來可以具足諸相
見不　不也世尊　如來不應以具足諸相見　何以故　如來說
諸相具足　卽非具足　是名諸相具足

"수보리야, 어떻게 생각하느냐. 부처님을 색신의 구족을 통
해서 볼 수가 있느냐."
"아닙니다, 세존이시여. 진실로 색신의 구족을 통해서 여래
를 볼 수는 없습니다. 왜냐하면 여래께서 설하신 색신의
구족은 곧 색신의 구족이 아닌데 그것을 색신의 구족이라
말하기 때문입니다."
"수보리야, 어떻게 생각하느냐. 여래를 제상의 구족을 통해

서 볼 수가 있느냐.”

“아닙니다, 세존이시여. 진실로 제상의 구족을 통해서 여래를 볼 수는 없습니다. 왜냐하면 여래께서 설한 제상의 구족은 제상의 구족이 아닌데 그것을 제상의 구족이라 말하기 때문입니다.”

제17단의는 무위(無爲)라면 어찌하여 상호가 있는가 하는 의심을 끊어 준다. 이 의심은 위의 제3단의에서 여래라는 것은 곧 제법이 여여하다는 뜻에서 유래한 것이다. 곧 제불은 무위법을 가지고 이름을 얻는 것이라면 무엇 때문에 제불은 32상과 80종호가 있어 불이라 말하는가에 대한 의심을 단제한다.

위에서는 제불께서 증득한 법은 곧 무위법이라 설하였다. 그런데 어째서 불신(佛身)에 있는 80종호와 32상을 통해서 제불을 볼 수가 있겠는가 하는 것이다. 선현은 이미 여래의 법신은 본디 색상으로 볼 수 있는 것도 아니지만 일찍이 색상을 떠나서 볼 수 있는 것도 아님을 알고 있다. 때문에 “색신을 구족한다는 것은 곧 색신을 구족한 것이 아니다. 여러 가지 상을 구족한 것이 아닌 것을 여러 가지 상을 구족하는 것이라 말한다”라고 말한다. 진실로 모든 법신은 무위(無爲)의 체이므로 응신으로 상호의 작용을 일으키는 것이다. 이런 까닭에 응신이 곧 법신이므로 무상(無相)이면서 상(相)이고 상(相)이면서 무상(無相)이며 무견(無見)이면서 견(見)이고 견(見)이면서 무견(無見)이다.

여기에서 부처님이 질문한 본래 뜻은 다음과 같다.

“부처님은 중생의 근기를 따라 설법하기 때문에 거기에 응하여 보(報)·화(化)·수호(隨好) 등의 색신이 있다. 진리와 법에 나타나 있는 그와 같은 색성(色性)은 무차별의 상호이다. 그러나 지금 여기에서 제기한 질문은 법신을 차별의 형호(形好)로서 볼 수 있겠는가 하는 것이다."

"여래께서 설하신 색신의 구족"이란 말하자면 보신(報身)·화신(化身)·수호신(隨好身)의 색신을 가리킨다.

"곧 색신의 구족이 아니다"는 것은 법성을 구족한 색신이 아니라는 말이다.

"색신의 구족이라 말하기 때문입니다"는 것은 보신·화신의 색신을 말한다.

안으로 무상(無相)을 증득하였기에 법신상호의 색성이 있다. 안으로 법성의 색신을 증득함으로 말미암아 밖으로 구비한 형호신이 모두 원만하다. 그러나 형호신은 법성을 구족한 색신이 아니다. 이것은 곧 법성을 터득하여 구비한 형호신과 법성을 구비하지 않은 단순한 형호신은 같지가 않다는 것이다. 전자는 법성의 색성을 지녔지만 후자는 단지 형호만의 색성을 지닌 것이기 때문이다. 비유하여 말하자면 법신은 허공과 같기 때문이다. 그래서 비록 형상으로 거울 속에 나타나지는 않지만 허공은 영상으로 두루 퍼져 있다. 법신도 마찬가지이다. 비록 형상으로 거울 속에 나타나지는 않지만 그 지혜가 보신·화신으로 나타난다.

"수보리야, 어떻게 생각하느냐. 여래를 제상의 구족을 통해서 볼 수가 있느냐"는 것은 32상으로 법신과 무상불(無相佛)을 볼 수 있겠는가 하는 것이다. 여기에서 부처님이 질문한 뜻은 '부처님에게는 삼신이 있다. 말하자면 법신과 보신과 화신이다. 보신과 화신에는 32가지 차별상이 있듯이 법신에도 또한 무차별한 법성의 상이 있다. 그런데 법신을 차별의 상호를 통해서 볼 수 있겠는가' 하는 것이다. 다듬어서 모양이 아름답게 된 것을 상(相)이라 한다. 그래서 겉으로 드러나는 화신에도 또한 형상이 있다. 그 형상으로써 중생으로 하여금 그 품류가 원만하게 되도록 하는 것이다. 그래서 안으로 증득한 진리는 무상의 상이지만 밖으로 구비한 것은 유상의 상이다. 그래서 '유상의 상은 무상의 상이 아니다. 이것을 제상의 구족이라 말한다'는 것이다.

"색신을 구족한다"는 것은 오직 부처님 한 사람만 형상의 미(美)를 다 지니고 있다는 것을 찬미한 것이다. 그러므로 구족이라 말한다. 그 밖의 사람들 내지 전륜왕은 형상이 명료하지 못하므로 불구족이라 말한다.

"여래께서는 구족이 곧 구족이 아니라고 설한다"는 것은 같다[一]는 견해를 타파한 것이다. 색신은 법신이 아닌데 어찌 같다[一]고 설명할 수 있겠는가.

"이것을 구족이라 말한다"는 것은 다르다[異]는 견해를 파한 것이다. 상호를 떠난 어떤 곳에 달리 법신이 있겠는가.

〈제18단의〉
비설소설분 제21(非說所說分 第二十一)

須菩提 汝勿謂 如來作是念 我當有所說法 莫作是念 何

以故　若人言如來有所說法　則爲謗佛　不能解我所說故
須菩提　說法者　無法可說　是名說法　爾時　慧命須菩提白
佛言　世尊　頗有衆生　於未來世　聞說是法　生信心不　佛言
須菩提　彼非衆生　非不衆生　何以故　須菩提　衆生(不)衆生
者　如來說　非衆生　是名衆生

"수보리야, 그대는 여래가 '나는 진실로 설법을 하였다'라
생각한다는 그런 말을 해서는 안 된다. 그런 생각조차 해
서는 안 된다.
왜냐하면 어떤 사람이 '여래는 설법을 하였다'라 말한다면
곧 부처님을 비방하는 것으로 내가 설한 바를 이해하지 못
하기 때문이다.
수보리야, 설법을 해도 설해야 할 법이 없는데 그것을 설
법이라 말한다."
그때 혜명수보리가 부처님께 사뢰어 말씀드렸다.
"세존이시여, 많은 중생이 있어 미래세에 이 설법을 듣
고 신심을 내겠습니까."
부처님께서 말씀하셨다.
"수보리야, 미래세에 신심을 내는 자는 중생도 아니고 부
중생도 아니다. 왜냐하면 수보리야, 중생·부중생에 대하
여 여래는 중생이 아니라고 설하는데 그것을 중생이라 말
하기 때문이다."

　제18단의는 신(身)이 없다면 어떻게 법을 설하는가 하는 의심
을 끊어 준다. 이 의심은 위의 신상(身相)은 불가득하다는 것에
서 유래한 것이다. 곧 부처님을 색신성취로도 또 제상성취로도
볼 수가 없다면 부처님은 법을 설하는 것이 아닐 것이라는 것에
대한 의심을 단제한다.

이미 여래의 색신과 상호는 불가득하다고 하였는데 그렇다면 어떻게 남을 위하여 설법을 펼 수가 있겠는가. 그것은 여래의 비원(悲願)은 심중(深重)하기 때문에 감(感)을 따라 응(應)한다. 그래서 설함이 없이 설하고 설한 즉 설함이 없다. 바로 이 뜻을 모르면 부처님을 비방하는 것이 된다.

"설해야 할 법이 없다. 이것을 법을 설한다고 말하는 것이다"라는 것은 성품이 집착을 여의었기 때문에 성품이라는 것에 구애받지 않고 설하는 것이다.

"수보리야, 그대는 여래가 '나는 진실로 설법을 하였다'라 생각한다는 그런 말을 해서는 안 된다. 그런 생각조차 해서는 안 된다"는 것은 "부처님께서 선현에게 말씀하셨다. 그대는 법신여래께서는 스스로 설한 법이 있다고 생각한다는 말을 하지 말라. 법신불에게는 본래 설법했다는 염(念)도 또 설법한 바도 없기 때문이다"라는 뜻이다.

선현은 해공제일이다. 반야의 공혜와 더불어 상응하여 지혜로써 생명을 삼기 때문에 혜명이라 칭한다. 위에서 말한 신(身)은 비신(非身)의 신(身)이고 설법[法]은 비설(非說)의 설법[說]이며 신(身)과 설법[說]이 모두 오묘하여 믿기가 어렵고 이해하기가 어렵다. 때문에 이와 같은 의문이 있는 것이다.

"어떻게 생각하느냐. 여래가 설한 법이 있겠느냐"의 이하는 법신에 설법이 있다는 의문을 타파하는 부분이다. 곧 "만약 색신만 구족하고 법신을 구족하지 못한다면 어떻게 여래께서 설한 법이 있다고 말할 수 있겠는가"라는 것이다. 이에 대하여 부처님은 "수보리야, 그대는 여래께서 법신으로 설한 법이 있다고 말해서는 안 된다. 만약 여래께서 법신으로 설한 법이 있다고 말한다면 그것은 법신을 비방하는 것이다"라고 말한다. 곧 법신은 색이 아니기 때문에 법신은 설한 바가 없다는 것이다.

"설법을 해도 설해야 할 법이 없는데 그것을 설법이라 말한다"는 것은 의심을 파하는 것이다. 곧 사람들이 법신이 설법했다는 것을 듣고는 곧 설할 만한 법이 있다고 말한다. 때문에 "비록 다시 법을 설하지만 설할 만한 법이 없다. 짐짓 설법이라 말할 뿐이다"라고 말한다.

만약에 법신에 설법한 바가 있다고 말한다면 그것은 법과 불을 다함께 비방하는 것이다. 왜냐하면 법신은 적막하고 무언이기 때문이다.

"많은 중생이 있어 미래세에 이 설법을 듣고 신심을 내겠습니까"라는 것은 그 신수(信受)에 대한 것이다. 곧 '만약 제불께서 설한 것이 없다고 말한다면 설한 바 법도 법신에서 떠나지 않아야 할 것이다. 또한 제불께서 설한 법이 없다면 어떤 사람이 이와 같이 심심한 법계를 믿을 수 있는가'라는 뜻이다.

여기에서 범부중생(凡夫衆生)이 아니므로 부중생(不衆生)이라 하고, 성체중생(聖體衆生)이기 때문에 중생(衆生)이라 말한 것이다. 그래서 성체중생이 아니기 때문에 성(聖)이 아니다. 그리고 이것은 성체중생(聖體衆生)이기 때문에 성(聖) 아님이 없다.

"그는 중생도 아니고"라는 것은 범부중생이 아니라는 것이고, "부중생도 아니다"라는 것은 성체중생이 아니라는 것이다. 성체

중생은 곧 대승의 사람인데 그들이 어찌 믿음을 내지 못하는 범부중생으로 보이겠는가. 이 도리를 선현조차도 깨치지 못할까 봐 염려한 나머지 이하의 경문에서 다시 그것을 설명한다.

"그때 혜명수보리가 부처님께 사뢰어 말씀드렸다." 이하는 수보리의 질문을 풀어주고 다독여주는 것이다. 말하자면 그 의심이란 '만약 제불께서 설한 것이 없다고 말한다면 설한 바 법도 법신에서 떠나지 않아야 할 것이다. 또한 제불께서 설한 법이 없다면 어떤 사람이 이와 같이 심심한 법계를 믿을 수 있는가'라는 것이다.

"중생 부중생"은 위의 경문에서 말한 "중생도 아니고 부중생도 아니다"는 것을 가리킨 말이다. 앞의 중생은 말하자면 범부중생이고, 뒤의 부중생은 말하자면 보리심을 내어 수행하는 중생을 말한다. 곧 말하자면 천제중생(闡提衆生)도 아니고 무불성중생(無佛性衆生)도 아니라는 것이고, 『반야경』을 청문(聽聞)하고 발심하여 성불하는 중생이라는 말이다.

"여래는 중생이 아니라고 설한다"라는 것은 말하자면 천제중생도 아니고 무불성중생도 아니라는 것이다.

"여래는 이것을 중생이 아니라고 설하였다. 이것을 중생이라고 말한다"는 것은 범부중생이 아니라 성체중생이 믿음과 이해를 낸다는 것을 말한 것이다.

"……한 중생을 중생이라고 말한다"는 것은 발심한 중생을 말한다. 위의 내용을 뜻으로 말하면 이 경전에서 신심을 내는 자는 곧 발심하고 수행하여 성불하는 중생이지 일천제중생과 같은 무불성중생이 아니라는 것이다.

〈제19단의〉
무법가득분 제22(無法可得分 第二十二)

須菩提白佛言 世尊 佛得阿耨多羅三藐三菩提 爲無所得
耶 佛言如是如是 須菩提 我於阿耨多羅三藐三菩提 乃
至無有少法可得 是名阿耨多羅三藐三菩提

수보리가 부처님께 사뢰어 말씀드렸다.
"세존이시여, 부처님께서 얻은 아뇩다라삼먁삼보리는 것은
무소득입니까."
부처님께서 말씀하셨다.
"그래, 그렇다. 수보리야, 나는 아뇩다라삼먁삼보리 내지
작은 법조차도 얻은 바가 없는데 그것을 아뇩다라삼먁삼보
리라 말한다."

정심행선분 제23(淨心行善分 第二十三)

復次須菩提 是法平等 無有高下 是名阿耨多羅三藐三菩
提 以無我無人無衆生無壽者 修一切善法 則得阿耨多羅
三藐三菩提 須菩提 所言善法者 如來說卽非善法 是名
善法

"또한 수보리야, 이 법은 평등하여 높고 낮음이 없는데 그
것을 아뇩다라삼먁삼보리라 말한다. 아도 없고 인도 없고
중생도 없고 수자도 없는 마음으로 일체의 선법을 닦아야
곧 아뇩다라삼먁삼보리를 얻는다.

수보리야, 말한바 선법에 대하여 여래는 선법이 아니라고
설하는데 그것을 선법이라 말한다."

제19단의는 무법(無法)이라면 어떻게 수증이 가능한가 하는
의심을 끊어 준다. 이 의심은 위의 제12단의와 제13단의 가운데
법으로서 아뇩다라삼먁삼보리를 터득한 것이 없다는 것에서 유
래한 것이다. 곧 제19단의, 제20단의는 불이 무상보리로서 터득
해야 할 것이 없다면 어째서 수와 증이 있는가에 대한 의심을
단제한다. 위에서 이미 실로 법으로서 아뇩다라삼먁삼보리를
터득한 것이 없다고 말했다. 그렇다면 어떻게 수증이 있겠는가
하는 것이다. 이에 대하여 부처님의 답변은 얻을 수 있는 법이
없는 것을 정각이다, 평등한 것이 정각이다, 선법(善法)을 바르게
닦으면 정각을 성취한다는 것이다.

수보리의 "부처님께서 얻은 아뇩다라삼먁삼보리는 무소득입
니까"라는 질문에 부처님은 그렇다고 인정을 한다. 때문에 여기
에서 선현이 지금 묻는 뜻은 "진여의 도리에서 부처님은 무상보
리를 얻었습니까" 하는 것이다. 곧 말하자면 능증과 소증이 모
두 관조반야(觀照般若)이고 실상반야(實相般若)임을 가리킨다. 때
문에 『해심밀경』에서는 "보리와 보리가 단절된 것을 모두 보리
라 말한다"라고 했고, 『대지도론』에서는 "지(智)와 지처(智處)에
대한 설을 모두 반야라 말한다"라고 했다. 말하자면 여기에서는
중생으로 하여금 번뇌장과 소지장의 두 가지 장애를 단제하고
관조반야와 실상반야의 두 가지 보리를 얻게 하려는 것이다.

"아뇩다라"는 것은 무상각(無上覺)인데 이것은 법신보리를 가리킨다.

"삼먁삼보리"는 것은 정각인데 이것은 보신보리를 가리킨다.

"아도 없고 인도 없으며 중생도 없고 수자도 없는 마음으로 일체의 선법을 닦으면 곧 아뇩다라삼먁삼보리를 얻는다"는 것은 결론지은 부분이다.

이것은 증감이 없고, 차별이 없으며, 일체의 선법을 닦으면 곧 아뇩다라삼먁삼보리를 얻는다는 것으로 방편을 만족시키는 것이다.

"이 법은 평등하여"라는 것은 증감이 없다는 것인데 진여의 도리를 증감이 없기 때문이다. 일체제불이 공통적으로 보리를 얻어 그 지혜에 뛰어나고 하열한 것이 없는 것을 가리킨다.

"높고 낮음이 없다"는 것은 유위법에는 취사가 있어서 보살이 십지에서 뛰어난 무루법을 얻고 하열한 유루법은 버리지만 무위법 자체는 뛰어나거나 하열하여 취사할 수 있는 것이 아니므로 "높고 낮음이 없다"라고 말한다.

곧 일체제불은 화신을 일으켜 모든 부류에 대하여 공평하고 평등하며 내지 수명도 또한 그와 같다는 것을 가리킨다. 평등은 법신을 가리킨 것이고 높고 낮음은 보신에 의한 것이다. 이를테면 여기에서 말하는 일체제불은 보신이다. 그래서 보신은 화신과 마찬가지로 모든 부류에 대하여 공평하고 평등하며 내지 수명도 또한 그와 같다.

"아도 없고 인도 없으며 중생도 없고 수자도 없는 마음으로"

는 차별이 없다는 것을 드러내는 부분에 해당한다. 말하자면 일체제불의 법은 아·인·중생·수자라는 법에 집착이 없으므로 법신은 평등하여 뛰어나거나 하열하다거나 하는 차별이 없다.

"일체의 선법을 닦으면 곧 아뇩다라삼먁삼보리를 얻는다"는 것은 요컨대 선지식을 가까이하여 청문(聽聞)하고 계념(計念)하며 여법하게 법을 수습하고 법을 따라 선근을 만족케 행하기 때문에 진리에 계증하는 이것을 아뇩보리를 성취한다고 말한 것이다.

말하자면 "아상이 없고 인상이 없으며 중생상이 없고 수자상이 없다"는 것은 요인(了因)으로서 곧 정도(正道)이다. "일체의 선법을 닦는다"는 것은 연인(緣因)으로서 곧 조도(助道)이다. "아뇩다라삼먁삼보리를 터득한다"는 것은 곧 정각이다.

따라서 위에서 말한 "아도 없고 인도 없으며 중생도 없고 수자도 없는 마음으로"라는 것은 유집의 제거를 가리키고, "선법을 닦는다"는 것은 그 공집을 타파하는 것이다. 아·인·중생·수자가 공하려면 모름지기 자신의 망심을 없애야 한다. 그러나 원성실성에 의한 유(有)이기 때문에 그 선법은 남겨 두어야 한다. 때문에 오직 유를 배운다는 입장에서만 비공이라 하는데 단지 망상으로 그것을 증장시킬 뿐이다. 또한 오직 공을 배운다는 입장에서만 비유일 뿐이지 진지(眞智)는 인(因)이 없으므로 불생(不生)이다. 이처럼 공문(空門)에서 망상을 없애고, 유부(有部)에서 진심을 일으킴으로써 유와 공을 쌍관(雙觀)해야 바야흐로 중도가 성취된다.

"말한 바 선법에 대하여"라는 것은 말하자면 보리의 선법을

추구하는 것으로 혹 무루법 내지 무루법이 수순하는 것을 가리
킨다.

"선법이 아니다"는 것은 유루의 생멸 내지 선악법이 아니라
는 것이다.

"이것을 선법이라 말한다"는 것은 출세간의 선법이다.

법계에 증감이 없는 이 법은 평등하다. 때문에 보리를 증득함
도 없다. 경문에서 말한 "선법 선법"에서 앞의 선법은 유루선법
으로서 무루청정한 선법이 아니다. 그리고 뒤의 선법은 무루선
법으로서 유루선법이 아니기 때문에 선법이라 말한 것이다.

〈제20단의〉

복지무비분 제24(福智無比分 第二十四)

須菩提　若三千大千世界中所有諸須彌山王　如是等七寶
聚　有人持用布施　若人以此般若波羅蜜經　乃至四句偈等
受持讀誦　爲他人說　於前福德　百分不及一　百千萬億分
乃至算數譬喩　所不能及

"수보리야, 만약 삼천대천세계에 있는 모든 수미산만큼의
칠보를 가지고 어떤 사람이 보시한다고 하자.
또 어떤 사람이 이『반야바라밀경』내지 사구게 등을 수지
하고 독송하며 타인에게 설해 준다고 하자.
그러면 앞의 복덕은 뒤의 복덕에 비하여 백분의 일에도 미치지
못하고, 백천만억 분 내지 산수나 비유로도 미칠 수가 없다."

제20단의는 설법한 바가 무기(無記)라면 그것은 인(因)이 될

수 없다는 의심을 끊어 준다. 곧 만약 일체선법으로 보리를 얻었다면 곧 설한 법은 성불하지 못할 것입니다. 왜냐하면 무기법이기 때문이다. 이 의심은 위의 선법(善法)을 닦는다는 것에서 유래한 것이다.

말하자면 그 능전(能詮)에 해당하는 교(敎)에는 명(名)·구(句)·문(文)이 있는데 그 체성은 모두 무기이다. 그런데 어떻게 청문하여 선법을 발생한다는 것인가를 의심하는 것이다. 그러나 이와 같은 의심은 소승인들이나 하는 의심이다. 바로 이 의심을 타파하는 설명으로 경전을 수지하는 공덕을 언급한다.

이 대목과 관련하여 천친은 다음과 같이 말한다.

"비록 법이 무기라 할지라도 그것으로 대보리를 얻을 수 있다. 왜냐하면 설법을 떠나서는 대보리를 얻을 수가 없기 때문이다. 이런 까닭에 이 법은 곧 보리의 인(因)이 된다. 또한 여기에서 사용된 무기(無記)라는 말은 그 뜻이 같지가 않다. 왜냐하면 그대의 법은 곧 무기(無記)이나 내 법은 기(記) 곧 선(善)이기 때문이다."

이것은 저 종지를 좇아 해석한 것으로 불어(佛語)가 선(善)에 해당한다는 것을 말한 것이다. 또한 대승의 뜻으로 말하자면 한 번 부처가 되면 그 성(聲)과 명(名)과 구(句)는 모두 선(善)이다. 이런 까닭에 한 번 수지할 때면 곧 보리의 광대인(廣大因)이 되므로 다른 무량한 진보로 보시한 것보다 뛰어나다. 이것이 바로 위의 의심, 곧 '만약 일체의 선법을 만족시켜 아뇩다라삼먁삼보리를 얻는다면 곧 설법은 대보리를 얻을 수 없을 것이다. 왜냐

하면 설한 바 법은 무기법이기 때문이다’라는 것을 타파하는 것
이다.

위에서는 이미 선법을 닦음으로써 보리를 얻는다고 말하였
다. 그런데 부처님의 설법이 무기법이라면 그 보리를 얻을 수
없는 것이 아닌가 하는 의심을 낼까 봐 그런 까닭에 부처님께서
는 대천세계에 가득한 칠보로 보시하는 것이 수미산만큼 많다
는 비유를 든 것이다. 그러나 그것도 사구를 수지하고 설하는
공덕의 크기에 비교하면 백천만억 분의 일에도 미치지 못한다
고 말한다.

대개의 경우 부처님의 설법은 언설상을 떠나 있다. 언설상을
떠나 있기 때문에 보리의 인이 된다. 위의 경문 가운데 비유에
해당하는 부분이 보리유지 번역본『금강경』은 “그러면 전자의
복덕은 후자의 복덕에 비하여 백 분의 일에도 미치지 못하고,
천 분의 일에도 미치지 못하며, 백천만 분의 일에도 미치지 못
하고, 가라 분의 일에도 미치지 못하며, 어떤 숫자로도 미치지
못하고, 우파니사타 분의 일에도 미치지 못하며, 내지 산수나 비
유로도 미치지 못한다”라고 말한다.

이에 의하면 경문에서는 법시가 재시보다 뛰어나다는 것을
비유로 설명하는데 구체적으로는 4종이 있다. 첫째는 수(數)가
뛰어나고, 둘째는 역(力)이 뛰어나며, 셋째는 비슷한 바가 없이
뛰어나고, 넷째는 인(因)이 뛰어나다.

첫째의 수(數)가 뛰어난 것이란 경문에서 말한 “백천 분의 일
에도 미치지 못하고……”이다. 이것은 지경의 복덕은 불가수(不

可數)하다는 것이다.

둘째의 역(力)이 뛰어난 것이란 경문에서 말한 "가라 분의 일에도 미치지 못한다"는 것이다. 이것은 역용(力用)이 뛰어난 것으로 경전의 역용이 칠보보시의 역용보다 뛰어나다는 것이다.

셋째의 비슷한 바가 없이 뛰어난 것이란 이 복덕 가운데 숫자로서 비슷한 바가 없다는 것이다. 이것은 불상사수(不相似數)만큼 뛰어나다는 것으로 우파니사타는 수(數) 가운데 미세한 수이다. 곧 경전의 일부분만 수지하더라도 복덕의 수(數)가 비교할 수 없을 정도이기 때문에 그 우파니사타의 수(數)가 뛰어나다는 것을 말한다.

넷째의 인(因)이 뛰어나다는 것이란 인과 과가 비슷하지 않다는 것이다. 곧 경문에서 말한 인과는 그 밖의 다른 인과보다 뛰어나다는 것이다.

묻는다: 제1주 설법에서 이미 내시(內施)와 외시(外施)를 들어 비교하였다. 그런데 지금 무슨 까닭에 다시 설하는 것인가.

답한다: 앞에서 이미 전주(前周)와 후주(後周)의 설법은 양회(兩會)의 대중을 위한 것이었음을 설명하였다. 때문에 응당 질문이 없었다. 또한 앞에서 이미 반야의 체문(體門)과 신수문(信受門)을 설명하여 마쳤다. 그런데 지금 여기에서 경문을 설하는 것은 그 공덕문(功德門)이다.

묻는다: 그것으로 의심은 사라졌다. 그런데 무슨 까닭에 항사칠보는 언급하지 않고 항사신명을 언급하는 것인가.

답한다: 삼천대천세계의 진보는 최초로 비교한 것이기 때문에 제1주에서 언급한 것이다. 또한 제2주의 대중을 위한 까닭에 점차적으로 비교해야지 돈적(頓的)으로 비교할 수가 없는 것이다. 또한 지금 여기에서 말하는 삼천의 재보는 앞에서 말한 것과 다르다. 앞에서 말한 것은 단지 삼천의 재보가 경전의 사구를 수지하는 것에 미치지 못한다는 것만을 설명했다. 그러나 여기에서는 그것이 백 분의 일 내지 등등에도 미치지 못한다고 설명한다.

이에 대하여 대승규기는 다음과 같이 네 가지로 말한다.

첫째의 승수(數勝)란 말하자면 숫자로 비교하는 것이다. 이를테면 소승에는 62수가 있지만 화엄에는 120수가 있다. 한편 한자문화권에서는 일, 이, 삼, 사, 오, 육, 칠, 팔, 구, 십, 백, 천, 만, 억, 조, 경, 해, 자, 양, 구, 간, 정, 재, 극의 스물 네 단위의 숫자를 통하여 비교하는데 이것을 통하여 생사의 과보가 얼마나 큰지 모두 알 수가 있다. 그러나 만약 이 경전을 수지하면 성불을 하는데 그 공덕은 그와 같은 숫자를 가지고는 결코 비교할 수 없다는 것이다. 때문에 수승(數勝)이라 한다.

둘째의 역승(力勝)이란 정계승(情計勝)을 가리킨다. 말하자면 재물보시 등을 통하여 얻는 세간의 인(人)과 천(天)의 선과(善果)는 정계(情計)를 통하여 알 수가 있다. 그러나 지금 이 경전을 수지한 그 공덕은 정계(情計)로 헤아릴 바가 아니기 때문이다.

셋째의 불상사승(不相似勝)이란 말하자면 유승(喩勝)을 가리킨다. 세간의 복과(福果)에 대한 비유는 일반적인 비유로 가능하다. 그러나 경전을 수지하여 얻는 뛰어난 공덕은 그 어떤 비유를 통해서도 비유할 수가 없기 때문이다.

넷째의 인승(因勝)이란 말하자면 시승(時勝)을 가리킨다. 세간의 복과(福果)는 시한(時限)으로 그 다소를 비교할 수가 있다. 그러나 경전을 수지하여 얻는 과에 대해서는 미래제가 다한다 해도 시분(時分)으로는 한정할 수가 없어 교량이 불가능하기 때문이다. 이와 같이 논소가들이 말한 네 가지에 대하여 규기는 수(數)‧계(計)‧유(喩)‧시(時) 등으로 명명한다.

〈제21단의〉
화무소화분 제25(化無所化分 第二十五)

須菩提 於意云何 汝等勿謂 如來作是念 我當度衆生 須
菩提 莫作是念 何以故 實無有衆生 如來度者 若有衆生
如來度者 如來則有我人衆生壽者 須菩提 如來說有我者
卽非有我 而凡夫之人 以爲有我 須菩提 凡夫者 如來說
卽非凡夫 是名凡夫

"수보리야, 어떻게 생각하느냐. 그대들은 여래가 '나는 중생을 제도하였다'라 생각한다는 그런 말을 해서는 안 된다. 수보리야, 그런 생각조차 해서는 안 된다. 왜냐하면 실로 여래가 제도할 중생은 없기 때문이다. 만약 여래가 제도할 중생이 있다면 여래에게 곧 아‧인‧중생‧수자가 있는 것이다.
수보리야, 여래가 설한 유아라는 것은 곧 유아가 아닌데도

범부가 유아라 간주한다. 수보리야, 여래가 설한 범부는 곧
범부가 아닌데 그것을 범부라 말한다.”

제21단의는 평등하다면 어떻게 중생을 제도한다는 것이 가능
하겠는가 하는 의심을 끊어 준다. 이 의심은 위의 제19단의 가
운데 시법평등(是法平等)에서 유래한 것이다. 곧 법이 평등하여
높고 낮음이 없는 것이라면 부처님이 중생을 제도한다고 말할
수 없다는 것에 대한 의심을 단제한다.

그 의심은 곧 이 법은 평등하여 높고 낮음이 없다고 하였는데
어째서 여래는 도리어 중생을 제도한다고 말하는 것인가. 때문
에 천친은 게송에서 다음과 같이 말한다.

평등한 진여의 법계이므로
부처님은 중생제도 않는다.
가명으로 함께하는 오음은
법계를 벗어나지 않는다네.

여기에서 명(名)은 중생의 가명(假名)이고, 음(陰)은 오음의 실
법(實法)이다. 이 가명과 실법은 모두 법계이기 때문에 ‘법계를
떠나지 않는다’라 말한다. 그리하여 이미 법계는 범성(凡聖)과
일여한데 어째서 제도할 만한 중생이 있다고 말하는가. 때문에
‘부처님은 중생을 제도하지 않는다’라 말한다.

곧 고(高)가 없은즉 제불도 고(高)가 아니므로 불(佛)도 능도(能

度)할 수가 없다. 그리고 만약 하(下)가 없다면 중생도 하(下)가 아니므로 아래로 중생을 제도할 수도 없다. 그러나 불(佛)은 능도(能度)이므로 불(佛)은 고(高)이고, 중생은 소도(所度)이므로 하(下)가 된다. 그러므로 응당 고하(高下)가 없다.

여래가 만약 '나는 능도이고 중생은 소도이다'라 말한다면 그것은 곧 사상에 집착하는 꼴이 되고 만다. 그러나 여래는 사상을 여의었기 때문에 이로 말미암아 제도함이 없이 제도하고 제도하되 제도함이 없다. 이것은 곧 여래가 설하는 유아(有我)는 진아(眞我)이고 비유아(非有我)는 비망아(非妄我)이다. 그러나 범부의 아(我)는 아집이고 비범부(非凡夫)는 비생(非生)이다. 말하자면 성인법을 내지 못하는 것이 곧 모도범부(毛道凡夫)이다.

"실제로 여래가 제도한 중생이란 없기 때문이다"라는 것은 진리에는 제도받는 중생도 없고 제도하는 여래도 없다는 것을 가리킨다. 그러면서도 겉으로 교화한다고 말한 근거는 가설한 중생을 제도한다는 것이다.

"만약 여래가 제도한 중생이 있다면 여래에게 아·인·중생·수자가 있다는 것이다"는 것은 여래가 만약 실로 중생이 있고 실로 제도한 바가 있다고 설한다면 그것은 아집을 없애지 못한 것이므로 불(佛)이라 일컬을 수 없다는 것을 가리킨다.

"여래가 설한 유아(有我)"라는 것은 말하자면 인연화합의 존재를 가설로 그렇게 말한 것이다.

"곧 유아(有我)가 아니다"라는 것은 실이 아닌데도 불구하고 그것에 집착한 아(我)를 가리킨다.

"범부는 유아에 대하여 유아라 말한다"는 것은 집착으로 취한 바 아를 가리킨다.

이것을 뜻으로 말하면 다음과 같다.

"여래가 설한 유아는 무아라는 것에 대한 두려움을 제거해 주기 위한 것이다. 때문에 먼저 수습단계에서는 반드시 아라는 것에 의거해야 하지만 나중에는 점차 진리에 계합되면 아상이 저절로 사라진다. 만약 유아를 방편으로 내세우지 않고 오직 무아만을 말하여 수행케 한다면 아는 본래 공하기 때문이다."

"수보리야, 범부에 대하여 여래는 범부가 아니라 설한다"는 것은 범부라는 것조차도 역시 실이 아니지만 단지 가설로 그런 말을 시설한 것에 대한 설명이다. 말하자면 탐욕과 성냄을 아직 멸하지 못한 무리를 가명범부(假名凡夫)라 하다는 것을 가리킨다. 그렇지 않은 경우의 무리는 실범부(實凡夫)라 한다.

"여래가 설한 유아라는 것은 곧 유아가 아닌데도 범부가 유아라 간주한다"에 대하여 의심하여 말한다: 만약 제도할 중생이 없다면 부처님의 금구(金口)에서 왜 자칭 '내가[我] 과거 보살도를 행할 때'라 하여 아(我)라는 말을 하는 겁니까. 여기에 유아(有我)임을 알 수 있는 것 아닙니까.

답한다: 세속에서 흔히 하는 방식을 따라 유아라고 말했을 뿐이지 실로 유아가 있어 설하는 것이 아니다.

그런데도 범부는 유아라고 말하여 다음과 같은 의문을 낸다.

"만약 무아라면 무슨 까닭에 세간에서는 모두 나는 왔다, 나는 갔다, 나는 태어났다, 나는 죽었다 등등 말하는가."

이에 대하여 해석하자면 곧 범부가 무아인데도 공연히 유아라고 계탁할 뿐이므로 범부는 유아라 말한다.

『금강반야론』의 경문에서는 "수보리야, 모도범부중생이란 여래가 모도범부중생이 아니라고 말하기 때문에 모도범부중생이라 한다고 설한다"라고 말한다.

곧 '모도범부중생이란 여래가 모도범부중생이 아니라고 말하기 때문에'라는 것은 성관(聖觀)을 내지 못하기 때문에 모도범부중생이 아니라고 말한다. 그리고 범부가 전도심을 내기 때문에 모도범부중생이라 말한다.

〈제22단의〉
법신비상분 제26(法身非相分 第二十六)

須菩提 於意云何 可以三十二相 觀如來不 須菩提言 如
是如是 以三十二相觀如來 佛言 須菩提 若以三十二相
觀如來者 轉輪聖王 則是如來 須菩提 白佛言 世尊 如我
解佛所說義 不應以三十二相觀如來 爾時世尊 而說偈言
若以色見我/ 以音聲求我/ 是人行邪道/ 不能見如來//

"수보리야, 어떻게 생각하느냐. 32상을 통해서 여래를 볼 수가 있느냐."
수보리가 여쭈었다.
"그렇습니다. 바로 그렇습니다. 32상을 통해서 여래를 볼 수가 있습니다.”
부처님께서 말씀하셨다.
“수보리야, 32상을 통해서 여래를 볼 수가 있다면 전륜
성왕도 곧 여래일 것이다.”
수보리가 부처님께 사뢰어 말씀드렸다.
“세존이시여, 제가 부처님의 뜻을 이해하기로는 결코 32상
을 통해서는 여래를 볼 수가 없습니다.”
이때 세존께서 게송을 설하여 말씀하셨다.
색상으로 나를 보려고 한다든가
음성으로 나를 찾으려고 한다면
그는 사도를 걸어가는 사람이니
여래를 볼 수 있는 것이 아니다.

제22단의는 상(相)과 비지(比知)를 통해서 법신인 진불을 알 수 있는 것이 아닌가 하는 의심을 끊어 준다. 이 의심은 앞의 제17단의 가운데서 여래는 색신의 제상을 통해서 볼 수 있는 것이 아니라는 것에서 유래한 것이다. 곧 여래를 색신을 통해서는 볼 수가 없다. 그러나 법신을 체(體)로 삼는다 해도 그것이 성(聲)과 색(色)을 떠나지 않은 것은 아닐까 하는 것에 대한 의심을 단제한다. 형상의 성취를 통해서 여래를 볼 수는 없다. 형상에는 체가 없는데 여래는 법신을 체로 삼기 때문이다. 비록 그렇다 할지라도 여래의 법신은 형상의 성취를 통해서 볼 수가 있다. 왜냐하면 비지(比知)를 통해서 여래의 법신은 복덕의 성취임을 알고 있기 때문이다.

앞에서 비록 여래법신에 대한 유상(有相)·무상(無相)·일(一)·이(異) 등을 타파하였다. 그런데도 다만 눈과 귀를 통해서만 보고 듣는

무리들은 대개 32상을 불이라 말하면서 다음과 같은 의문을 낸다.

"32상의 업 등을 닦아서 32상신(相身)을 얻는다. 32상신이 있으므로 곧 법신이 있다. 그러므로 법신에도 응당 상호가 있을 것이다."

바로 이와 같은 의문을 타파하기 위하여 이 경문이 여기에 온 것이다. 말하자면 "형상을 성취했다 하더라도 그것을 통해서 여래를 볼 수는 없다. 그 형상에는 체가 없다. 여래는 법신을 체로 삼기 때문이다. 비록 그렇다 할지라도 여래의 법신은 응신 혹은 화신의 형상을 통해서 볼 수가 있다. 왜냐하면 비지(比知)를 통해서 여래의 법신은 복덕의 성취임을 알고 있지 않은가" 하고 의심하는 것이다.

이것을 뜻으로 말하면 다음과 같다.

"보신과 화신은 법신으로 체를 삼는다. 그러나 겉으로 드러난 보신과 화신에는 상호가 있다. 비지(比知)를 통해서 밖으로 드러낸 것처럼 안으로 감추어진 법신에도 응당 그 상호가 있어야 하지 않은가. 왜냐하면 모든 사람의 얼굴을 보면 그 심사(心事)를 알 수 있기 때문이다."

위의 경문에 대하여 길장은 다음과 같이 말한다.

묻는다: 『관불삼매해경』에서는 만약 불의 형색과 음성을 관찰하면 모든 중죄가 멸한다고 말한다. 그런데 지금은 어째서 색을 보고 소리를 듣는 것을 사도(邪道)의 수행이라 말하는 것인가.

답한다: 만약 반야의 방편작용을 터득하면 색을 보고 소리를

듣는 것도 불이고, 비색성(非色聲)도 또한 불이며, 내지 비비색성(非非色聲)도 또한 불이다. 그러나 만약 반야의 방편작용을 터득하지 못하면 위의 경문이 모두 불과 관계가 없다.

32상은 응신상이다. 여래를 관하는 것은 법신여래를 관하는 것으로 질문의 뜻은 응신인 상호를 통해서 법신을 관견(觀見)할 수 있는가 하는 것이다. 선현은 곧 응신의 상호는 법신으로부터 유출된 것이기에 만약 상호를 보면 곧 법신을 본다는 것을 알고 있다. 때문에 부처님께서는 "그래, 그렇다"라고 답한다. 부처님께서는 또한 선현이 응신에 집착하여 법체를 통달하지 못할까 염려한 까닭에 다시 전륜성왕은 여래가 되기 어렵다는 것을 말한다. 그러자 선현은 부처님께서 말씀하시는 전륜성왕은 여래가 되기 어렵다는 것을 이해하고 32상을 통해서는 여래를 볼 수 없다고 말한다.

이것은 이미 부처님께서 위에서 게송으로 설하여 다음과 같이 증명하신 것이다. 게송을 산문으로 풀어 보면 다음과 같다.

"법신의 본체는 본디 소리와 형색을 벗어나지 않는다. 그러나 단지 범부가 보고 듣는 것에 집착할 뿐이다. 이처럼 잘못된 수행을 하는 것으로는 끝내 여래를 볼 수가 없다."

여기에는 본래 다음과 같이 두 개의 게송이 있다.

색상으로 나를 보려고 한다든가
음성으로 나를 찾으려고 한다면
그는 사도를 걸어가는 사람이니

여래를 볼 수 있는 것이 아니다.

저 여래세존의 심심미묘한 몸은
다름아닌 법신이다. 이에 제불은
법신의 신체로서 보이지 않으니
분별식을 통해서는 알지 못하네.

첫째 게송은 '형색과 소리를 통해서는 결코 법신여래를 볼 수가 없다. 만약 형색과 소리를 통해서 법신여래를 보려고 한다면 진리에 계합할 수가 없다. 그것은 잘못된 수행을 하는 것으로 끝내 법신불을 볼 수가 없다'는 것을 드러낸다.

둘째 게송은 '법신의 미묘한 신체는 심(尋)과 사(思)를 초월해 있으므로 범부는 볼 수가 없다. 분별식으로는 알 수가 없다'는 것을 설명한다.

이와 같은 의미에 대하여 『열반경』에서는 "법(法)에 의지해야지 인(人)에 의지해서는 안 된다. 요의경(了義經)에 의지해야지 불요의경(不了義經)에 의지해서는 안 된다. 의(義)에 의지해야지 어(語)에 의지해서는 안 된다. 지(智)에 의지해야지 식(識)에 의지해서는 안 된다"라고 말한다. 그런데도 제대로 볼 수가 없는 것은 중생의 경우 모두 세제(世諦)로 보기 때문이다. 그래서 저 법신불은 진여상이므로 언설을 통해서 알 수 있는 것이 아니라 오직 스스로 증득하는 수밖에 없다.

<제23단의>

무단무멸분 제27(無斷無滅分 第二十七)

須菩提 汝若作是念 如來不以具足相故 得阿耨多羅三藐
三菩提 須菩提 莫作是念 如來不以具足相故 得阿耨多
羅三藐三菩提 須菩提 汝若作是念 發阿耨多羅三藐三菩
提心者 說諸法斷滅 莫作是念 何以故 發阿耨多羅三藐
三菩提心者 於法不說斷滅相

"수보리야, 그대가 만약 '여래는 상을 구족하지 않은 까닭
에 아뇩다라삼먁삼보리를 얻었다'라 생각한다고 하자.
수보리야, '여래는 상을 구족하지 않은 까닭에 아뇩다라삼
먁삼보리를 얻었다'는 생각을 해서는 안 된다.
수보리야, 그대가 만약 '아뇩다라삼먁삼보리심을 낸 자는
제법의 단멸을 설하지 않는다'라 생각한다고 하자.
그런 생각을 해서는 안 된다. 왜냐하면 아뇩다라삼먁삼보리
심을 낸 자는 법에 대하여 단멸상을 설하지 않기 때문이다."

불수불탐분 제28(不受不貪分 第二十八)

須菩提 若菩薩以滿恒河沙等世界七寶 持用布施 若復有
人 知一切法無我 得成於忍 此菩薩勝前菩薩 所得功德
何以故 須菩提 以諸菩薩 不受福德故 須菩提白佛言 世
尊 云何菩薩 不受福德 須菩提 菩薩所作福德 不應貪着
是故說不受福德

"수보리야, 만약 선남자·선여인이 항하의 모래 수만큼의
세계에 칠보를 가득 채워 그것으로 보시한다고 하자.

또 만약 어떤 사람이 일체제법이 무아임을 알아 무생법인
을 터득한고 하자.
그러면 얻은 공덕은 후자의 보살이 전자의 보살보다 훨씬
뛰어나다.
왜냐하면 수보리야, 제보살은 복덕을 받지 않기 때문이다.”
수보리가 부처님께 사뢰어 말씀드렸다.
“세존이시여, 보살은 어찌하여 복덕을 받지 않습니까.”
“수보리야, 보살은 짓는 복덕에 대하여 탐착해서는 안 된
다. 이런 까닭에 복덕을 받지 않는다고 설한다.”

제23단의는 불과(佛果)가 복덕상과 무관한가 하는 의심을 없
애준다. 이 의심은 위의 응당 상을 통해서는 불을 볼 수가 없다
는 것에서 유래한 것이다. 곧 복덕을 통하여 보리가 얻어지는
것이 아니라면 보살은 복덕업을 잃을 것이라는 것에 대한 의심
을 단제한다.

외도인은 의심을 가지고 ‘만약 보리심을 과(果)로서 느끼지 못
한다면 곧 복덕에 의해서는 참된 보리를 얻지 못한다는 말이 될
것이다’라 말한다. 이와 같은 의심을 제거해 주기 위하여 경문
에서는 “보살로서 아뇩다라삼먁삼보리심을 낸 자는 제법이 단
멸한다는 상(相)을 설하지 않기 때문이다”라고 말한다. 이로써
지혜장엄과 공덕장엄을 성취할 수 있기 때문이다. 여기에서 무
조건 32상을 배척하는 것은 곧 단멸견에 빠진다. 단멸견은 손감
(損減)의 허물이 있고, 단견과 변견의 허물도 있다.

“수보리야, 그대가 만약 ‘여래는 상을 구족하지 않은 까닭에
아뇩아라삼먁삼보리를 얻었다’라 생각한다고 하자”는 부분을

뜻으로 말하면 다음과 같다.

"저 수미산만큼의 칠보를 가지고 어떤 사람이 보시한다 해도 이 경전 내지 사구게를 수지한 사람이 얻는 복덕에 미치지 못한다. 왜냐하면 칠보의 보시로 인한 복덕은 대보리과를 얻지 못하기 때문이다. 이에 의한다면 칠보의 보시로 인한 복덕은 헛된 과보이다. 이처럼 헛되다면 법이 단멸되는 것이다. 그러면 불의 상호신도 또한 없어야 할 것이다. 오직 법신의 공도리만 남아 있을 것이다."

그 이유는 상(相)은 색자성(色自性)이기 때문이다. 곧 지(智)로써 인(因)을 삼아 바야흐로 보리를 얻은 것이지 상(相)을 이용한 것이 아니라는 것이다. 상(相)은 곧 색(色)이기 때문이다.

위에서 여래가 증득한 보리는 복덕으로 얻은 것이 아님을 설명하였다. 그렇다면 이것은 보살이 수행한 결과의 복덕이 보리의 인도 되지 않고 또한 보리의 과보도 초래하지 못한다는 것이 아닌가 하는 의심이 든다. 바로 이런 의심을 없애주기 위하여 수보리에게 "그런 생각을 하지 말라. 여래는 상을 구족했기 때문에 보리를 얻은 것이 아니다"라고 말한다.

상을 구족한 것은 복덕의 상이다. 대개 대승에서 수행하는 복덕의 인과 그로 인하여 얻는 복덕의 과는 단지 취착(取著)의 상만 떠나 있을 뿐이므로 소승에서 말하는 단멸상과는 다르다. 때문에 "법에 있어서 단멸상을 설하지 않는다"라고 말한다. 경문에서는 다시 이하에서 비유를 들어 설명하고 있다.

때문에 "왜냐하면 보살로서 아뇩다라삼먁삼보리심을 낸 자는 제법이 단멸한다는 상을 설하지 않기 때문이다”는 것은 저 소주법(所住法)에 통달하면 일체의 생사와 영상법을 단절하지 못하지만 열반에서는 자재하게 이익중생사를 행하는 것을 말한다. 여기에서 오로지 적정만 추구하는 것을 부정하는 것은 집착이 없는 열반[不住涅槃]을 현시한다. 만약 열반에 주할 수가 없다면 응당 생사고뇌를 받을 것이다. 또한 비록 복덕에 의하여 진여보리를 얻은 것은 아니지만 그렇다고 복덕과 그 과보를 잃은 것은 아니다. 왜냐하면 지혜장엄과 공덕장엄을 성취할 수 있기 때문이다.

가령 어떤 사람이 무량한 세계에 보시를 행하되 마음에 집착이 있으면 그로 얻은 복덕은 유루복덕이 되고 만다. 그러나 만약 마음에 집착이 없으면 그것은 무루의 복덕이 된다. 때문에 “만약 어떤 사람이 일체제법이 무아임을 알면 무생법인을 성취한다”라고 말한다. 여기에서 무아는 인아와 법아에 대한 두 가지 집착이 없는 것을 말한다. 그리고 인(忍)은 무생법인(無生法忍)으로서 초주의 보살이 증득하는 바이다. 이미 무생법인을 얻으면 그것은 상에 주하여 보시하는 것과는 다르다. 때문에 “이 쪽의 공덕이 전자가 얻은 바 복덕보다 뛰어나다”라고 말한다. 때문에 “어떤 사람이 일체제법이 무아임을 알아 무생법인을 얻는다고 하자”는 것에서 초발심을 무생법인을 얻는 것이라 말한 것이다.

또 여기에서는 초발심부터 단멸관(斷滅觀)을 익히지 않고 또 상관(常觀)을 일으키지 않는다는 것을 설명한다. 그리고 후심(後心)에서도 마찬가지이다. 때문에 초발심(初發心)과 후심(後心)이 불이(不二)이다. 마치 발심과 필경은 둘이면서 다르지 않다고 말하는 것과 같다. 앞에서는 불과(佛果)가 유상(有相)도 아니고 무상(無相)도 아니라고 설명하였다. 그러나 지금 여기에서는 불인(佛因)이 단(斷)도 아니고 상(常)도 아니라고 설명한다. 왜냐하면 불의 인과는 모두 정관(正觀)이고 모두 단상(斷常)을 여읜 것이기 때문이다.

경문에서 말한 "무생법인을 터득한다"는 것은 2종의 무아에서 2종의 무아상을 발생하지 않는 것을 말한다. 이런 까닭에 경문에서는 "복덕을 받지만 복덕에 집착하지 않는다"는 것은 저 칠보로 보시한 복덕은 유루의 과보를 얻기 때문에 가책할 만하지만 이 무생법인의 복덕은 유루의 과보가 아니다. 이런 까닭에 "복덕을 받지만 복덕에 집착하지 않는다"라고 말한다.

"복덕을 취하지 않는다"는 것은 유루의 복덕과보를 받지 않는다는 것이다. 선현은 다시 다음과 같이 '이미 복덕과보를 받지 않는다면 어떻게 무생법인을 획득할 수 있겠는가' 하고 의심한다. 이것은 모름지기 유루의 과보를 응당 받지 않을 뿐이지 무루의 과보는 받되 그것에 집착하지 않는다는 것임을 알아야 한다. 때문에 "보살은 복덕을 받지만 응당 복덕에 탐착해서는 안 된다"라고 말한다.

"왜냐하면 아뇩다라삼먁삼보리심을 낸 자는 법에 있어서 단멸상을 설하지 않기 때문이다"는 것은 '제보살은 인을 알고 과를 알아 단·상을 떠나 있다는 것이다. 단지 진실한 복덕의 인과에 집착이 없을 뿐이지 인과를 초래하는 인연이 없다는 것은 비록 열반을 얻었더라도 도로 변역생사에 주하기 때문에 생사를 단멸치 않게끔 한다는 것이다. 만약 생사를 단멸해 버린다면 곧 이승이 열반에 주하는 것과 같아져 버리기 때문이다. 이 때문에 '단멸상을 설하지 않는다'라 말한다.

무생법인을 터득하는 것에 세 가지가 경우가 있다.

하나는 본성무생법인(本性無生法忍)이다. 말하자면 변계소집에 의하여 인·법의 두 가지 상에 본래 체가 없다는 것을 관찰하는 것이다.

둘은 자연무생법인(自然無生法忍)이다. 말하자면 의타기성에 의하여 인연은 자연생이 아님을 관찰하는 것이다.

셋은 혹고무생법인(惑苦無生法忍)이다. 말하자면 진여에 있어서 혹고는 본래 불생임을 관찰하는 것이다.

"복덕을 받지 않기 때문이다"는 것은 말하자면 보살이 행하는 복덕은 복덕 자체와 복덕을 내는 자와 복덕을 받는 자에 집착하지 않기 때문이다. 단지 출세만을 희구하기 때문에 '받지 않는다'라 말한다.

"항하사세계에 칠보를 가득 채워 보시한다"는 것에 대하여 전주(前周)에서는 지경(持經)과 사구(四句)로 위타인설하는 것을 설명하였지만 후주(後周)에서는 보살의 무아인(無我忍)에 대하여 설명한다. 곧 후주에서의 보살은 인무아와 법무아이기 때문에 무아인이라 말한다.

"제보살은 복덕을 받지 않기 때문이다"라는 것은 유소득의 복덕을 받지 않기 때문에 후주의 보살이 전주의 보살보다 뛰어나다. 곧 전주의 보살은 유소득의 복덕을 받기 때문에 후주의 보살에 미치지 못한다. 왜냐하면 보살은 무수심(無受心)으로 복덕을 일으켜 탐심을 내지 않기 때문이다. 또 많은 복덕을 일으키면서도 복덕을 일으킨다는 생각도 하지 않는다. 그리고 다시는 탐심도 내지 않는다.

〈제24단의〉
위의적정분 제29(威儀寂靜分 第二十九)

須菩提 若有人言 如來若來若去若坐若臥 是人不解我所
說義 何以故 如來者 無所從來 亦無所去 故名如來

"수보리야, 만약 어떤 사람이 여래에 대하여 오고 가며 앉고 눕는다고 말한다면 그 사람은 내가 설한 뜻을 이해하지 못한 것이다. 왜냐하면 여래는 오는 바도 없고 또한 가는 바도 없기 때문에 여래라 말한다."

제24단의는 보살이 복덕을 받지 않는다면 도대체 화신이 출현하여 복덕을 받는 것인가 하는 의심을 단제한다. 이 의심은 위에서 복덕을 받지 않는다는 것으로부터 유래한 것이다. 곧 보살이 이 과보를 받지 않는다면 중생은 어떻게 해서 그 복덕을 알고 수용(受用)하는가에 대한 의심을 제거해 주는 대목이다.

말하자면 석가모니 당시 인생의 평균수명은 100년이었다. 그러나 석가모니는 80세까지만 수명을 누리고 나머지 20년 곧 100년 인생의 전체를 5분으로 나누는 경우 제5분에 해당하는 마지

막 20년은 미래중생을 위하여 남겨 두었다는 이야기이다. 그 제
5분의 20년에 해당하는 수명과 그에 상응하는 복덕을 남겨 미래
중생에게 돌려주려고 했다는 것이다. 그러므로 보살도 또한 그
석가모니불이 남겨 둔 복덕을 받았을 터인데 어째서 받지 않았
다고 하는가. 이와 같이 보살이 받은 복덕도 당연히 무량할 것
이기 때문이다.

가고 오며 앉고 눕는 행위를 하는 것은 여래의 응신이고, 오
는 것이 없고 가는 것도 없는 것이 법신이다. 그러나 여래가 옛
적에 보살도를 행할 때 복덕의 과보를 받지 않았다면 어떻게 과
(果)에 이르러 가고 오며 앉고 눕는 상을 통하여 모든 중생으로
하여금 공양하고 복덕을 얻게끔 할 수 있는가. 이에 대하여 여
래가 응신의 작용으로 동작을 내보이기는 하지만 그 법신의 체
(體)는 여여부동(如如不動)하다고 말한다.

이에 대하여 천친은 다음과 같이 말한다.

거래하는 것은 화신불일 뿐이고
법신의 여래는 여전히 부동하네.
때문에 법신진여의 법계 도리는
동일하지도 않고 다르지도 않네.

"만약 어떤 사람이 여래에게 오거나 가거나 하는 것이 있다
고 말한다면" 이하는 "보살이 이미 복덕을 받지 않았다면 세간
의 인왕과 천왕의 몸도 받지 않아야 할 것이다. 그런데 어째서

육도를 왕래하면서 중생을 이익케 한다는 것인가" 등을 물은 것이다.

이에 대하여 천친은 "보살이 비록 세간의 과(果)를 받지는 않으나 화신으로 육도를 왕래하면서 인왕과 천왕의 몸을 나타낸다. 법신은 상주하여 거래가 없다. 그러므로 화신이 중생의 이익을 위하여 거래하는 것을 보고서 법신도 거래가 있다고 말해서는 안 된다. 그리고 법신에 거래가 없는 것을 가지고 생신(生身)도 또한 거래가 없다고 말해서는 안 된다"라고 설명한다. 천친의 이와 같은 설명은 화신에 거래가 있기 때문에 법신에도 거래가 있을 것이라는 의문을 타파한 것이다. 그래서 경문에서는 "만약 여래의 법신에 오거나 가거나 하는 것이 있다고 하면 법신의 뜻을 이해하지 못한 것이다"라고 말한다.

그러면서도 만약 화신에는 거래가 있고 법신에는 거래가 없다는 말은 불이(不二)이면서 이(二)인 도리를 말한 것이다. 그러므로 이 법신과 화신을 내세운 것이다. 거래가 없이 거래하는 것은 화신이고, 거래하지만 거래가 없는 것은 법신이다. 이것은 모두 중생을 위하여 이와 같이 설명할 뿐이다. 논하자면 곧 반야는 일찍이 둘이면서[二] 둘이 아니고[不二] 거래하면서[去來] 거래함이 없다[不去來].

거래하는 것은 화신불이고 법신여래는 항상 부동하다. 이에 중생의 마음이 만약 물처럼 청정하면 부처님께서 이 세상에 오시는 것을 본다. 오되 어디로부터 온 바가 없다. 중생의 마음이 만약 흐리면 쌍림에서 열반하시는 모습을 본다. 곧 부처님의 열반을 말하는 것으로 열반하시되 어디에 다다른 바가 없다.

여기 제24단의에서 제기된 의심은 보신과 화신은 드러내어 중생을 이롭게 하므로 또한 복덕을 받지만 법신은 거래가 없으므로 복덕을 받는 바도 없다는 것이다.

"여래는 오기도 하고"라는 것은 말하자면 성도하러 오는 것을 말한다.

"가기도 하며"라는 것은 입멸하여 떠나는 것을 말한다.

"앉기도 하고"라는 것은 중생의 이익을 위하여 설법하는 때를 말한다.

"눕기도 한다"는 것은 멸상을 말하는 것이다.

화신에게는 이와 같은 거·래·좌·와가 있지만 법신에게는 없다. 때문에 '여래는 오는 바도 없고 또한 가는 바도 없어 여래라 말하기 때문이다'라 설명한다. 비유하면 하늘의 달 모습이 물에 비치는 경우와 같다. 물이 맑고 고요하면 달 모습이 나타나지만 물이 탁하고 흔들거리면 곧 달 모습이 숨어 버린다. 달의 본체는 본래 오고 가는 것이 없지만 물을 말미암아 그 생멸이 있다. 마찬가지로 법신의 본체는 담적(湛寂)하지만 심(心)을 말미암아 가고 오는 것을 볼 수가 있다.

그러므로 "법신은 본래 오고 가는 것이 없다"는 것은 중생이 불을 향하기 때문에 오는 모습을 방편으로 보이는 것이다. 이것은 곧 오는 바가 없이 오는 것이다. 비유하면 마치 아지랑이와 같아서 멀리 있는 모습을 쫓아가서 거기에 이르러 실제로 보면 얼굴에 흘깃 스쳐보이는 것에 불과할 뿐 자신의 마음으로 말미암아 잠깐 나타난 것과 같다.

그리고 "법신은 본래 멸이 없다"는 것은 중생이 불을 싫어하기 때문에 가는 바가 없지만 방편으로 가는 모습을 보이는 것이다. 비유하면 마치 달리는 기차에서 바깥 경치를 보는 것처럼 물 위를 떠서 동쪽으로는 빨리 가는 배가 있는데 자세히 보면 배는 가만히 있고 자신이 서쪽으로 가는 것처럼 보이는 것과 같다. 이것은 곧 가는 바가 없이 가는 것이다.

말하자면 화신에는 행·주의 위의가 있지만 법신에게는 행·주의 위의가 없다. 여기에서 행은 말하자면 거·래를 가리키고, 주는 말하자면 좌·와를 가리킨다. 법신에게는 이와 같은 위의가 없으므로 거·래·주·좌·와가 없다고 말한다.

⟨제25단의⟩
일합이상분 제30(一合理相分 第三十)

須菩提 若善男子善女人 以三千大千世界 碎爲微塵 於
意云何 是微塵衆 寧爲多不 甚多世尊 何以故 若是微塵
衆實有者 佛則不說是微塵衆 所以者何 佛說微塵衆則非
微塵衆 是名微塵衆 世尊 如來所說三千大千世界則非世
界 是名世界 何以故 若世界實有者則是一合相 如來說
一合相則非一合相 是名一合相 須菩提 一合相者則是不
可說 但凡夫之人貪著其事

"수보리야. 만약 선남자·선여인이 삼천대천세계를 부수어 미진을 만들었다고 하자. 어떻게 생각하느냐, 이 미진중은 얼마나 많겠느냐.”

“대단히 많습니다. 세존이시여, 왜냐하면 만약 이 미진중이
실로 있다면 부처님께서는 그것을 미진중이라 설하지 않으
셨을 것입니다.

왜냐하면 부처님께서 설한 미진중은 미진중이 아닙니다.
이 때문에 부처님께서는 미진중이라 설하십니다.

세존이시여, 여래께서 설하신 바 삼천대천세계는 곧 세계
가 아닙니다. 이것을 세계라 말씀하십니다. 왜냐하면 만약
세계가 실유라면 그것은 곧 일합상일 것입니다. 그러나 여
래께서 일합상이라 설한 것은 곧 일합상이 아닙니다. 이것
을 일합상이라 말씀하십니다.”

“수보리야, 일합상이라는 것은 곧 설할 수가 없는 것이다.
단지 범부가 그것에 탐착할 뿐이다.”

제25단의는 법신과 화신의 같고 다름에 대한 의심을 끊어 준
다. 이 의심은 위의 응신은 거래가 있으나 법신은 거래가 없이
온 것이라는 부분에서 유래한 것이다. 곧 법신은 거래가 없고
화신은 거래가 있다면 같다거나 다르다[一異]는 견해가 된다는
것에 대한 의심을 단제한다.

위에서 응신의 거래는 다르지만[異] 법신의 거래는 같다[一]는
것을 설명하였다. 그런데 부처님께서는 선현이 같다거나 다르
다[一異]는 견해를 낼까 염려하여 일부러 비유를 시설하여 첫째
는 세계의 미진을 언급하여 같다 다르다[一異] 하는 것에 대한
의심을 단제하고, 둘째는 언설을 언급하여 아견과 법견을 모두
여의었음을 말해 준다.

첫째에서 세계미진의 일이(一異)를 표(標)하여 그것이 무성(無

性)임을 드러낸다. 세계라는 것은 법신의 비유이다. 미진이라는 것은 응신의 비유이다. 여기에서 세계는 같고[一] 미진은 다르다[異]. 세계를 부수어 미진으로 만들면 미진은 다르다는 성품[異性]이 없어지고 그것을 합하면 세계가 되는데 그 세계는 같다는 성품[一性]이 없어진다.

모든 법신이 응신을 일으키면 그 응신은 다르다는 성품[異性]이 없어져 모든 응신이 곧 법신이 되는데 그 법신에는 같다는 성품[一性]이 없어지는 것을 비유한 것이다. 그러나 여래의 체와 용은 호융하기 때문에 일(一)이 되기도 되고 이(異)가 되기도 하며[能一能異] 이(一)이 아니기도 하고 이(異)가 아니기도 하면서[非一非異] 자재무애하다.

미진의 경우 응신에 다르다는 성품[異性]이 없음을 비유한 것이다. 만약 세계를 부수어 미진으로 만들면 그 미진이 모두 세계가 되는 줄을 알겠지만 곧 그 미진은 실성이 없기 때문에 "미진이 아니다[非微塵]"라고 말한다. 그 성품을 떠나서 말하면 미진이라 설할 수 있기 때문에 "그것을 미진이라 말한다"라고 말한다. 이것은 모든 법신이 응신을 일으키면 그 응신은 곧 법신이 된다는 것을 비유한 것이다. 그러니 어찌 다르다는 성품[異性]이 있겠는가.

이로써 세계를 해석한 것으로 법신에 같다는 성품[一性]이 없음을 비유하는데 만약 미진을 합하면 세계가 되어 세계가 모두 그대로 미진인 줄 알겠지만 곧 세계는 실성이 없다. 그러므로 "세계가 아니다[非世界]"라고 말한다. 그러나 그 성품을 떠나서 말하면 세계라 설할 수 있기 때문에 "그것을 세계라 말한다"고 설명한다.

"일합상"이란 중진(衆塵)이 화합하여 하나의 세계로서 실(實)과 진(塵)이 각자 정해진 성품으로 존재한다는 견해, 곧 실상에 대한 분별견해를 말한다.

"일합상이 아니다"는 것은 성품이 없는데도 그것에 집착하여 하나로 합해진 것을 말한다. 곧 진(塵)과 실(實)은 곧 실리(實理)가 없다는 견해를 말미암아 서로 다르지 않음이 없기 때문이다.

이것은 두 가지 뜻에서 일합상이 아니다. 첫째는 저 범부가 말하는 실(實)과 진(塵)의 일합상이 아니라는 것이고, 둘째는 저 제연(諸緣)이 작용하는 때[作時]가 부주(不住)이고 부작(不作)이라는 것이다. 그래서 비슷한 일합상[似合]도 아니다. '시명일합상'이란 저 제연(諸緣)이 임시적으로 화합되어 이루어진 미진을 말미암은 것이다. 그래서 이것은 없는 것도 아니므로 일합상이라 말한다.

"일합상이라 말한다"는 것은 곧 성품을 떠나서 하나로 합해진 것이다. 이 일합상은 불가사설(不可思說)한 것이지만 단지 범부가 알지 못하고 스스로 탐착하여 그렇게 간주하는 것뿐이다. 이것은 모든 응신이 곧 법신이므로 그 법신은 응신을 떠나지 않는다는 것을 비유한 것이다.

須菩提 若人言佛說我見人見眾生見壽者見 須菩提 於意
云何 是人解我所說義不 世尊 是人不解如來所說義 何
以故 世尊說我見人見眾生見壽者見即非我見人見眾生見
壽者見 是名我見人見眾生見壽者見 須菩提 發阿耨多羅
三藐三菩提心者 於一切法 應如是知 如是見 如是信解
不生法相 須菩提 所言法相者 如來說即非法相 是名法相

"수보리야, 만약 어떤 사람이 '부처님께서 아견·인견·중
생견·수자견을 설하였다'라 말한다면 수보리야, 어떻게 생
각하느냐. 그 사람이 설한 것은 옳은 말이겠느냐."
"세존이시여, 그 사람은 여래께서 설하신 뜻을 알지 못하
는 것입니다.
왜냐하면 여래께서 설하신 아견·인견·중생견·수자견은
곧 아견·인견·중생견·수자견이 아닙니다. 그것을 아견·
인견·중생견·수자견이라 말하기 때문입니다."
"수보리야, 아뇩다라삼먁삼보리의 마음을 내는 자는 일체
법에 있어서 마땅히 이와 같이 알고 이와 같이 보며 이
와 같이 신해하여 법상을 내어서는 안 된다.
수보리야, 말한 바 법상이라는 것은 여래께서 곧 법상이 아
니라고 설하셨다. 그것을 법상이라 말하는 것이다."

둘째에서는 아견과 법견을 여읜 것에 대하여 설명한 것이다.
먼저 아견을 여읜 것에 대한 설명이다. 대저 아견이란 진아가
있다는 견해와 망아가 있다는 견해이다. 망아의 견해는 허망분
별한 중생견이다. 진아의 견해는 집착을 멀리 여읜 여래견이다.
이미 집착을 여의고서 아견·인견·중생견·수자견이 있음을

보인 것인데 이것은 봄이 없이 본 것[不見而見]이다. 그런데도 미혹한 중생의 입장에서는 여래에게 실제로 사견(四見)이 있는 것으로 간주하기 때문에 "여래께서 설하신 뜻을 모르는 것입니다"라고 말한다.

그러나 선현은 이미 여래께서 설하신 뜻을 이해하므로 곧 그 사견(四見)이 모두 허망분별하지 않고 진아의 견임을 안다. 그래서 "그것을 아견·인견·중생견·수자견이라 말합니다"라고 설명한다.

다음으로 법견을 여읜 것에 대한 설명이다. 대저 여래의 설법은 중생으로 하여금 발보리심하여 이치에 맞게끔 수행토록 하는 것을 요건으로 한다. 때문에 여래의 설법을 들으면 마땅히 다음과 같이 지견하고 신해하여 법상을 내어서는 안 된다.

"법상을 내어서는 안 된다"는 것은 법에 취착하지 않는 것이다. 법은 본래 상을 떠나 있어 여래는 그 법의 성품에 맞게 설법한다. 때문에 "곧 법상이 아닌 것을 법상이라 말한다"라고 설명한다.

이 일단의 경문은 비록 법집을 떠날 것을 증거로 들어 해석한 것이지만 또한 항복기심과 운하응주의 올바른 수행방법에 대한 총결이다. 경문의 첫머리에서 선현이 청문한 '발보리심자는 어떻게 청정심에 주해야 하고, 어떻게 그 마음을 다스려야 합니까'를 말미암아 여래는 '마땅히 다음과 같이 주하고, 다음과 같이 그 마음을 다스려야 한다'라 답변한다.

때문에 이제 여기에서 결론으로 발보리심자는 일체법에 대하여 "다음과 같이 지견하고 신해해야 한다"는 것은 "다음과 같이 주(住)해야 한다"는 것에 대한 결론이다. 그리고 "법상을 내어서는 안 된다"는 것은 "다음과 같이 그 마음을 다스려야 한다"는 것에 대한 결론이다.

"불이 말씀하신 미진중"이란 말하자면 미진에 의하여 화신을 비유한 것이다.

"미진중이 아니다"는 것은 외도들이 집착한 바는 실제의 미진이 아니라는 것이다.

"여래께서 설한 삼천대천세계"는 말하자면 세계를 가지고 비유로 삼은 것이다.

"세계가 아니다"는 것은 외도들은 많은 실제의 극미진이 모여 실제의 세계가 된다고 집착하지만 여래가 말하는 세계는 외도들이 말하는 그런 세계가 아니라는 것이다. 외도들은 극미진과 세계의 두 가지에 집착하는데 극미진과 세계의 두 가지는 극미진으로부터 제3의 어떤 것 곧 일합상의 세계 내지 법신의 존재를 만들어낸다.

"세계"는 말하자면 중생세간이다. 중생세간은 오직 명신(名身)으로만 중생세간이라 말하기 때문이다. 만약 그와 같이 세계가 실제로 있다고 집착한다면 그것은 곧 잘못된 것으로서 일종의 집착일 뿐이라는 것이다. 이와 같이 보는 것은 정견이므로 허망이 아니다. 그러나 실이 없는 것을 실이라 집착하여 일합상이라 한다. 일합상이란 말하자면 아집일 뿐이다. 다시 말하자면 일신(一身)의 총취(總聚)인 오온을 아라고 집착하는 것이다. 때문에 일합상이라 말한다. 말하자면 불은 단지 가온(假蘊)이 인연화합된 것을 가리켜 일합이라 가설할 뿐이지 그것에 집착하여 일합상이라 하는 것이 아니라는 것이다.

"곧 일합상이 아니다"는 것은 집착한 바의 일합상이 아니라는 것이다. 그래서 단지 일합상이라 가설할 뿐 진실한 일합상이 아니다. 이것은 세계도 또한 실제로 존재하는 세계가 아님을 설명한 것이다. 곧 여래가 일합상을 가설하였는데 범부는 그것을 실이라는 집착을 일으킨다는 것이다.

"수보리야, 아뇩다라삼먁삼보리심을 낸 자는 일체법에 있어서 마땅히 이와 같이 알고 이와 같이 보며 이와 같이 신해하고 법상을 내서는 안 된다"에 대하여 무착은 다음과 같이 말한다.

"'수보리야, 보살로서 아뇩다라삼먁삼보리의 마음을 내는 자는'이라는 것은 무분별한 사람을 현시한 것이다. '일체법에 대하여'라는 것은 어떤 법이 불분별(不分別)한 것인가를 현시한 것이다. '마땅히 이와 같이 알고, 이와 같이 보며, 이와 같이 믿어서'라는 것은 증상심(增上心)과 증상지(增上智)에서 무분별한 지(知)와 견(見)과 승해(勝解)를 내야 한다는 것이다. 여기에서 지(智)는 사마타에 의지한다. 그러므로 위빠사나에 의지하는 것은 견(見)이라는 것을 일아야 한다. 이 지(智)와 견(見)은 삼미제에 의지하고, 승해(勝解)는 삼마제에 자재하다. 그러므로 승해(勝解)는 안으로 반연하는 영상이기에 승해라 말한다."

말하자면 지(知)와 견(見)은 동일한 것으로서 뜻으로 보면 무분별지(無分別智)와 상응한다. 지금 여기에서 말하는 지(止)와 관

(觀), 곧 사마타와 위빠사나에 의거하여 분별한 것은 먼저 가행위(加行位)에 의거하여 설한 것이다. 말하자면 지(止), 곧 사마타를 수행하고자 하면 먼저 지를 내야[發智] 하는데 그것을 여시지(如是知)라 말하고, 관(觀) 곧 위빠사나를 수행하고자 한다면 지(智)를 내야 하는데 그것을 여시견(如是見)이라 말한다는 것이다.

"수보리야, 말한 바 법상이란 여래가 법상이 아니라고 설한다. 이것을 법상이라 말한다"는 부분은 총결이다.

"말한 바 법상이란"은 말하자면 가설의 법상을 가리킨다.

"법상이 아니다"는 것은 진실에 근거한 법상이 아니라는 것이다.

"마땅히 이와 같이 알고"는 지금까지 설명해온 것처럼 법이 불생함을 알아야 하기 때문이다. 이것은 곧 앞의 어떻게 발심해야 하는가에 대하여 결론지은 것이다.

"마땅히 이와 같이 보며"는 곧 실상을 보아야 한다는 것이다. 이것은 곧 앞의 보살행 가운데 어떻게 주해야 하는가에 대하여 결론지은 것이다.

"마땅히 이와 같이 믿고"는 곧 수행을 믿음으로써 성취할 수 있다는 것이다. 이것은 곧 앞의 보살행 가운데 어떻게 수행해야 하는가에 대하여 다음과 같이 수행해야 한다는 것을 결론지은 것이다.

<제26단의>

응화비진분 제32(應化非眞分 제32)

須菩提 若有人以滿無量阿僧祇世界七寶 持用布施 若有
善男子善女人 發菩薩心者 持於此經 乃至四句偈等 受
持讀誦 爲人演說 其福 勝彼 云何爲人演說 不取於相 如
如不動

"수보리야, 만약 어떤 사람이 무량아승지 세계에 칠보를
가득 채워서 그것을 가지고 보시한다고 하자.
또한 만약 어떤 선남자·선여인이 보살심을 내어 이 경전
을 지니고 내지 사구게를 가지고 수지하여 독송하며 남을
위해 연설해 준다고 하자.
그러면 이 복이 저 앞의 복보다 뛰어나다.
그러면 어떻게 남을 위해 연설하는가. 상을 취하지 않
고 여여하게 부동해야 한다."

제26단의는 화신불의 설법은 복덕이 없는가 하는 의심을 끊
어 준다. 이 의심은 위의 미진의 비유와 화신이 다르다는 것에
서 유래한 것이다. 곧 화신불의 설법은 복덕이 아닌가라는 것에
대한 의심을 단제한다. 말하자면 법신은 복덕을 받지 않지만 그
화신이 받는 복덕은 끝이 없다는 것이다. 화신의 복덕이 끝이
없으므로 그것으로 남을 위해 연설한다. 때문에 발심하여 성불
하는 자는 수(受)·지(持) 및 위인연설(爲人演說)하므로 그 복덕이
칠보로 보시하는 복덕보다 뛰어나다.

경문에 의거해 보면 단지 수지하고 연설하는 공덕에 대해서

만 설명이 되어 있지만 제대로 논하여 말하자면 화불의 설법에 무량한 공덕이 있다는 것이다. 대개 화불은 설경(說經)의 교주이고, 수지하고 연설하는 것은 경전을 홍포하는[弘經] 사람이다. 그런데 홍포되는 경전은 곧 부처님이 설법한 것이고, 부처님이 설법한 바는 언어를 여읜 설상(說相)이다. 때문에 그 공덕이 무량하다. 그런데 경전을 홍포하는 사람이 만약 집착을 여읜다면 그 복덕은 앞의 언어를 여읜 설상의 복덕보다 훨씬 뛰어나다.

이것은 상을 여의고 집착이 없이 설한다는 것이다. 말하자면 화신의 경우 설법행위에 집착하지 않고 설하는 것이다. 이미 분별의 집착이 없으므로 얻는 복덕이 많다. 화신불의 경우 비록 수행을 통하여 과를 증득하지 못할지라도 법신불과 보신불을 근본으로 삼아 중생에게 감화를 주면 성인이 그에 감응한다. 그런데 그 감응된 응신불도 진(眞)에서 온 것이므로 법신불 및 보신불과 동일한 뜻이다. 또 '나는 화신불이다'라 말하지 않기 때문에 화신불을 공양하여 얻는 공덕은 법신불 및 보신불과 다름이 없다. 그래서 복덕도 있고, 무진의 복덕이 없지 않으며, 무량하고 무변한 공덕이 있다는 것을 시현한다.

"왜냐하면 남을 위해 연설하는 것은 설한다고 말하지 않는데……"라는 것은 응신불이 경우 설법할 때 스스로 '나는 무량한 아승지겁 이래로 널리 만행을 닦아서 이제야 바야흐로 불과를 성취하고 상호 및 모든 공덕을 구족하였다'라고는 말하지만 '나는 곧 화신불이다'라고는 말하지 않는다는 것을 설명한 것이다.

만약 스스로 '나는 곧 화신불이다'라 말한다면 중생은 곧 '이것은 환화(幻化)의 사람이다. 이것은 어떠어떠한 귀신이다'라 말하여 마침내 경신(敬信)을 내지도 않고 그 설법을 수지하지도 않을 것이다. 이미 마음으로 믿지 않고 그 가르침을 수지하지 못한다면 그 이익도 없다. 그러나 '이것은 화불이다'라 애써 말하지 않기 때문에 많은 이익이 있는 것이다.

"그것을 설한다고 말하기 때문이다"는 것은 그 응신불은 진불에서 나온 것이므로 굳이 '이것은 응화불이다'라 말하지 않기 때문에 공양하고 수지하여 얻는 이익이 진불과 다름이 없다. 응신불의 설법은 곧 정설(正說)이라고 말한다는 것은 바로 이 경우를 가리킨다.

"여여"라는 것은 법신의 이치이다. 여기에서 화신은 이미 법신이기 때문에 감도 없고 옴도 없다. 때문에 "부동"하다.

"여여부동하다"는 것은 말하자면 '여여(如如)'에서 뒤의 '여(如)'는 진여이고, 앞의 '여(如)'는 '……과 같다'는 비유이다. 말하자면 화신이 설법할 때 유위상에 집착하지 않는 것이 마치 진여와 같이 담적부동(湛寂不動)하다는 것이다. 곧 경전을 수·지·연설한 복덕이 칠보로 보시한 복덕보다 뛰어나기 때문에 마땅히 연설을 하는 것이다. 그와 같이 연설하지만 물든 바가 없다. 만약 그렇지 않으면 염설(染說)로서 전도(顚倒)의 뜻이 되어버린다. 또한 이와 같이 설할 때는 신(信)과 경(敬)도 추구하지 않아야 무염설법(無染說法)이 된다. 그것은 비록 제불의 자연스러운 화신은 업이 될지라도 그 제불화신의 설법에는 무량하고 무진한 무루공덕이 있기 때문이다.

경문에서 말한 "왜냐하면 남을 위해 연설하는 것은 설한다고 말하지 않는데 이것을 설한다고 말하기 때문이다"라는 것은 불가언설이기 때문에 그 법을 연설할 수는 없지만 언설로 설하는 체가 있으므로 응당 그와 같이 연설한다는 것을 현시한다.

"만약 어떤 사람이 무량한 세계에 가득 채워" 이하는 앞에서 여래는 온 바가 없다는 것을 말하면서 총체적으로 시방신 곧 화신과 법신을 들어 설명하였다. 거기에서 미진의 비유는 별유(別喩)로써 법신을 간별한 것이었다. 이제 여기에서는 별유로써 화신을 간별한다.

의심하는 자들은 "화불은 이미 거래가 있다. 그러므로 화불에게 공양하고 화불이 설한 바를 수지한다 해도 그것이 어찌 진불과 같겠는가"라고 말한다. 때문에 이제 이에 답변하여 "만약 화불을 말미암아 발심하고 화불의 사구게를 수지하는 자는 그 공덕이 무량아승지세계에 칠보로 보시하는 것보다 뛰어나다"라고 말한다.

이미 장황하게 주(住)에 대하여 설명을 벌여 놓았지만 그것은 모두 무소주(無所住)에 대한 것이었다. 그래서 "왜냐하면 남을 위해 연설하는 것은 설한다고 말하지 않는데 이것을 설한다고 말하기 때문이다"라는 대목은 화불설법의 뜻을 해석한 것이다. 화불설법은 스스로 이것을 화불의 설법이라고는 말하지 않는다. 만약 스스로 화불의 설법이라 말한다면 곧 중생이 믿음과 공경을 내지 않을 것이기 때문이다.

<제27단의>

何以故 一切有爲法/ 如夢幻泡影/ 如露亦如電/ 應作如是觀//

"왜냐하면 다음과 같기 때문이다.
모양 색으로 드러난 일체 유위법
꿈 허깨비 물거품 수면의 그림자
이슬과 같으며 또한 번개와 같다.
마땅히 이와 같이 관찰해야 한다."

제27단의는 여래가 입적했다면서 어떻게 설법을 하는가 하는 의심을 끊어 준다. 이 의심은 위의 연설(演說)과 부동(不動) 부분에서 유래한 것이다. 곧 불이 항상 세간에 주하여 설법한다면 어째서 열반에 들어간다고 하는가에 대한 의심을 단제한다.

위에서 말한 "여여부동"은 곧 부처님께서 세간에 상주하면서 중생을 위하여 설법하는 것이다. 그렇다면 무슨 까닭에 여래가 열반에 들었다고 하는가. 바로 이와 같은 의심을 낼까 염려한 까닭에 게송을 설하여 말한 것이다.

"일체 유위법"이라는 것은 일체 세간의 생멸법을 말한다. 부처님은 인간세계에서 태어나 그와 똑같은 생멸을 보였고, 또한 유위의 부상한 법칙에 내밭겼나. 무상한 법칙은 허가(虛假)이고 부실(不實)이다. 때문에 "꿈·허깨비·물거품·수면의 그림자·아침이슬·번개"의 6종으로 비유를 삼았다.

"마땅히 이와 같이 관찰해야 한다"는 것에서 관찰한다는 것은 반야묘지(般若妙智)를 말한다. 이 묘지(妙智)로써 유위법을 '꿈·허깨비·물거품·수면의 그림자·아침이슬·번개'라고 관찰한다. 이와 같이 관찰하는 것은 곧 묘지(妙智)이고, 관찰되는 것은 묘경(妙境) 아님이 없다. 묘경(妙境)이란 일경삼제(一境三諦)이고, 묘지(妙智)란 일심삼관(一心三觀)이다.

삼관이란 공관·가관·중도관이다. 삼제란 진제·속제·중도제일의제이다. 곧 유위법을 관찰함에 있어 성(性)과 상(相)을 여읜 것을 공관이라 하고, 갖추지 못한 법이 없는 것을 가관이라 하며, 공관도 아니고 가관도 아닌 것을 중도관이라 한다. 제(諦)는 실상이 허가(虛假)가 아님을 살피는 것을 말한다. 모든 제(諦)로 관(觀)을 발생시키고 관(觀)으로 제를 비추어낸다. 제(諦)는 이미 일(一)에 즉한 삼(三)이기 때문에 관(觀)에 전후가 없다. 때문에 "이와 같이 관찰해야 한다"라고 말한다.

이와 같이 관찰하는 것은 화신이 곧 법신이고 무상이 곧 상임을 요해하는 것이다. 비록 법신에 즉해 있지만 열반에 장애가 되지 않으므로 상이 곧 무상이다. 진실로 여래는 구경에 상도 아니고[非常] 무상도 아니다[非無常]. 때문에 상일 수가 있고[能常] 무상일 수가 있다[能無常]. 이것이야말로 바로 종일토록 열반하는 것이면서 종일토록 설법하는 것이고, 주함이 없는 유위이며, 주함이 없는 무위이고, 불가득(不可得)이면서 사의(思議)하는 것이다.

이 『금강경』의 시말은 모두 여시(如是)이기도 하다. 곧 처음에는 여시주(如是住)하고 여시항복기심(如是降伏其心)이라 말하고, 중간은 매 구절마다 여시(如是)라 말하며, 지금 끝 부분에 이르러서는 여시관(如是觀)이라 말하고 있다. 이것을 모두 논하여 해석해 보면 묘지(妙智)로 정관(正觀)하는 것이다. 때문에 묘지야말로 실로 『금강경』의 종지임을 알아야 한다.

여기에서 만약 제불여래로서 항상 중생을 위하여 설법한다면 어째서 여래가 열반에 든다고 하는가라는 의문이 제기된다. 이 의심을 끊어 주려는 까닭에 여래는 저 게송에서 여러 가지의 비유를 설한다. 보리유지 번역본 등에는 다음과 같이 아홉 가지 비유가 언급되어 있다.

① 아침의 별빛은 태양이 빛나면 실제로 있어도 드러나지 못한다. 마찬가지로 능견의 심법도 또한 그와 같다.

② 또한 눈에 백태가 끼면 아른거리는 그림자의 색이 보이는 것과 같다. 유위법을 관찰하는 것도 또한 그와 같다. 전도된 견해이기 때문이다.

③ 또한 등불의 불꽃같이 식도 또한 그와 같다. 탐·애 등에 의지하여 주하기 때문이다.

④ 또한 허깨비와 같이 의지하고 있는 주처 또한 그와 같다. 기세간의 종종 차별은 어느 체에도 실유가 없기 때문이다.

⑤ 또한 이슬과 같이 몸도 또한 그와 같다. 잠시도 주하기 않기 때문이다.

⑥ 물거품과 같이 수용하는 것도 또한 그와 같다. 수(受)와 상(想)은 세 가지 법을 인연한 것으로 부정(不定)하기 때문이다.

⑦ 또한 꿈과 같이 과거의 법도 역시 그와 같다. 단지 상념만 있을 뿐이기 때문이다.

⑧ 또한 번개와 같이 현재의 법도 역시 그와 같다. 찰나도 머무르지 않기 때문이다.

⑨ 또한 흘러가는 구름과 같이 미래의 법도 역시 그와 같다. 밤에는 아뢰야식이 일체법에 있어 종자의 근본이 되기 때문이다.

정리하여 말하자면 낮과 밤에 다르게 나타나는 것이 마치 별과 같고, 실체가 없는 것이 마치 그림자와 같으며, 찰나에 속히 멸하는 것이 마치 등불꽃과 같고, 연으로 이루어진 것이 허깨비에 비유할 수 있으며, 무상한 것을 이슬에 비유하고, 체가 텅 비어 있는 것이 물거품과 같으며, 실체를 보되 꿈과 같이 하고, 작용을 하되 번개와 같으며, 근본이 없는 것이 구름과 같다.

이와 같이 두 가지 법, 곧 앞의 비유와 뒤의 설명 가운데 들어 있는 모든 아홉 가지 뜻은 실을 이루지 못한 것들이다.

"아침의 별빛·그림자·등불의 불꽃"의 세 가지 비유에 대하여 천친은 묶어서 견(見)·상(相)·식(識)이라고 말했다.

"허깨비·이슬·물거품"의 세 가지 비유에 대하여 천친은 묶어서 기(器)·신(身)·수용(受用)이라고 말했다.

"꿈·번개·흘러가는 구름모습"의 세 가지 비유에 대하여 천친은 묶어서 과(過), 현(現), 미래(未來)라고 말했다. 이것은 앞의 여섯 가지 유위가 삼세에서 전전(展轉)됨을 설명한 것이다.

곧 제불은 열반해도 화신으로 법을 설하기 때문에 유위도 아니고 유위를 여의는 것도 아니다. 왜냐하면 세간에 시현하지만 유위에 주하지 않기 때문이다. 묘지(妙智)로 정관(正觀)하기 때문에 유위는 아홉 가지의 비유처럼 허가(虛假)임을 안다.

여기 제27단의에 해당하는 게송은 네 부분이 있다.

첫째는 자성유위상(自性有爲相)이다. 이것은 상에 차별이 있음을 보는 것이다. 식(識)을 체(體)로 삼는 것은 생사의 근본이기 때문이다. 여기에는 세 가지가 있다.

하나는 별[星]은 견(見)을 비유한다. 왜냐하면 무지(無智)한 어둠 속에서는 별빛이 있지만 유지(有智)한 밝음 속에는 별빛이 없기 때문이다. 둘은 그림자[翳]는 상(相)을 비유한다. 눈에 백태가 끼면 모륜(毛輪) 곧 발단(髮團) 등의 색이 보이듯이 유위법을 관하는 것도 또한 그와 같아서 전도된 견해로 보기 때문이다. 셋은 등불[燈]은 식(識)을 비유한다. 등불은 기름에 의하여 계속되어 단절되지 않는다. 이와 같이 식(識)도 탐(貪)과 애(愛)에 의하여 생사를 멈추지 않는다.

둘째는 소주미유위상(所住味有爲相)이다. 환(幻)은 의지하고 있는 주처를 비유한다. 그와 같이 기세간의 종종 차별은 어느 하나도 실체가 없기 때문이다.

셋째는 수순과실유위상(隨順過失有爲相)이다. 자신(自身)과 수용(受用)은 과실(過失)이다. 이것을 무상하다고 관찰하는 것을 수순(隨順)이라 말한다. 또 해석하자면 수순(隨順)한 신(身)과 수(受)는 과실(過失)이다. 경문에 두 가지기 있다.

하나는 이슬[露]을 신(身)에 비유한다. 이슬처럼 몸도 또한 그와 같아서 잠시 주할 뿐이기 때문이다. 둘은 물거품[泡]을 수(受)에 비유한다. 수용하는 것도 또한 그와 같아서 수(受) · 상(想) · 인(因)의 세 가지 법은 부정(不定)하기 때문이다. 무상(無常)을 수용하는 것이 물거품과 같기 때문이다. 그것은 혹 어쩌다 생겨났다가 체를 이루지 못하기도 하고, 혹 겨우 생겨나기만 하며, 혹 잠시 머물러 있다가 곧 산멸해 버리기 때문이다.

넷째는 수순출리유위상(隨順出離有爲相)이다. 경문에는 세 가지가 있다.

하나의 꿈[夢]은 과거를 비유한다. 저 과거행은 억념하는 것을 현시하기 때문에 꿈과 같다. 마땅히 과거에 모으고 지은 것들이 다 꿈속의 경계와 같다고 관찰해야 한다. 단지 염(念)의 성품만 있을 뿐이기 때문이다.

둘의 번개[電]는 현재를 비유한다. 찰나도 머무르지 않기 때문이다. 그러므로 마음은 번개와 같아서 생겨난 즉시 멸한다고 관찰해야 한다.

셋의 구름[雲]은 미래를 비유한다. 밤에는 아뢰야식이 일체법과 더불어 종자의 근본이 되기 때문이다. 그리고 부질없는 것은 공허하게 마음을 움직이기 때문에 구름과 같다. 그래서 삼세행에 대하여 이와 같이 부주(不住)하다는 것을 알고 나면 곧 무아에 통달하게 된다.

구마라집 번역본의 경우 꿈과 허깨비와 물거품과 그림자의 네 가지는 공하다는 이치를 온전하게 드러낸 것이다. 이슬과 번개의 두 가지는 무상을 비유한 것이다. 만족스럽게 깨친 진공을 드러내니 곧 제상(諸相)에 집착이 없다. 이와 같이 생멸을 관찰하여 수행을 경책해야 한다. 이것들은 모두 상을 파하는 종지에 묘하게 부합되고, 알음알이를 잊게 하는 관찰을 교묘하게 보여 준다.

보리유지 번역본의 경우 아홉 가지 비유는 구마라집 번역본을 자세하게 분류한 것이다. 그 가운데 별[星]과 등불[燈]은 체(體)가 있고, 구름[雲]은 생명을 길러내는 것이다. 그래서 공심(空心)에 계합된다는 것에 트집을 잡을지도 모른다. 그러나 깊이 그 모습을 생각해 보고 뜻을 취한 번역의 묘미가 바로 여기에 있다.

3. 유통분

佛說是經已 長老須菩提 及諸比丘比丘尼 優婆塞優婆夷
一切世間天人阿修羅 聞佛所說 皆大歡喜 信受奉行

부처님께서 이 경전을 설하여 마쳤다.
이에 장로 수보리 및 모든 비구·비구니·우바새·우바이,
그리고 일체세간의 천·인·아수라 등이 부처님의 설법을
듣고 모두 크게 환희하여 믿고 수지하며 받들고 실천하였다.

이 대목은 유통분으로 이에 해당하는 경문에 두 가지가 있다.
첫째는 대중이 얻은 이익을 든 부분이고, 둘째는 정식으로 이익
의 모습을 설명한 부분이다. 유통분을 설명하는 까닭은 위의 설
법의 경우 정식으로 경체(經體)를 설명하여 그때의 대중으로 하
여금 믿고 깨치도록 하였다. 이제 여기에서는 장차 미래의 설법
이야말로 비단 당시를 통익(通益)케 하려는 것뿐만 아니라 영겁
토록 자비를 적셔 주려는 까닭에 미래에 유통시켜 중생세간을
출세간으로 바꿔 주려는 것임을 설명한 것이다.

부처님의 설법을 듣고 당시 법회대중이 모두 크게 환희하여 이 경전을 믿고 받아들이며 받들고 실행하여 유통시킨 까닭은 무릇 세 가지 뜻이 있기 때문이다.

첫째는 설법하는 사람이 청정하다. 제불여래는 일체지인(一切智人)으로서 번뇌장과 소지장[智障]을 영원히 없애고, 십력·사무소외·십팔불공법 등 무량한 공덕을 구족하여 깨침에 어긋남이 없이 설하여 반드시 도리를 터득하게 한다. 그러므로 설법하는 사람이 청정하다고 일컫는다.

둘째는 설법이 청정하다. 이것은 설명된 음성장구에 해당하는 것이다. 아함의 경교에서 말하는 번뇌가 없는 사람으로부터 전승되어 온 것이므로 설법은 제불과 마찬가지로 많지도 않고 적지도 않으며 늘어나지도 않고 줄지도 않으며 도리에 상응함을 설명한 것이다. 때문에 설법이 청정하다고 일컫는다.

셋째는 설법을 듣는 사람이 청정하다. 당시의 법회대중이 일심으로 오롯하게 설법을 듣고서 다투는 허물을 보지 않고, '내 법은 옳다. 저 법은 그르다'는 말을 하지 않으며, 마음에 의심의 찌꺼기도 없다. 때문에 설법을 듣는 사람이 청정하다고 일컫는다.

일체대중은 세존을 친견하는 것을 기뻐하고, 깊이 법미를 터득하여 의심을 없애며, 장애를 버리고, 깨침을 획득하며, 세상을 건진다. 때문에 "크게 환희하여 믿고 받아들이며 받들고 실행하였다"라고 말한다.

"비구니"는 번역하면 여자이다.

"우바새"는 번역하면 근사남(近事男)이고, "우바이"는 번역하

면 근사녀(近事女)이다. 비구와 비구니를 친근하여 받들기 때문
이다.

"아수라"는 번역하면 비천(非天)이다.

"모두 크게 환희하여 믿고 수지하며 받들고 실천하였다"는
것에 대하여『문수사리보살소문경』에서는 세 가지 뜻으로 환희
하여 믿고 수지하며 받들고 실천한 것을 말한다.

첫째는 설법자가 청정하다는 것이다. 설법자는 집착이 없어
이양(利養)에 물들지 않는 것이다. 둘째는 설해진 법이 청정하다
는 것이다. 여실하게 법체를 아는 것이다. 셋째는 얻은 과보가
청정하다는 것이다.

여기에서는 법회에 모인 대중을 유치분, 곧 서분에서 언급한
이외의 대중을 보다 구체적으로 언급하고 있다. 특히 일체세간
의 중생 가운데 지옥·아귀·축생의 중생이 제외된 것은『금강
경』이 대승경전임을 암시해 준다.

『고려대장경』에 수록된 구마라집 번역본『금강경』에는 경문
의 말미에 다음과 같은 진언이 붙어 있다.

"나모 바가바제 바라게 바라미타예 옴 이리저 이시리 수로타
비사야 비사야 사바하(那謨 婆伽跋帝 鉢喇壞 波羅弫多曳 唵 伊利底
伊室利 輸盧馱 毘舍耶 毘舍耶 莎婆訶)."

후 기

『금강경』은 대승불교시대에 출현한 경전이다. 곧 초기 대승경전 가운데 반야경전군에 속하는 것으로 구체적으로는 600권 『대반야경』 가운데 제577권에 해당한다. 때문에 『금강경』은 대승경전의 특징을 고스란히 보여 준다. 이를테면 설법을 듣는 대중 가운데 삼악도의 중생이 제외되어 있는 점, 경전의 수·지·독·송·서·사·위타연설의 강조 및 그에 따른 과보를 강조하고 있는 점, 아상·인상·중생상·수자상의 인(人)의 사상(四相)과 유상·무상·법상·비법상의 법(法)의 사상(四相) 등 팔상(八相)을 언급하여 아공과 법공의 터득을 설명하고 있는 점, 보살의 이타정신을 강조하는 점, 불탑신앙과 경전사리의 강조 및 불보와 법보와 승보를 동일시하는 짐, 무착이 도솔천에 올리기서 미륵보살에게 궁금한 내용을 질문하고 있는 점, 비록 법신과 응신의 이신(二身)만 드러나 있지만 궁극적으로 삼신사상을 배경으로 하고 있다는 점, 또한 경전의 출현과 관련하여 깊은 바닷속의 용궁에서 가져왔다는 내용과 남인도의 철탑에서 꺼내왔다는 점, 경문의 내용 가운데 소승의 교의보다 우월한 대승 내지 최상승의 교의를 설정하고 있는 점 등이 그것이다. 한편 발심을 강조하고, 발심한 사람을 보살로 설정하며, 육바라밀이라는 대승수행의 등장과 대승불교의 42위 혹은 52위의 수행계위가 보인다는 점 등은 대승경전 가운데서도 『금강경』의 위상이 어떤 것인지 잘 보여주고 있다.

그리고 『금강경』 나아가서 대승경전에서 공덕을 강조하는 이유는 초기대승불교에서 두드러지게 보이는 형태이다. 나아가서 무루의 공덕을 강조하는 이유는 무루공덕이야말로 곧 공사상의 천명이기 때문이다. 때문에 공덕을 초래하는 방식 내지는 결과에 대해서는 무분별과 무집착으로 대응할 것을 주문하고 있다. 그 구체적인 강조는 바라밀사상으로 드러나 있다.

또한 『금강경』과 관련하여 그 출현 시기에 대하여 아직은 소승에 상대한 대승이라는 의식이 명확하지 않다는 점에 대해서는 신해가 하열한 사람 내지 구도자의 서원을 세우지 않은 사람들이라 언급하고 있을 뿐 소승이라는 술어를 사용하지는 않는다는 점을 생각해볼 필요가 있다. 또한 그와 관련하여 대승이라는 술어보다도 오히려 자신들의 입장을 무상(無上)의 가르침, 가장 뛰어난 가르침, 보살의 가르침이라 부를 뿐이다. 때문에 후대에 정형화된 대승과 소승이라는 관념의 대립이 명확하게 성립되기 이전이라는 점도 생각해볼 일이다.

나아가서 경전의 형식이 지극히 간소하여 고형(古形)을 보인다는 점에 대해서는 보통의 대승경전에서는 설법의 회좌에 모인 자들을 자세하게 서술하고 있는 것이 상식이지만『금강경』에서는 단지 "1,250인의 많은 수행승과 함께 슈라바스티성의 기수급고독원에 머물렀다"라고만 기록한다. 이것은 원시불교성전의 보편적인 형태와 똑같은 것으로서 대승경전다운 모습이 아직은 미비된 점이다. 오직 현존 산스크리트본 곧 "1,250인의 많은 수행승과, 많은 구도자와, 뛰어난 사람들과 함께" 및 의정 번역본 곧 "일시에 바가범 …… 필추중 1,250인과, 대보살중"처럼 약간 추가되어 있을 뿐이다.

그리고 이 경전을 신봉하는 사람들에 대해서 경문에 드러난 대목을 보면 그들은 탑묘를 공양하고 있다는 점이다. 거기에 무언가를 기증하기보다는 경전을 독송하는 것이 훨씬 공덕이 크다고 말한다. 탑묘를 치장하거나 석주를 세우는 행위 등은 경제적인 풍요가 바탕이 되지 않으면 안 된다. 설일체유부에서는 이미 스투파 숭배를 권장하고 그로 인해 큰 공덕을 얻는다고 말한다. 그러나 화지부와 동산주부와 서산주부 등의 제파는 스투파신앙에 큰 공덕이 없다고 주장하였다. 특히 동산주부와 서산주부에서는 속어 곧 프라크리트어로 쓰인 반야경전과 기타 대승경전을 이미 갖추고 있었다. 특히 법장부 사람들의 경우 직간접으로 많은 반야경전의 편찬과 관련되어 있는 것으로 알려져 있다.

한편『금강경』을 설하는 이유에 대하여 다양하게 설명을 한다. 금강선은『금강선론』에서 이미 낱낱의 번뇌가 모두 진실한 이해를 가로막기 때문에 통칭 장애라 말하고, 그 10종 장애를 대치하기 위하여 8부 반야를 설함으로써 구경에 일체지를 만족시킨다는 것이다.

첫째는 무물의 상에 얽매여 집착하는 장애[無物相障、無性分別]이다. 이것은 모든 반야경전 계통에서 설하는 바처럼 유위와 무위의 일체제법 내지 열반까지도 공하다는 도리를 중생이 알지 못하고 단견을 일으키는 것이다. 말하자면 일체법이 무라는 것이다. 『금강경』에서 이 무물상장을 대치한 것은 "보살은 사(事)에 집착[住]이 없이 보시를 해야 한다. 운운" 부분으로 단견(斷見)을 타파하는 것이다.

둘째는 유물의 상에 얽매여 집착하는 장애[有物相障、有性分別]이다. 이것은 중생이 여래가 설한 "어떤 보살이 육바라밀을 실천한다"는 말을 듣고서 중생심으로 계착하여 상견을 일으키는 것이다. 곧 말하자면 일체법이 유라는 것이다. 『금강경』에서 이 유물상장을 대치한 것은 "만약 보살이 중생상、인상을 일으키면 보살이 아니다" 부분으로 상견(常見)을 타파하는 것이다.

셋째는 공을 유라고 잘못 이해하여 집착하는 장애[非有似有障、增益分別]이다. 이것은 여래가 설한 "색 등의 제법은 유이다"라는 것에 대하여 중생심으로 만약 색 등이 유라면 응당 제법공이라는 말은 설해서는 안 된다는 것이다. 『금강경』에서 이 비유사유장을 대치한 것은 말하자면 "단지 범부가 사(事)에 탐착하여, 운운" 부분으로 실유견(實有見)을 타파하는 것이다.

넷째는 공을 무라고 잘못 이해하여 집착하는 장애[謗相障、損減分別]이다. 이것은 위에서 여래가 사리불에게 설한 "색 등의 제법은 체상공(體相空)으로서 아지랑이와 같이 비유사유(非有似

有)하다. 운운" 등을 듣고서 중생이 제대로 알지 못하고 곧 비방하는 생각을 일으켜 "그렇다면 불성과 열반의 무위법도 역시 유위제법과 마찬가지로 성공무체(性空無體)의 무(無)이다"라고 말하는 것이다. 만약 그렇다면 수행하여 과(果)를 얻는 자도 없을 것이다.『금강경』에서 이 방상장을 대치한 것은 말하자면 "또한 법상이 없는 것도 아니다, 운운" 부분으로 공견(空見)을 타파하는 것이다.

다섯째는 사물과 그 사물의 공성을 동일시하여 집착하는 장애[一有相障・一性分別]이다. 이것은 여래가 사리불에게 설한 "색이 곧 공이다, 운운" 등을 듣고서 중생이 마음을 일으켜 색이 공과 다르지 않다면 곧 공에 색이 있다고 말하는 것이다.『금강경』에서 이 일유상장을 대치한 것은 말하자면 "일합상은 불가설이다, 운운" 부분으로 즉견(卽見)을 타파하는 것이다.

여섯째는 사물과 그 사물의 공성을 분리하여 집착하는 장애[異有相障・異性分別]이다. 이것은 여래가 위에서 설한 "공은 색이 아니다, 운운" 등을 중생이 제대로 이해하지 못하고 공이 색과 다르다면 별도로 공이 있다고 말하는 것이다.『금강경』에서 이 이유상장을 대치한 것은 말하자면 "이런 까닭에 부처님께서는 일체법은 무아・부인・무중생이나, 운운" 부분으로 이견(異見)을 타파하는 것이다.

일곱째는 사물에 고정불변성과 독자개별성이 있다고 집착하는 장애[實有相障・自性分別]이다. 이것은 여래가 위에서 설한 "만법은 허공과 같은 체로서 공하다"는 것을 들은 중생이 "그렇다면 무슨 까닭에 부처님께서는 색 등의 제법을 유라고 설했는 가”라고 말하는 것이다. 『금강경』에서 이 실유상장을 대치한 것 은 말하자면 “여래가 설한 미진은 곧 미진이 아니고 세계는 곧 세계가 아니다, 운운” 부분으로 법을 표현하는 문자에 집착하는 견해[報敎見]를 타파하는 것이다.

여덟째는 사물에는 각각 다양한 특수성이 있다고 집착하는 장애[異異相障・差別分別]이다. 이것은 여래가 설한 “색 등의 제 법은 체상(體相)이 공하여 단지 명(名)의 작용만 있다”라는 것을 듣고서 중생이 “그처럼 색 등의 제법이 만약 공이라면 응당 생・ 주・멸이 없어야 한다. 만약 실제로 생・주・멸이 있다면 그것 은 곧 공이 아니다”라고 마음을 일으키는 것이다. 『금강경』에서 이 이이상장(異異相障)을 대치한 것은 말하자면 “왜냐하면 일체 제법을 여의면 제불여래라 이름한다, 운운” 부분으로 갖가지 특 수성이 있다는 견해[有相見]를 타파하는 것이다.

아홉째는 사물은 언어 그대로 존재한다고 집착하는 장애[如名 義相障・隨名義分別]이다. 이것은 여래가 “색 등의 제법은 만질 수가 있다”라고 설한 것에 대하여 중생이 “명칭처럼 뜻도 또한 볼 수가 있고 만질 수가 있다”라고 마음을 일으키는 것이다. 『금 강경』에서 이 여명의상장을 대치한 것은 말하자면 “실로 법이 없어야 보살이라 말한다, 운운” 부분으로 명칭에 의거하여 뜻을 집착하는 견해[依名執義見]를 타파하는 것이다.

열째는 언어는 사물 그대로 존재한다고 집착하는 장애[如義名 相障・隨義名分別]이다. 이것은 여래가 위에서 “색 등의 제법은 적정공이지만 단지 명칭의 가설만 있을 뿐이다"라고 설한 것이다. 설령 그렇다면 중생은 "뜻과 마찬가지로 명칭도 또한 그와 같다. 뜻이 있으므로 명칭이 있다. 만약 뜻이 없다면 어떻게 명칭이 있겠는가"라고 마음을 일으키는 것이다. 『금강경』에서 이 여의명상장을 대치한 것은 말하자면 "형상을 통해 나타나 있는 일체 유위법은 아침의 별빛·그림자·등불의 불꽃·허깨비……" 부분으로 사물의 뜻에 의거하여 명칭에 집착하는 견해[依義執名見]를 타파하는 것이다. 이 10종장애는 길장의 『금강반야경소』에 그대로 계승되어 있다.

한편 『금강반야경』은 일찍부터 선종과 깊은 관련을 지니고 있다. 반야진공과 불성묘유의 사상이 만나서 무소득의 실천으로 강조되었다. 곧 무주의 개념은 초기선종에서 무엇보다도 중시되었던 『유마경』에 "무주의 근본으로부터 일체법을 세운다"에서 볼 수 있듯이 연기의 이법으로서의 성공(性空)을 의미하여 실상(實相)과 동의어이다. 때문에 『중관론소』에서는 "이 실상에 미혹하면 곧 육도생사가 분연히 일어난다. 때문에 『정명경』에 무주의 근본으로부터 일체법을 세운다고 말하는 것이다"라고 말한다. 또한 길장은 "무주는 체로서의 중도이다. 이것을 열어 진속이제를 설명하는 것이 용으로서의 중도이다" 및 "반야와 정법과 무주 이 셋은 안목의 이명(異名)이다"라고 말한다. 이처럼 『유마경』과 『반야경』에서 설하고 있는 무주·성공이라는 무집착의 이론적 근거로서의 실상을 보여주는 말임과 동시에 보다 적극적이고 구체적으로 일체를 공으로 하여 아무것에도 주착하지 않는다는 무착·무집의 공의 실천 그 자체를 의미하는 용어로 사용되고 있다. 『단경』은 그 충실한 계승이다. 나아가서 『조계대사별전』에서는 "반야의 공적·무주를 알면 곧 법신을 요달한다. 불성의 공적·무주를 알면 곧 이것이 참된 해탈이다"라고 말한다.

김호귀

동국대학교 선학과 졸업
동국대학교 대학원 석·박사 졸업
동국대학교 불교문화연구원 연구교수·전임연구원
동국대학교 전자불전연구소 전임연구원
현) 동국대학교 선학과 외래강사

kimhogui@hanmail.net

『묵조선입문』
『묵조선의 이론과 실제』
『묵조선 연구』
『선문답의 세계』
『선문답 강화』
『선과 수행』
『조동선요』
『화두와 좌선』
『인물 한국 선종사』
『게송으로 풀이한 금강경』
『금강반야경소』
『금강경찬술』
『금강경주해』
『금강경약소』
『열반경종요』
『선가귀감』
『선과 교의 통로』
『선수행의 길(고봉원묘선사선요)』
『육조대사법보단경』
『현대와 선』
『금강삼매경론』
『금강선론』
기타 다수의 논문

금강경을 만나다

초판인쇄 | 2011년 5월 30일
초판발행 | 2011년 5월 30일

지 은 이 | 김호귀
펴 낸 이 | 채종준
펴 낸 곳 | 한국학술정보㈜
주   소 | 경기도 파주시 교하읍 문발리 파주출판문화정보산업단지 513-5
전   화 | 031) 908-3181(대표)
팩   스 | 031) 908-3189
홈페이지 | http://ebook.kstudy.com
E-mail | 출판사업부 publish@kstudy.com
등   록 | 제일산-115호(2000. 6. 19)

ISBN   978-89-268-2239-5 93220 (Paper Book)
         978-89-268-2240-1 98220 (e-Book)

이담 Books 는 한국학술정보(주)의 지식실용서 브랜드입니다.

이 책은 한국학술정보(주)와 저작자의 지적 재산으로서 무단 전재와 복제를 금합니다.
책에 대한 더 나은 생각, 끊임없는 고민, 독자를 생각하는 마음으로 보다 좋은 책을 만들어갑니다.